국민여러분과 함께

# 대한의 내일을 묻다

# 국민여러분과 함께
# 대한의 내일을 묻다

초판 1쇄 2013년 7월 1일 발행

초판 2쇄 2013년 7월 24일 발행

지 은 이 이명수, 심상협

펴 낸 이 김태웅

펴 낸 곳 기획출판 오름
대전광역시 동구 삼성동 122-2(2층)
T (042) 637-1486

디 자 인 조혜선

캘리그래피 智銀 김명숙

정가 15,000원



ISBN 978-89-90151-98-8

국회의원 이명수의
국민행복시대를 향한 등권상생론

국민여러분과 함께

# 대한의 내일을 묻다

이명수 ♦ 심상협 공저

18대 국회 이후 5년 연속
입법최우수의원 선정 이명수 국회의원이
심상협 문학평론가와 함께 각계 각층의 전문가와 더불어
대한민국의 미래에 대해 의견을 묻고 들으며
정리한 미래 대한민국을 향한 정책제안서.

Orum Edition

## 저자 서문

# 바르고 고르게
# 함께 전진하는 대한민국

저자 **이 명 수**
국회의원, 수필가

지난 공직 이십오년과 정치인으로서의 십년을 다시 돌아봅니다. 철이 든 이후 모두 네 권의 책을 냈습니다. 그리고 다시 다섯 번째 책 앞에 섭니다.

2004년 2월 공직을 떠나며 펴낸 『숨은 사랑 찾기』는 26년 동안 틈틈이 쓰고 기고한 글들을 묶었습니다. 2006년 10월 펴낸 『아산사랑 충청사랑』은 건양대에서 강의를 하면서 제가 나고 자라고 오늘의 나를 길러준 고향 아산과 충청에 대한 열정의 기록들을 모았습니다. 2005년 수필가로 등단한 이후 첫 에세이집이기도 합니다.

이후 지난 글들을 모아 펴냈던 두 권의 책을 거울 삼아 처음부터 주제를 정해서 기획하고 기고하며 집필했던 책이 『붉은 마음 푸른 대한』이었습니다. 기획 의도는 정치인의 한 사람으로서 좀 더 국민 여러분들 가까이에서 생각하고(근사 ; 近思), 보다 절실히 묻고자(절문 ; 切問) 함이었습니다. 특히 2010년 말부터 우리 사회에 불어닥친 소셜네트워크서비스(SNS) 열풍 속에서 더 많은 국민들과 직접 실시간으로 소통한 기록을 묶어 책으로 정리할 수 있었습니다.

2012년 대선을 앞둔 9월에 펴낸 『코리아 하모니』는 국민 여러분들과 소통의 폭을 넓히고 대화의 깊이를 더해가면서 '국민대통합' 이라는 큰 주제 아래 국민의 염원을 모아 엮어낸 에세이집이었습니다.

『붉은 마음 푸른 대한』과 『코리아 하모니』는 정치인이 아닌 수필가로서 우리 문단에 큰 자취를 남기신 충청인 이어령 선배님과 충청의 문단을 지켜오며 후진을 길러오신 김용재 선배님 두 분의 격려사와 더불어 독자들에게 문인으로서 인정을 받은 계기가 되었다는 점에서도 의미가 깊습니다.

이제 이 네 권의 책 위에 반성과 성찰의 다짐으로 다섯 번째 책을 펴냅니다.

지난 대선을 거치면서 제게, 또 저와 함께 생각을 모아주시고 정책을 이끌어 주시는 분들 앞에 우뚝하게 다가온 화두는 '대한민국의 미래' 였습니다. 그리고 이제 이를 풀어내고 어려움은 함께 힘을 모아 이겨내면서 이루어가야 할 방법은 바로 국민 여러분과 함께 묻고 답을 찾아가면서 함께 전진하는데 있다는 결론을 얻을 수 있었습니다.

지난 대선을 거치면서 많은 각계의 전문가들을 만나 토론하고 정책을 제안하며 진정 모든 국민이 잘사는 대한민국의 미래를 고민했습니다. 이러한 토론과 제안은 대선 이후에도 지속적으로 이루어졌고 그 성과를 모아 새로 책을 펴내게 되었습니다. 따라서 이번 책은 제 개인의 저서라기보다는 토론과 논의에 참여해준 전문가분들과 후배님들의 땀과 열정으로 만들어졌다고 해야 옳습니다.

책 제목을 『국민여러분과 함께 대한의 내일을 묻다』로 한 이유도 그 때문입니다. 그 정리는 오래 후배로 함께해준 심상협 문학평론가가 해주었습니다. 일부는 새 정부의 공약과 정책에 반영된 것도 있고 아직 그렇지 못한 정책들도 있습니다. 앞으로 더 많은 토론과 논의를 거치면서 진정 모든 국민이 행복한 대한민국의 정책에 조금이나마 도움이 되어야겠다는 사명을 새로이 다짐해봅니다.

책 출판에 즈음하여 토론과 논의에 참여해주신 분들, 특히 대한민국의 미래를 걱정하고 대안을 만들어가려 노력하는 젊고 열정어린 후배님들께 진심으로 감사하고 싶습니다. 김영수 영남대 교수, 안진원 한동대 교수, 이운룡 의원, 이세복 볼텍스코리아 대표, 김상용 전자신문 부사장, 류진하 국회 보좌관, 또 익명을 요구한 언론인 출신 경영인 K 후배님께 깊은 감사 인사를 드리고 싶습니다. 나아가 앞으로도 변함없이 지속적인 논의와 토론을 통해 대한민국이 바로 서고 함께 전진하는 길에 함께 해주기를 아울러 당부합니다.

또한 선뜻 격려사를 써주신 김안제 교수님께 사은(謝恩)의 큰 절 올립니다. 은사이시자 공직과 정치의 길에서 늘 새롭고도 참된 정책을 일깨워주시고 이끌어 주신 분이 바로 김안제 교수님이십니다.

축사를 써주신 선배이자 충청의 큰 정치인 강창희 국회의장님과 박병석 국회부의장님께도 감사의 인사 올립니다. 두 분 모두 당을 초월해 부족한 저를 늘 바른 정치의 길로 이끌어주신 분들이십니다.

기꺼이 부족한 정치 후배의 책에 축사로 격려해주신 황우여 새누리당 대표 최고위원님께도 감사의 절 올립니다. 국민의 우려 속에서 우리 정치를 신의와 정의의 신념으로 이끌어주시는 황우여 대표님이십니다.

또 축사로 격려해주신 공직생활 동료이자 정치인 선배인 유정복 안전행정부 장관께도 감사 인사 드립니다.

부족한 제가 정치에 전념할 수 있도록 사랑과 헌신으로 늘 제 곁을 지켜주는 아내 노영란, 또 정치인 아비 아래에서 불편을 감수하고 앞장서 도와주는 딸 지은, 아들 지형에게도 정말 사랑한다는 말과 늘 미안한 마음 함께 전하고 싶습니다.

끝으로 『붉은 마음 푸른 대한』에 이어 제자를 써주신 지은(智銀) 김명숙 서예가님, 늘 제 책을 디자인해주시는 조혜선 님, 이번에도 흔쾌히 출판을 맡아주신 기획출판 오름 김태웅 대표님께도 정말 감사하다는 인사의 말씀 올립니다.

이러한 모든 분들의 노력과 열정이 대한민국이 바르고 고르게 함께 전진하는 미래를 향해 힘차게 나아갈 수 있다는 믿음으로 인사 말씀에 갈음합니다.

공저자 서문

# '선우후락(先憂後樂)'의 신념을 따르는 마음

공저자 **심 상 협**
문학평론가

철이 들고 사회생활을 해온 시간의 절반은 이명수 의원님과 함께였습니다.

이름만으로 존경의 마음을 품은 것은 기자 시절 삼십대 초반이었습니다. 1992년 충청 관가에는 새벽에 군수 공관 앞길을 쓸고 청소원들과 함께 청소차를 타면서 쓰레기 치우는 일로 하루를 여는 금산군수 이야기에 잔잔한 감동이 일고 있었습니다. 권위적인 명패마저 없앤 군수

실에서 현장으로 나와 실과와 부서를 돌고 토론하며 직접 현장에서 결재를 하고, 십여년이 넘도록 금산군민을 애태우던 인삼관련 숙원도 일년이 채 안되는 짧은 재임 기간 동안 뚝딱 해결해낸 사람이 바로 이명수 금산군수였습니다.

직접 이명수 의원님과 인연이 된 것은 1997년 제가 충남도정을 자문하면서부터였습니다. 자주일 땐 매주, 격조할 땐 한달여 간격으로 불러주셨습니다. 주로 일요일 아침 유성 뒷골목 해장국집이나 구 도청청사가 있던 선화동 아침밥집에서였습니다.

현안이 있으면 평일 아침 식전에 뵙기도 했습니다. 이후 총리실이나 중앙부처에서 일하실 땐 서울 삼청동 근처에서 두세달에 한 번 뵙기도 했습니다. 번거로운 점심이나 술이 오가는 저녁시간을 피해 가장 맑은 정신으로 짧은 시간에 대화와 토론을 가질 수 있는 이른바 '조찬(朝餐) 만남', 이명수 의원님의 근면함을 단적으로 느낄 수 있는 시간들이었습니다.

저물어가는 새천년 세모 한 일간지에서 '숨은 천사 이명수'라는 기사를 보고 동명이인인가 여겼다가 공직 생활 이후 만 이십여년 동안 월급의 10%를 복지시설에 기부해왔던 사실을 뒤늦게서야 알았던 놀라움도 아름다운 추억입니다. 이러한 숨은 봉사는 공직을 떠날 때 후배 공직자들을 위한 장학금 기탁으로까지 이어졌고, 지금도 매끼마다 5백원씩 저금통에 넣었다가 어려운 이웃들을 위해 기부하는 실천으로 이어가고 있습니다.

직접 당신의 일을 부탁하신 건 2001년 여름, 충남부지사 취임사였습니다. '선우후락(先憂後樂)'이라는 소신이 담긴 토피카를 주시며 주문하셨던 1분 이내의 짧은 취임사. 제가 87년 공기업에서 스피치라이터를 시작한 후 가장 짧은 공식 연설문이었습니다.

1995년 민선 이후 칠년 여를 모셨던 홍선기 전 대전광역시장님께서 2002년 공직을 떠나시며 주셨던 당부말씀도 기억납니다. 충청 출신 여러 엘리트 후배들을 한 사람씩 거명하시면서 앞으로 기회가 닿으면 이명수 같은 공직자를 키워야 우리 충청이 당당하게 힘을 펼 수 있다는 말씀이셨습니다.

2002년 안면도국제꽃박람회 때엔 부지사 직위에도 관용차를 놓고 부인의 소형 승용차로 박람회장을 찾아 어린 두 자녀와 일반 관람객 틈에서 서너 시간 줄을 서고 표를 사서 입장하는 모습이 우연찮게 기자들에게 발견되었던 일화도 기억납니다. "휴일에는 부지사가 아니라 도민의 한 사람으로 박람회장을 찾았다"던 한 마디는 신동엽 시인의 아름다운 시 한 편을 떠올리게도 했습니다.

> "휴가여행 떠나는 국무총리 서울역 삼등 대합실 매표구 앞을 뙤약볕 흡쓰며 줄지어 서 있을 때 그걸 본 서울역장 기쁘시겠소라는 인사 한 마디 남길 뿐 평화스러이 자기 사무실 문 열고 들어가더란다"
>
> – 신동엽 시인, '산문시(散文詩) 1' 중에서

십오년이 넘도록 곁에서 지켜온 이명수 의원님의 정치철학은 '다음 세대'라는 한 마디로 상징할 수 있습니다. 그래서 처음 정치에 입문을 결심했던 2004년 신년 겨울에는 여덟 살, 여섯 살이던 우리 아이들과 함께 '다음 세대'라는 주제로 홍보 사진을 찍던 추억도 새롭습니다.

때는 한 겨울, 선거는 꽃피고 푸르러오는 사월, 겨울에 봄 분위기를 맞추기 위해 사진촬영 장소로 선택한 곳은 공주의 산림박물관 실내 수목원이었습니다. 웃음에 익숙하지 못한 이명수 의원에게 여섯 살 아들 녀석이 귓속말로 무어라고 속삭였습니다. 그러자 갑자기 함박웃음이 터져 나왔습니다. 만족하게 사진촬영을 끝내고 나오며 아들에게 물었습니다. "아까, 아저씨에게 뭐라고 했어?" 머쓱해진 아들은 망설이다가 대답했습니다. "바보 멍청이…." 어른들 몰래 배운 욕을 귓속말로 맘껏 했던 모양입니다.

딸 아이 책상에는 언젠가 전방 견학을 다녀 오시면서 선물해 주신 녹슨 철책을 끊어 만든 통일의 염원이 담긴 작은 액자가 늘 지키고 있기도 합니다. 장남인 저에겐 맏형님 같았고 큰아버지가 없는 우리 아이들에겐 큰아버지 같은 분이기도 했습니다. 한 번은 이명수 의원께서 부부 동반으로 초대해주신 양식당 모임이 있었고 두고두고 아내는 "연애 후 처음 레스토랑에 가봤다"며 제 무심함을 꼬집기도 했습니다.

말이 씨가 되었는지 이후 이명수 의원은 출세나 명리보다는 늘 "바보같다"는 소리를 들어가면서도 우직한 원칙의 길을 택했고 그 때문에 적지 않은 좌절과 난관을 겪기도 했습니다. 하지만 오늘의 이명수 의원의 모습이 있기까지는 바로 그 바보같은 우직함이 큰 자산이었다는 믿음으로 저 또한 그 길을 따랐습니다.

그래선지 이명수 의원님을 아끼는 선배님이나 따르는 후배들은 늘 따뜻하고 온화한 모습 이면에 '카리스마가 부족하다'는 우려를 하시곤 합니다. 하지만 제가 곁에서 지켜본 이명수 의원님은 한 번 옳다고 믿고 마음 먹으면 해낼 때까지 절대로 물러서지 않는 강인함을 가지고 있습니다.

지난 대선에서는 박근혜 대통령 후보 앞으로만 모이는 다른 정치인들과는 달리 누가 보아주거나 알아주지 않더라도 지지가 취약한 지역을 찾아 설득하며 정성을 다하는 모습으로 저를 비롯한 대선캠프 관계자들을 감동시키기도 했습니다. 또한 늘 취약한 젊은 층들을 찾아 현장의 목소리를 정책으로 제안하기도 했습니다.

이번에 출간하는 책 『국민여러분과 함께 대한의 내일을 묻다』는 바로 지난 2012년 9월 이후 대선까지 이명수 의원을 중심으로 여러 선후배님들과 이루어졌던 논의, 또 이를 바탕으로 한 틀 위에 대선 이후에도 지속적인 토론으로 이어온 기록들을 정리한 글들입니다.

단순히 정리의 역할을 한 제게 공저(共著)라는 큰 덕을 베풀어주신 이명수 의원님, 이제 이십오년의 공직생활과 십년 정치역정이 첫 마음 그대로 '선우후락(先憂後樂)'의 알찬 결실로 이어지기를 소망하는 마음으로 인사 올립니다.

끝으로 개인을 떠나 국민 여러분을 생각하는 열정으로 훌륭한 제안과 아이디어 함께 해주신 여러 선배님, 후배님들께도 깊은 감사의 절 올립니다. 아울러 이 책의 기술방식과 내용은 국민 여러분들이 함께 생각하고 참여하는 계기가 되기를 소망하는 마음에서 어려운 전문지식이나 논문을 쉽게 풀어서 정리하고자 노력했고, 각 전문분야 논저를 참고로 하되 학술적인 기술방식을 피하고 대중적인 시각에서 인용하고 출처를 명기하였음을 밝힙니다.

국민여러분과 함께
대한의 내일을 묻다

## 차 례

제2부

## 대한의 내일을 묻다

♦



부록

## 문화로 읽는 오늘의 대한민국

♦

추천사

# 미래 대한민국을 향한 기록정신과 실천

**김 안 제**
서울대 명예교수, 한국자치발전연구원 원장

'기억은 짧고, 기록은 길다.' 늘 신조처럼 깊이 새기며 실천하는 말이다. 기록은 세 가지 의미에서 우리 삶을 풍요롭게 해준다는 믿음이다.

첫째 철저한 자기반성의 기회를 가질 수 있다는 점이요, 둘째 기록은 미래를 설계할 수 있는 바탕이 된다는 점이며, 셋째 인간은 살아가면서 작든 크든 삶의 족적을 남겨 후대에게 거울로 삼게 해준다는 점이 그 세 가지이다.

청년시절부터 늘 만나온 이명수 국회의원이 다섯 번째 책을 정리해 펴낸다는 소식을 접했다. 그리고 내게 격려의 글을 부탁해왔다. 2004년 첫 에세이집을 낸 후 벌써 다섯 권 째라 하니 2년에 한 번 꼴로 책을 낸 셈이다. 여간 부지런하지 않으면 힘든 일이다. 제자이자 후배인 이명수 의원에게 격려의 박수를 보낸다. 아울러 그의 기록의 정신과 실천이 오늘 우리 정치를 새롭게 하는 소중한 장이 되기를 소망한다.

우리는 기록문화를 기피하는 경향이 많았다. 특히 부정부패로 나중에 문제가 되기 쉬운 정치나 사업의 분야에서 기록은 금기시되기조차 하는 어두운 우리의 자화상이기도 하다. 그러나 본래 우리 민족은 값진 기록의 문화를 이루고 이어온 민족이다.

조선시대만 돌아보아도 그렇다. 가장 대표적인 것이 유네스코 세계문화유산으로 등재된 '조선왕조실록'이다. 이밖에도 오늘날로 치면 청와대 비서실이라 할 수 있는 '승정원 일기'도 있다. 또한 정조 이후 관례화되어 후대 왕들이 이어 쓴 '일성록(日省錄)'이라는 왕의 통치기록이 담긴 일기도 있다.

우리는 개인적인 기록의 역사도 기억해야 한다. 우리 민족이 가장 존경하고 추앙하는 이순신 장군도 '난중일기'를 남기셨기에 오늘 우리가 당신의 나라 사랑과 백성을 사랑한 마음을 그대로 이어 계승할 수 있다. 기록은 곧 일제 탄압의 빌미였던 독립운동 일선에서 백범 김구 선생은 우리의 가슴을 울리는 '백범일지'를 남기셔서 그나마 오늘 우리가 항일과 민족독립의 역사를 기억하며 소중한 교훈으로 삼을 수 있는 것이다.

이명수 의원은 오늘날 우리 정책 현장의 화두가 되고 있는 로컬 거버넌스의 실천가이자 행동가이다. 내가 1994년 행정자치부 산하 비영리

사단법인체로 (사)한국자치발전연구원을 설립하고 풀뿌리민주주의가 지역과 계층을 넘어서 지역균형발전의 대의 아래 우리 국민 모두가 고르고 바르게 잘사는 사회를 이루고자 노력해왔다면, 이명수 의원은 행정과 자치 현장의 공직자로서, 특히 지방행정 전문가로서 이를 연구하고 실천해온 전도사라 해도 부족함이 없는 사람이다.

내가 박정희 대통령의 '백지계획'부터 지금의 '행복도시 세종'까지 국토균형발전을 주창해오고 실천해왔던 과정, 또 지역균형발전과 지방분권의 상징이라 할 수 있는 세종시 건설을 추진하면서도 이명수 의원과의 인연은 깊다. 당시 충청남도 부지사였던 그는 세종시 이전지가 소재한 충청남도 행정을 총괄하는 입장에서 내게 끊임없는 자문과 조언을 구하면서 이를 도정에 반영하였으며, 지방자치단체서 해야 할 일을 앞장서 준비하고 의욕적으로 추진했던 후학이다.

아마 미루어 볼 때 오늘날까지 그가 펴낸 다섯 권의 책에는 바로 이러한 소중한 기록이 담겨 있으리라는 믿음이다. 특히 이번에 펴내는 다섯 번째 책 『국민여러분과 함께 대한의 길을 묻다』에는 개인의 생각과 기록뿐만 아니라 오늘 우리 대한민국이 바라보고 나아가야 할 길에 관해 여러 전문가와 현장의 여망을 수렴하여 담았다 하니 여간 반가운 일이 아닐 수 없다.

아끼고 사랑하는 후학 이명수 의원의 대한민국의 미래를 향한 열정과 실천이 우리 다음 세대가 살아가야 할 대한민국의 풍요로운 내일에 소중한 디딤돌이 되기를 바라는 소망으로 『국민여러분과 함께 대한의 길을 묻다』 출판을 격려하고 싶다.

축 사

# 함께 꿈을 이루어가는 대한민국의 리더십

**강 창 희**
대한민국 국회의장

오늘 우리 대한민국은 '함께하는 리더십'을 원합니다. 저는 국민과 함께하는 리더십의 덕목으로 다섯 가지를 생각합니다.

첫째는 아무리 어려운 역경에서도 손잡고 이겨나가는 긍정의 리더십, 둘째는 나부터 솔선하고 희생하는 리더십, 셋째는 규범을 지키며 공정한 사회를 향한 페어플레이 리더십, 넷째는 듣고 행동하는 경청의 리더십, 그리고 다섯 번째는 배려하는 리더십입니다. 정치인의 한 사람으로서 이러한 리더십을 실천하는 길만이 진정 국민과 함께 대한민국의 밝은 미래를 이루어나갈 수 있다고 항상 생각하고 있습니다.

고향 후배이자 정치 후배인 이명수 의원에게서 저는 이러한 미래지향적인 리더십을 고루 느낍니다. 그래서 마음으로부터 고마운 생각을 늘 갖고 있습니다. 그동안 이 의원이 여러 차례 책을 내온 것으로 압니다만, 그 책들을 대할 때마다 이러한 이명수 의원의 리더십을 확인할 수 있었습니다.

이명수 의원은 자신을 내세우는 법이 없는 정치인입니다. 공직생활을 할 때에는 항상 시민을 앞세웠고, 자신이 세운 공은 늘 동료와 후배 공직자들에게 돌렸다고 들었습니다. 공직을 떠나 학계에 있을 때에는 자신의 일이 아니더라도 우리 고향 충청을 위해서라면 언제나 헌신하며 봉사하는 모습을 보여주었습니다. 정치인으로서는 눈앞에 나서고 주목받기보다는 묵묵히 헌신하고 봉사하면서 언제 그 일을 다 해내는지 궁금할 정도로 우수한 입법 활동으로 박수를 받아왔습니다.

대체로 이러한 품성과 겸양의 리더십은 카리스마가 부족하다는 말을 들을 수도 있습니다. 하지만 이명수 의원이 미덕으로 간직하고 있는 '함께하는 리더십'은 오늘 우리 정치가 가야 할 '상생(相生)'과 '통합(統合)'의 대의에 꼭 필요한 리더십이라고 저는 믿습니다.

우리 정치는 계층과 지역, 또 세대 간의 갈등을 해소하고 '대통합'의 미래를 열어야 하는 엄숙한 과제 앞에 직면해 있습니다. 이를 위해서는 자기 자신을 앞세우기보다는 공동체를 먼저 생각하는 자세가 필요합니다. 정당 간에도 당리당략보다는 국민의 입장을 먼저 생각하며 초당적으로 매사에 임하는 태도가 절실히 요구되는 때입니다. 저는 이명수 의원이 바로 이러한 초당적 정치풍토를 조성하는데 앞으로 크게 기여하실 것으로 생각합니다.

이명수 의원은 2012년 9월 대선을 앞두고 국민대통합의 준엄한 요구 앞에 『코리아 하모니』라는 제하에 자신의 분명한 논리와 목소리를 담은 '국민대통합론'을 내놓았었습니다. 당시 여야를 막론하고 많은 공감을 얻은 바 있습니다. 그로부터 1년이 채 안된 오늘 새 책을 준비한 것은 보통일이 아닙니다. 고맙고 믿음직한 일이 아닐 수 없습니다.

이제 이명수 의원이 꿈꾸며 국민과 더불어 나아가고자 하는 미래에 마음으로부터 박수를 보내면서 다섯 번째 책 발간을 축하하고자 합니다. 아울러 이 의원이 묵묵히 실천하고 있는 '함께하는 리더십'이 진정 하나되는 대한민국의 미래를 향한 굳건한 초석이 되기를 바라는 마음도 함께 전하고 싶습니다.

감사합니다.

축 사

# 국민 우선의 수사학, 그리고 땀으로 말하는 정치

**박 병 석**
대한민국 국회부의장

우리 정치에서 수사학(修辭學)의 진정성은 어떻게 실천하고 행동하느냐로 가름됩니다. 말뿐인 정치냐, 실천과 행동이 일치되느냐에 불신과 신뢰를 결정합니다. 오늘 이명수 의원의 다섯 번째 책 발간을 보며 저는 다시 한 번 '행동과 땀의 수사학'이 지니는 참된 의미를 되새기게 됩니다.

저는 개인적으로 수사학을 세 가지로 단순화하여 저 자신을 돌아보곤 합니다. 첫째는 '나로부터의 수사학', 즉 '자기 중심의 어법(I message)' 입니다. 자기 중심의 수사법은 일방적인 소통으로 국민의 외면을 받기 쉽습니다. 둘째는 '듣는 사람으로부터의 수사학', 즉 '청자 중심의 어법(You message)' 입니다. 듣는 리더십과 배려의 쌍방향 소통으로 오늘 우리 정치에 절실히 요구되는 덕목이라는 소신입니다. 셋째는 '함께하는 수사학', 즉 '우리에 바탕한 공감의 어법(We message)' 입니다.

정치하는 사람들은 '청자 중심의 어법(You message)' 으로 시작하여 '우리에 바탕한 공감의 어법(We message)' 으로 나아가고자 노력해야 합니다. 그리고 이러한 배려와 공감의 쌍방향 소통의 수사학만이 우리 정치가 땀으로 말하는 실천과 행동의 정치로 국민들께 신뢰를 받을 수 있다는 신념입니다.

제가 오늘 이명수 의원의 다섯 번째 저서를 마주하면서 새삼 제 소신인 '행동과 땀의 수사학' 을 되새기는 이유는 그의 책에서 바로 이러한 참된 정치 수사학의 모범적인 모습을 발견할 수 있기 때문입니다.

저는 학창시절부터 오늘까지 오랫동안 이명수 의원의 진실된 모습을 지켜보았습니다. 고등학교와 대학 후배인 이명수 의원은 대학 시절 하숙방을 오가며 흉금을 터놓던 사이였습니다. 사회에 나와서는 기자와 공직자로서, 또 정치인으로서도 선후배로서 당을 뛰어넘어 마음을 나누어 온 사이입니다. 저는 이명수 의원의 수사법에 담긴 참된 의미를 깊은 신뢰와 애정으로 믿습니다. 나아가 그의 이러한 수사법이 반드시 땀과 행동으로 이루어질 것도 믿습니다.

오늘 이명수 의원은 『국민여러분과 함께 대한의 길을 묻다』를 통해 우리 대한민국이 갈등과 반목의 시대를 청산하자고 외치고 있습니다.

이 의원은 서로 배려하고 이해하며 지역과 계층, 세대와 성별을 뛰어넘어 함께 전진하자고 말하고 있습니다. 진심으로 공감하고 함께 이루고 싶은 우리 대한민국의 참된 모습입니다.

이명수 의원은 '우리에 바탕한 공감의 어법(We message)'으로 나아가야 할 미래를 함께 생각하는 사람입니다. 그리고 이명수 의원과 같은 정치인 후배와 함께라면 우리 국민 모두가 여망하는 고르게 잘사는 우리 대한민국의 내일이 한 발자국 가까워질 것이라는 믿음을 갖습니다.

『국민여러분과 함께 대한의 길을 묻다』 출간을 축하합니다.

## 축사

# '신뢰, 정의, 평화와 희락'의 대한민국을 함께 꿈꾸며

**황우여**
새누리당 대표최고위원

얼마 전 홍사단 100주년 기념식에 참석하여 도산 안창호 선생의 유업을 되새기며 우리 대한민국의 어제와 오늘, 그리고 내일을 향한 각오를 새로이 다짐했습니다. 도산 안창호 선생의 어록 중에서 제 가슴 깊이 새기는 말 중 하나가 "진리는 반드시 따르는 자가 있고 정의는 반드시 이루는 날이 있다"는 말씀입니다.

저 또한 신의, 정의, 평화와 희락의 정치를 좌우명으로 헌신하고

자 노력해왔습니다. 오늘 우리 국민이 회복해야 할 최우선 과제가 '신뢰'요, 이루어야 할 국가의 모습이 '정의'요, 또 반드시 이루어야 할 진리의 명제가 바로 '평화'이고 그 결과물이 국민의 기쁨이라는 소신입니다.

제가 이명수 의원님의『국민여러분과 함께 대한의 내일을 묻다』라는 제하의 책 축사를 부탁받고 도산 안창호 선생의 유업을 떠올린 이유는 바로 그가 이 책을 통해 말하고자 하는 바가 '대한'이라는 이름 아래 하나되자는 여망이기 때문입니다.

모든 국민이 알고 있다시피 우리 대한민국은 헌법에 명시한 바 '상해임시정부의 법통을 계승하고'라 시작하고 있고 '대한민국'이라는 국호도, '자유민주공화국'이라는 정체(政體)도 모두 상해임시정부에서 정하여 오늘날에 이르고 있습니다. 무엇보다 도산 안창호 선생은 상해임시정부 당시 분열과 갈등을 넘어서 화합과 대동의 대한민국 기틀을 위해 노력하신 민족주의자의 한 분이십니다.

저는 오늘 우리 새누리당이 앞장서서 갈등과 당리당략의 구태정치를 벗고 국민을 먼저 생각하는 대화와 화합의 정치를 열어야 한다는 사명감으로 임하고 있습니다. 그러한 과정에서 만난 이명수 의원님의 모습은 차세대 후배 정치인들에게 기대와 희망을 갖게 해주는 귀감이 아닐 수 없습니다.

저는 지난 해 대선과정에서 통합에 앞장서준 이명수 의원님에게, 18대 국회가 선정한 4년 연속 최우수 국회의원으로 선정된 유능한 국회의원과 함께하게 된 데 대해 진심어린 환영의 뜻을 밝힌 바 있습니다. 아울러 제가 법원과 감사원에 이어 국회에서 17년여 국회의원으로 일해오면서 간직하고 추진해온 정치철학을 함께 공유할 동지라는 점에서 더욱 반갑고 고마웠습니다.

저는 장애인과 가정, 나아가 역사와 인권을 지켜야 한다는 생각으로 대한민국 정치인의 한 사람으로서 나름대로 노력해왔습니다. 그런데 그 동안 제가 지켜본 이명수 의원님은 장애인을 비롯한 사회적 약자를 위해, 또 복지의 사각에서 가난으로 고통받는 국민들에게 나라가 가정의 역할을 할 수 있도록 정말 부지런한 입법활동과 정책개발 모습을 보여주었습니다. 또한 왜곡된 우리 역사를 바로잡고 그 피해를 구제하기 위해 간도협약 무효화를 비롯, 독립과 보훈에 헌신한 분들의 예우, 또 일제 강제징용자와 종군위안부의 권익을 위해 땀흘리는 모습을 보여주었습니다. 나아가 인권에 있어서도 북한동포의 인권문제는 물론, 탈북자와 재외동포 등과 같이 소외되기 쉬운 인권 사각지대를 각별히 보살피는 모습도 함께 보여주었습니다.

이제 이명수 의원님이 새로 펴내는 『국민여러분과 함께 대한의 내일을 묻다』라는 제하의 책이 우리 정치가 국민의 신뢰를 회복하고, 새누리당이 앞장서 화합과 전진의 미래 대한민국을 여는 소중한 장이 되기를 바라는 마음으로 축하의 말씀을 전합니다.

축사

# 먼 훗날 "미래 대한민국에 혼신의 열정 다했노라"

**유정복**
안전행정부 장관

우리나라 반만년 역사에서 지금처럼 자신을 돌아 볼 사이도 없이 급변하고 바쁜 시기는 없었습니다. 지난 50년 동안 우리는 국민소득이 1962년 87불에서 2만불에 이르러 300배나 증가하고, 평균수명이 52세에서 82세로 30년이 늘어났습니다. 세계가 놀라는 한강의 기적에는 국가지도자들을 비롯한 국민의 합심과 노력, 그리고 공직자들의 열성과 헌신이 있었다고 확신합니다. 그러나 국민들의 생활의 풍요에도 불구하고 국가중심주의적 발전의 이면에는 자살율은 OECD 국가 가운데 최고이고, 사회갈등 지수도 최하위 수준에 이르러 국민들의 행복에 대한 체감은 부끄러운 수준이라는 후유증이 있었습니다.

지난 대통령 선거에서 우리 대한민국의 국민들은 개인의 행복과 희망의 미래를 선택하는 새로운 출발을 했습니다. 우리는 국가의 발전을 넘어서 국민 개개인 자체를 최고의 미래 가치로 설정하고, 분열과 갈등을 넘어 화합과 전진, 그리고 불안과 불신을 넘어 안전과 신뢰의 새로운 사회를 만든다는 국민행복시대의 문을 연 것입니다. 그러한 기로에서 소중한 활로를 열어준 공직자 출신의 정치인이 바로 이명수 의원이었습니다.

저는 지난 겨울 새누리당 대통령선거 중앙선거대책위원회 직능총괄본부장으로 일하면서 보이지 않는 곳에서 언제나 묵묵하면서도 열심이신 이명수 의원과 함께할 수 있어 정말 든든했습니다. 특히 각계의 현장 목소리를 전하고, 민의를 반영한 정책의 대안을 만드는 충청권의 거인으로서 이명수 의원의 열정과 헌신은 대한민국이 국민행복시대를 여는데 큰 힘이 되었습니다.

정치인으로서 철학을 공유하며 함께 할 수 있는 사람을 만난다는 것은 값진 행운 중 하나입니다. 이명수 의원은 출신지역과 근무지만 달랐을 뿐 제가 걸어온 공직의 길에서 항상 가까이 해왔던 선배이자 동료였습니다. 늘 본받을 만한 국가관과 가치관을 갖춘 공직자였고, 정치인으로서도 제가 소신으로 간직하고 실천하고자 해왔던 '공부하는 정치인, 일하는 국회의원, 변함없는 사람'이라는 소망스런 모습을 거울처럼 볼 수 있던 정치인이기도 합니다.

저는 민선시대 지방자치단체장으로 정치에 입문하면서 참된 정치가 무엇인지 끊임없이 질문해왔고 그 결론은 언제나 하나였습니다. 그것은 바로 '국민'과 '미래'가 키워드가 되어야 한다는 것이었습니다. 저는 지난 해 이명수 의원이 펴내신 네 번째 에세이집 『코리아 하모니』를 접하며 대한민국의 주인인 '국민'과 대한민국의 '미래'에 대한 열정과 실천에 공감하며 감동했었습니다.

그리고 불과 일년도 채 안돼 펴내는 『국민여러분과 함께 대한의 미래를 묻다』 출판 소식과 축사 청탁을 접하면서 다시 한 번 이명수 의원의 '근민(勤民)'의 소신과 실천에 박수를 보냅니다. 이명수 의원은 지난 대선 과정은 물론, 대선 이후에도 진정 공정하고 올바른 대한민국을 향해 끊임없이 토론하고 논의하면서 이 책을 펴내게 되었다고 밝히고 있습니다.

원고 면면에는 이명수 의원뿐만 아니라 진정 미래 세대에게 물려줘야 할 아름답고도 자부와 긍지가 가득한 우리 미래 대한민국의 자랑스런 모습이 그려져 있습니다. 그 중 가장 공감이 가는 부분이 바로 지역이 고루 발전하고 경제성장과 국가발전, 특히 복지와 '삶의 질'이라는 과실이 국민 모두에게 공정하면서도 올바로 돌아가야 한다는 대목입니다. 나아가 '대한(大韓)'의 역사와 전통을 창조적으로 계승 발전시켜 나아가야 한다는 국가승계, 그리고 국민대통합을 바탕으로 함께 전진해야 한다는 역사관은 진정 우리 세대가 반드시 이루어서 다음 세대에게 물려줘야 할 소중한 과제라 공감합니다. 그러기 위해서는 무엇보다 오늘 우리 대한민국 사천만 국민의 안전과 민생이 뒷받침되어야 합니다. 저는 안전행정부 장관으로서 '국민'을 키워드로 한 이렇듯 중차대한 사명에 우선하고자 합니다.

한편으로 이명수 의원께서는 '미래'를 키워드로 진정 모든 국민이 행복한 국민행복시대를 향한 전진의 길에 앞장서주기를 소망합니다. 그리하여 먼 훗날 이명수 의원과 더불어 소주 한 잔 앞에 놓고 그 때 진정 우리가 함께 전진하는 대한민국을 향해 땀과 열정을 바쳤노라고 회고할 수 있기를 소망하는 마음으로 『국민여러분과 함께 대한의 미래를 묻다』 출판 축하 말씀에 갈음합니다.

사진_심상협

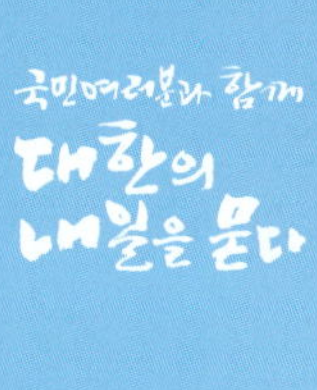

제1부

◆

# 바르고 고르게 함께 전진하는 대한민국

- ◆ 진정 용기 있는 대한국민의 길
- ◆ 대한민국 경제, '공정(Fairness)'으로 다시 시작하자
- ◆ 대한문화의 메카, '글로벌 한국문화 콤플렉스'를 제안한다
- ◆ 'ICT융복합 창조경제 뉴딜'을 제안한다
- ◆ 국민이 원하고 미래가 요구하는 교육

# 진정 용기 있는 대한국민의 길

1987년 국민의 힘으로 대통령직선제를 되찾은 지 만 25년, 우리는 다섯 번째 대통령을 우리 손으로 직접 뽑았고 인수과정을 거쳐 새정부가 출범하고 있다. 많은 국민이 박근혜 정부가 국정비전으로 약속한 '국민행복, 희망의 새시대'를 제대로 열 것인지 기대반 우려반의 눈길로 지켜보고 있다.

하지만 이 정황에서 우리는 우리 자신에게 물어야 한다는 생각이 든다. 과연 우리는 지켜보기만 할 것인가? 우리 국민이 해야 할 일은 없는가? 과연 대한민국은 정부만의 나라인가? 4천만 국민의 미래를 정부 정책에만 맡겨야 하는가?

이러한 질문과 함께 문득 19세기 초 피히테(Johann Gottlieb Fichte)의 목소리가 떠오르는 것은 왜일까? 다시 펼쳐든 '독일국민에게 고함'의 한 구절이 가슴 깊이 울린다.

"자신의 자주성을 상실한 자는 동시에 시대의 흐름 속에 뛰어들어 그 내용을 자유롭게 결정할 능력도 상실한다. 이러한 상태에 머물러 있다면, 그 시대뿐만 아니라 시대와 함께 자신의 운명까지도 그의 운명을 지배하는 외세에 의해 결정된다. 또한 그는 앞으로도 스스로의 시대를 갖지 못할 뿐만 아니라 다른 민족과 다른 나라의 사건 및 시대 구분에 따라 자신의 연대를 계산하게 된다."

(J.G.피히테 지음, 황문수 옮김, 『독일국민에게 고함』, 범우사, 1997, 8쪽)

## 오늘 우리 대한국민에게도 깊은 울림을 주는 '독일 국민에게 고함'

우리의 갈 길이 고민되면 늘 J.G.피히테의 『독일 국민에게 고함』이 떠오르곤 한다. 인터넷을 검색하면 지식인들 사이에서는 아직 많은 울림을 주는 고전임을 알 수 있다. 독일은 여러 면에서 우리에게 거울같은 역사를 지닌 나라라는 생각을 하게 된다. 사진은 네이버에서 검색해 본 J.G.피히테의 모습과 그의 강연록을 담은 『독일 국민에게 고함』 번역서.

**독일 국민에게 연설하는 피히테**

피히테는 1808년 베를린에서 행한 연설인 '독일 국민에게 고함'을 통해 유명해졌다. 그 연설은 나폴레옹 군대에게 피배한 원인인 독일의 분열을 지적하고 국운의 회복과 영광의 재현을 위한 실천적인 관점을 제시하는 것이었다. 피히테는 독일 민족주의의 기틀을 다진 선구자로 기억된다.

독일 국민에게 연설하고 있는 피히테. 박희철 번역 『독일 국민에게 고함』 (동서문화사, 2009) 584쪽.

19세기 초 독일 프로이센은 1806년 프랑스 나폴레옹 군대에 대패하고 국민은 절망에 빠졌다. 생활은 피폐해지고 고난을 극복할 한줄기 희망도 보이질 않았다. 암울했던 이 시기 독일 국민에게 민족적 자긍심과 자부심, 그리고 가능성과 희망을 일깨운 이가 바로 철학자 피히테였다.

프랑스 군 점령 하의 삼엄한 베를린 학사원 강당에선 그의 용기있는 강연이 진행됐다. 1807년 12월부터 매주 일요일 14차례에 걸친 강연 내용이 바로 독일뿐만 아니라 오늘날 전세계인의 교양 필독서로 전해지는 '독일 국민에게 고함' 이다.

피히테는 패전 후 독일국민에게 만연한 패배감, 이기심, 나태함을 지적하면서 국가 재건에 필요한 새 교육의 필요성을 강조했다. 청년, 노인, 실무자, 사상가, 학자, 문필가, 영주 등에게 긍정적인 변화와 함께 각자의 소임을 완수하면서 분열을 극복해 나아갈 대통합을 절절한 목소리로 청원했다.

## 대한국민으로서 행동하며 함께 이뤄내야 할 사명과 의무

오늘 우리 대한민국은 겉으로는 외세의 지배하에 있지는 않다. 그러나 여전히 광복 이후 자주적인 통일시대를 열지 못하고 분단현실에 처해 있으며 호전적인 북한의 준동 앞에 불안한 휴전상태를 유지하고 있다. 경제와 국익을 앞세운 중국, 일본은 보수적인 성향이 강화되고 있으며, 미국, 러시아 등 동북아를 둘러싼 외교적 난제들이 눈앞에 놓여 있다.

이러한 상황에서 지난 2012년 우리는 세대와 지역, 계층의 반목과 갈등 속에서 대통령을 뽑았고 과반을 겨우 넘긴 표차로 선출한 박근혜 정부의 출범을 맞고 있다.

이제 우리는 이러한 우리 현실을 냉철하게 직시하고 우리 국민이 해야 할 일을 찾아야 한다. 우리 대한민국은 정부만의 나라가 아니며 우리 4천만 모두의 대한민국이기 때문이다. 대한민국의 국민으로서 지켜보며 비판하고 반대할 권리만 있는 것이 아니라 대한민국 국민으로서 행동하고 실천하며 함께 이뤄내야 할 사명과 의무가 있기 때문이다.

대한민국 헌법은 명시하고 있다.

"대한민국의 주권은 국민에게 있고, 모든 권력은 국민으로부터 나온다.
(헌법 전문 제1조 2항)"

그렇기 때문에 우리 국민은 감시와 비판의 권리를 넘어서 미래 대한민국을 책임지고 건설해야 할 의무와 사명이 있는 것이다.

우리는 기억한다. 박정희 대통령 시절 인권과 권리를 유보해가면서까지 이뤄냈던 성장과 전진의 역사를. 비록 위로부터의 국민운동이었지만 새마을운동을 비롯한 범국민운동을 통해 이룩한 성장과 전진이었다. 또한 그 시대에 성장한 오십대 이상이라면 누구나 기억할 것이다. "우리는 민족중흥의 역사적 사명을 띠고 이 땅에 태어났다."로 시작하던 국민교육헌장. 비록 일방적이고 획일적인 교육이었지만 그 교육을 통해 우리는 가난을 딛고 경제성장과 조국근대화라는 전진의 역사를 이루었다.

광복 이후 80년대까지를 인권과 권리를 유보한 성장의 시대라 한다면, 87년 6월민주항쟁 이후는 오늘까지 25년여의 역사는 민주화와 분배를 향한 전진이었고, 이제 오늘 우리 대한국민은 성장과 민주, 공정과 분배를 이뤄내야 할 의무와 사명을 가져야 한다.

## 대한민국은 '너'와 '나'이기 이전에 '우리'여야 한다

이제 우리 대한민국은 '너'와 '나'이기 이전에 '우리'여야 한다. 비단 피히테의 목소리만이 아니라 일제강점기의 암울한 상황에서 우리 민족의 가슴을 울렸던 단재 신채호 선생의 목소리가 함께 우리 가슴을 울리는 것도 이 때문이다.

"역사는 아(我)와 비아(非我)의 투쟁의 기록"이라는 명제로 시작하는 단재 선생의 『조선상고사』. 그리고 광복 이후 단재의 민족사관을 다시 펴낸 민족주의자 안재홍 선생의 서문이 새롭게 가슴을 울린다. "조국의 민족사를 똑바로 써서, 시들지 않는 민족정기가 자유 독립을 꿰뚫는 날을 만들어 기다리게 하자."

朝鮮史 (一)

丹齋 申采浩

第一編 總論

一、史의定義와 朝鮮史의範圍

네이버에서 검색한 단재 신채호 선생과 1931년 『조선일보』 학예란에 연재를 시작한 영인본의 모습. 이후 1948년 종로서원에서 단행본으로 발행되었는데 원래 『조선사』 서술의 일부분이었으나, 그 연재가 상고사 부분에서 끝나 『조선상고사』로 불려지게 되었다고 한다.
단재 신채호 선생의 『조선상고사』는 일제의 우리 역사 왜곡, 그리고 '동북공정' 등의 질곡 속에서 참된 우리 주체적인 사관을 향한 소중한 기록이다. 최근 우리 역사에 대한 관심과 함께 널리 읽히고 있어 반가운 마음이다.

오늘 우리 대한민국은 바로 이러한 민족사의 연장선상에 서 있으며 이제 우리는 미래 대한민국을 향한 투쟁과 전진의 각오로 아(我)를 넓혀 '우리 대한민국'을 만들어야 하는 준엄한 역사적 사명 앞에 서있다.

단재 선생이 『조선상고사』에서 '소서노'를 '창업 여대왕'으로 기록하고 있는 것은 헌정 사상 첫 여성 대통령 시대에 더욱 의미 깊게 들린다. '소서노'는 고구려의 동명성왕 주몽이 있게 했고, 이후 온조와 비류 두 아들을 이끌고 남하하여 백제를 창건하게 한 인물로 단재 선생은 다음과 같이 기록하고 있다.

"소서노는 조선 역사상 유일한 창업 여대왕일 뿐더러, 고구려와 백제 두 나라를 세운 사람이었다."

(단재 신채호, 『조선상고사』)

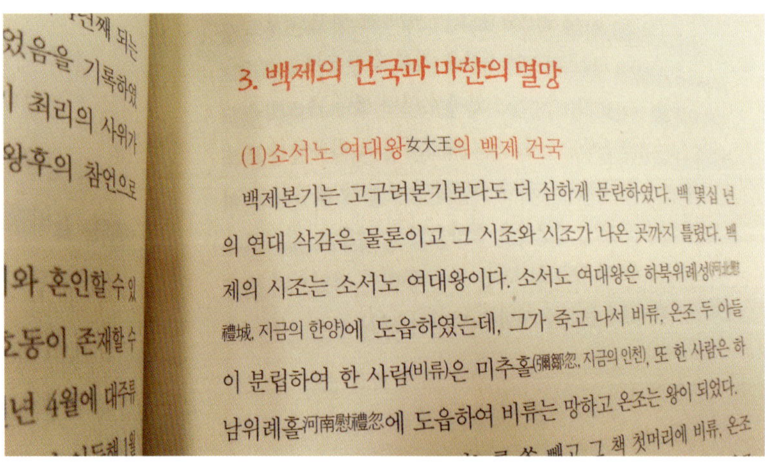
3. 백제의 건국과 마한의 멸망

(1)소서노 여대왕女大王의 백제 건국

백제본기는 고구려본기보다도 더 심하게 문란하였다. 백 몇십 년의 연대 삭감은 물론이고 그 시조와 시조가 나온 곳까지 틀렸다. 백제의 시조는 소서노 여대왕이다. 소서노 여대왕은 하북위례성(河北慰禮城, 지금의 한양)에 도읍하였는데, 그가 죽고 나서 비류, 온조 두 아들이 분립하여 한 사람(비류)은 미추홀(彌鄒忽, 지금의 인천), 또 한 사람은 하남위례홀河南慰禮忽에 도읍하여 비류는 망하고 온조는 왕이 되었다.

고구려 중흥에 기여했고 이후 비류, 온조 두 아들을 이끌고 남하하여 백제를 세운 '소서노'를 '여대왕'이라 칭하며 새로운 시각으로 조명하여 기록한 단재 신채호 선생의 『조선상고사』 지면. 헌정 사상 최초의 여성 대통령 시대를 사는 우리에게 고구려의 중흥에 기여했고 백제를 창건한 '소서노'의 여성 리더십은 새로운 의미로 다가온다.

박근혜 정부를 처음으로 성공한 정부로 만드는 것은 정부만의 힘에 있지 않다. 바로 우리 4천만 국민의 힘에 있는 것이다. 이제 우리는 '대한국민에 고함'이라는 제하에 우리 사회 곳곳에서 묵묵히 진정 대한민국의 미래를 걱정하고 함께 이뤄내고자 하는 이들을 만나고자 한다. 그리하여 그 목소리를 통해 대한민국의 희망찬 미래를 향해 함께 나아가고자 한다. 때론 비판과 질타의 목소리도 있을 것이고 때론 격려와 질정의 목소리도 함께 할 것이다.

오늘 우리에게 분명한 것은 아(我)와 비아(非我)를 넘어서, 투쟁과 갈등을 넘어서 상생과 화합의 대한민국을 향해 함께 나아가야 한다는 목표이다. 내가 글을 쓸 때마다 가슴에 새기는 단재 신채호 선생의 절절한 여망이 담긴 목소리를 다시 한 번 되새긴다.

"문명의 등불은 육주(六洲)에 찬란하고 자유의 종은 사방에 요란한데, 우리들은 무슨 죄가 있어 홀로 이 지옥인고. (중략) 이 책(『이태리 건국 삼걸전』)의 소개로 대한중흥 삼걸전, 아니 삼십걸전, 삼백걸전을 쓰게 되는 것이 나 무애생(無涯生)의 피끓는 영원한 염원이다."

이제 이 땅 대한민국의 미래를 개척하는 우리의 목소리들을 모으고 전하며 우리 스스로가 진정한 대한중흥의 영웅으로 함께 전진할 것을, 그리하여 박근혜 정부의 성공이 우리 국민 모두의 성공으로 이어지기를 여망한다.

# 대한민국 경제, '공정(Fairness)'으로 다시 시작하자

우리는 지금으로부터 15년 전 1998년 봄을 기억한다. 대한민국은 사상 유례없는 IMF 금융위기의 소용돌이에 휩싸였다. '제2의 국채보상운동' 을 연상시키며 1월초부터 시작된 범국민 금모으기 운동은 4월말까지 4개월여 동안 전국 350여만 국민이 참여했고 모두 227톤의 금을 모았다. 이후 우리 국민은 실업대란과 뼈를 깎는 구조조정을 거쳐 경제를 다시 일으켜 세웠고 외형적으로는 G20을 주도하는 성장을 이룩했다.

## 국민의 희생으로 IMF 극복, 그러나 국민살림 가계부채에 직면

그러나 지난 15년 국민의 살림살이는 어떠했는가? 단적으로 요약한다면 사상초유의 가계부채 위기에 직면하고 있는 실정이다. 2012년 가계와 소규모 개인사업자, 비영리단체 등을 포함한 가계부문의 금융부채 규모가 전년보다 53조원 가량 증가한 총 1천158조8천억원으로 집계됐다. 지난 2011년 말 1천106조원보다 52조8천억원 늘어난 것이다. 이중 소규모 개인사업자 및 비영리단체를 제외한 가계부채 규모는 959조4천억원으로 1,000조에 육박하고 있다.(이상 2013년 3월 18일 한국은행 발표 '2012년 중 자금순환(잠정)' 집계) 이제 가계부채는 가구당 5천만원을 넘어섰고, 자영업자의 경우 1억원에 육박하고 있는 것이다.

매일경제 1998년 12월 3일 목요일 소비자가 나설 때다

소비자단체 올해 어떤 활동했나

## 금모으기·아나바다로 '경제부축'

IMF 관리체제 이후 국내 소비자운동이 커다란 변혁기를 맞고 있다.

소비자운동의 내용이 어려운 경제현실을 감안해 구체적이고 피부에 와닿는 위기극복 운동들로 이뤄지고 있기 때문이다.

금모으기 운동과 물가감시단 결성, 아나바다운동 등 경제 관련 운동이 올해 대부분의 소비자단체 주요 활동으로 손꼽힌다.

과거의 소비자운동은 소비자 권리에 이어 소비자 스스로 책임을 자각하고 사회운동을 주도해 왔다.

한국소비자보호원과 소비자보호단체협의회, YWCA, 서울 YMCA 시민중계실, 한국소비자연맹, 전국주부교실중앙회, 대한주부클럽연합회 등 소비자단체들은 내년도 주요 사업으로 우리 경제의 회생과 환경보호에 역점을 두고 있다. 주요 단체의 올해 결산과 함께 내년도 사업계획을 알아본다.

■한국소비자연맹

소비자연맹을 비롯한 사회단체들 대한 실태조사를 실시하였다.

한국소비자연맹은 내년에는 모든 소비자를 대상으로 동일한 행동지침보다는 소비유형(계층)별로 별도의 캠페인을 실시할 계획이다.

기업들이 판매촉진을 위해 저가공세로 나올 것에 대비, 품질과 서비스 질에 대한 평가를 강화하고 소비자피해 구제활동에 주력할 예정이다.

또 금융기관의 금리조정과 의료보험 등 각종 연금이 기업이나 정부의 우월적 지위 아래 일방적으로 약관을 조정·변경하고 있는 점을 감안해 이 분야에 대한 감시활동을 펼칠 계획이다. 특히 기업과 소비자를 동반관계로 인식, 사전예방형 소비자운동으로 전환할 계획이다.

■대한여자기독교청년회연합회(YWCA)

YWCA는 올해 소비자운동의 방향을 혼란과 혼돈 속에서 바람직한 소비생활에 대한 올바른 가치관을 심어주는 데 두었다.

소비자단체들은 IMF 관리체제 이후 경제회생과 재활용, 환경보호 등에 보다 많은 비중을 두고 사업을 펼치고 있다.

YWCA 먹거리나누기등 건전소비 운동

전국주부교실 외식·해외여행 줄이기 앞장

1997년 대선 직전인 12월 3일 대한민국은 외환위기로 국가부도위기를 겪으며 국제통화기금과 자금지원 양해각서를 체결해야 했다. 우리나라는 총체적 경제위기를 극복하기 위해서 국제통화기금에서 요구하는 조건들을 수행해야 했으며 신자유주의 논리가 급속하게 확산되었다. 이 과정에서 많은 회사들의 부도 및 경영 위기를 초래하였고, 대량 해고와 경기 악화로 인해 대한민국의 온 국민이 큰 어려움을 겪었다. 하지만 금모으기로 상징되는 국민의 노력과 희생 위에 경제위기를 빠르게 이겨낼 수 있었다는 평가를 받았다. 사진은 이른바 'IMF경제위기' 1주년을 맞아 경제위기 극복을 위한 범국민적인 노력을 정리한 1998년 12월 3일자 매일경제신문 기획기사.

이러한 가계부채 증가는 우리 경제 전반에 암초로 작용한다는 점에서 더욱 심각하다고 경제전문가들은 입을 모은다. 이미 가계의 이자상환 금액 증가는 가처분소득 감소 및 각종 소비위축으로 이어져 경기회복을 가로막고 있다. 이른바 하우스푸어 가구가 급증하고 있고 가계가 부동산을 구입할 여력이 없어지면서 부동산 경기에도 큰 걸림돌로 작용하고 있다. 나아가 가계부채 부실화는 은행을 비롯한 금융회사의 동반부실화로 직결된다는 점에서 문제의 심각성은 더한다.

예부터 '가난 구제는 나랏님도 못한다' 는 말이 있다. 하지만 과연 그러한가? 우리가 '공정' 이란 윤리와 상식만 갖는다면 얼마든지 가능하다는 것이 경제전문가들의 견해이다.

'금모으기' 로 상징되는 IMF 위기극복은 국민의 희생과 더불어 '공적자금', 즉 국민의 세금으로 이루어냈다. 1997년으로 되돌아가보자. 공적자금 관리백서에 따르면 1997년말 64조원, 2000년말에 40조원 등 104조원의 공적자금을 조성, 2011년 6월말까지 금융권에 168조 6,000억원(재사용포함)을 지원하고, 102조 6,000억원을 회수했다. 공적자금 원금상환 대상 부채 97조원 가운데 회수가 가능한 28조원을 뺀 나머지 20조원은 금융회사가, 49조원은 국가재정으로 충당했다.

## 국민 세금 '공적자금'으로 극복한 금융부실, 국민에게 돌려줘야

문제는 이러한 금융부실의 충당과 극복과정이다. 금융권은 IMF 이후 영업의 초점을 기업금융에서 가계금융으로 바꾸면서 가계대출이 급증하

표 1-11 은행권에 대한 부실채권 매입 현황

(단위 : 억원)

| 은행 | | 부실채권 매입액 | |
|---|---|---|---|
| | | 1997.11월~2012.6월 | 2011.7월~2012.6월 |
| 시중은행 | 국민은행 | 5,954 | – |
| | 대동은행 | 1,913 | – |
| | 동남은행 | 1,301 | – |
| | 동화은행 | 2,317 | – |
| | 보람은행 | 2,386 | – |
| | 서울은행 | 34,600 | – |
| | 신한은행 | 8,774 | – |
| | 외환은행 | 18,450 | – |
| | 장기은행 | 2,444 | – |
| | 제일은행 | 27,647 | △5 |
| | 조흥은행 | 20,401 | – |
| | 주택은행 | 4,107 | – |
| | 평화은행 | 738 | – |
| | 하나은행 | 1,994 | – |
| | 한미은행 | 3,817 | – |
| | 우리은행 | 32,671 | – |
| | 소계 | 169,514 | △5 |
| 지방은행 | 강원은행 | 1,177 | – |
| | 경기은행 | 3,660 | – |
| | 경남은행 | 4,260 | – |
| | 광주은행 | 2,589 | – |
| | 대구은행 | 7,660 | – |
| | 부산은행 | 7,141 | – |
| | 전북은행 | 1,004 | – |
| | 제주은행 | 1,387 | – |
| | 충북은행 | 1,145 | – |
| | 충청은행 | 1,586 | – |
| | 소계 | 31,609 | – |
| 특수은행 | 기업은행 | 2,547 | – |
| | 농협중앙회 | 6,820 | – |
| | 산업은행 | 33,708 | – |
| | 수협중앙회 | 820 | 1 |
| | 축협중앙회 | 544 | – |
| | 소계 | 44,438 | – |
| 합계 | | 245,562 | △4 |

2012년 8월 공적자금관리위원회에서 발간한 13번째 『공적자금관리백서』 67쪽 은행권에 대한 부실채권 매입현황. 1997년 11월 IMF 금융위기 이후 2012년 6월까지 총 24조 5,562억원이 부실채권 매입비용으로 지원되었음을 확인할 수 있다.

기 시작했다. 또한 김대중 정부와 노무현 정부 당시 속칭 '부동산 투기 광풍' 도 저금리 추세에 힘입은 과열현상이었다는 점도 부인하기 어렵다. 이러한 과정에서 은행권은 안정적인 예대마진 구조를 갖추면서 2000년부터 2011년까지 총100조원의 영업이익을 내는 초호황을 누렸다. 생명보험과 손해보험도 각각 20조원 안팎의 영업이익(보험영업 포함)을 기록했다.

그런데도 오늘날 우리경제의 시한폭탄으로 다가오는 가계부채를 가계의 책임에만 떠넘긴다는 것은 공정하지 못하다는 것이 경제전문가들의 지적이다. 더구나 가계부채가 악화될 경우 결국 그 피해는 금융권에 부메랑이 되어 돌아온다는 점에서 정책적 환기가 필요한 시점이다.

이러한 공개념의 경제위기 극복 사례는 가장 자본주의적 체제로 여겨지는 미국의 선례에서도 찾을 수 있다. 미국은 2008년 금융위기의 시발점인 주택담보대출(Refinancing ; 만기시 대출금리 인하)을 통해 이른바 '깡통주택(Underwater)' 소유 300만 가구에 연간 1,000달러의 이자비용 절감혜택을 부여했다. 여기에는 매년 30억 달러 가량의 재원이 소요되는데 이를 월가 금융회사에 금융위기책임분담금(Financial Crisis Responsibility Fee)을 거둬서 조달한다는 계획이다. 공화당과 월가 금융회사들이 강력히 반발하고 있어 아직 시행되지는 못하고 있지만 한국 경제구조와 현실에 맞추어 벤치마킹할 만한 시도이다.

## 오바마 정부의 '경제위기책임분담금법안'의 교훈

오바마 정부의 '경제위기책임분담금법안' 또한 교훈으로 삼을 수 있다.

y Karey Wutkowski
/ASHINGTON | Thu Jan 29, 2009 10:12pm EST

Reuters) - The Obama administration aims to roll out a
nenu of options next week to help stabilize the U.S.
›anking industry, with government aid tailored to
ndividual banks' needs, a source familiar with the
ıdministration's thinking told Reuters on Thursday.

2009년 1월 29일 오바마 정부의 은행 산업 구제를 위한 옵션을 예측했던 워싱턴 발 외신 기사. 배드뱅크를 통해 은행의 대차대조표에 부담을 덜어주는 방안으로 정부가 부실자산을 보증해서 은행의 추가손실을 막아 줄 계획과 자본 투입을 통해 은행의 보통주를 매입하는 방안이 예견됐다. 실제로는 1,170억 달러 규모의 TARP(Troubled Asset Relief Program) 자금이 투입됐다.

2008년 금융위기 이후 미국 오바마 정부는 세금으로 TARP(Troubled Asset Relief Program)를 조성, 금융회사에 1,170억 달러를 투입했다. 미국 정부는 이를 모두 환수, 국가채무를 늘리지 않는다는 것을 목표로 10년 이내 900억 달러, 12년 이내 1,170억 달러 회수를 목표로 하고 있다. 납부대상은 연계자산 500억 달러 이상의 금융회사, 자산규모 상위 10대 회사로 전체 수수료(Fee)의 60% 이상 환수를 예상하고 있다.

오늘날 정치적 협상이나 경제 분야에서 전략으로 널리 활용되고 있는 미국의 수학자 존 내쉬(John Forbes Nash Jr.)의 '균형이론'을 적용하면 가계부채 회생전략은 의외로 단순화해서 찾을 수도 있다. '균형이론'은 상대의 대응에 따라 최선의 선택을 하면, 균형이 형성되어 서로 자신의 선택을 바꾸지 않게 된다는 것으로 요약된다.

지금 우리 앞에는 가계부채도 해결하고 금융권도 살 수 있는 '사슴'이라는 사냥감이 있다. 그리고 금융권과 가계가 각자 눈앞의 작은 이익을 해결할 수 있는 '토끼'라는 사냥감도 있다. 만약 금융권이 '사슴'을 사냥할 것이라고 믿는다면 가계도 협력해서 '사슴' 사냥으로 가계부채는 물론 경제 전반의 문제를 해결하는 큰 사냥에 나설 것이다. 하지만 반대로 금융권이 눈앞의 수익에만 급급해 '토끼'를 노린다고 생각하면 가계 또한 눈앞의 부채상환, 즉 '토끼' 사냥에만 급급할 것이다.

## 경제민주화의 첫 걸음, '공정'의 척도에 바탕한 협력경제로부터

우리 경제가 경제 전반을 염두에 두고 '사슴'을 목표로 할 것인가? 아니면 각자 경제주체의 이익에만 혈안되어 '토끼'를 목표로 할 것인가? 그 목표를 제시하고 이끌어야 할 주체는 바로 정부와 정책부처이다.

『국부론』의 저자로 널리 알려진 아담스미스가 이보다 17년 앞서 펴낸 『도덕감정론(The Theory of Moral Sentiments)』. 아담스미스는 자신의 묘비명에 "도덕감정론의 저자 여기에 잠들다"라 남길 정도로 시장경제 원리에 앞서 '공평한 관찰자(impartial spectator)'로서 인간의 윤리와 도덕에 주목했다. 우리나라에서도 지난 금융위기 이후 『도덕감정론』에 대한 관심이 높아져 붐을 이루고 있다.

오늘날 시장경제체제의 변호자로 여겨지는 아담스미스는 1776년 『국부론』을 세상에 내놓았고 그보다 17년 앞선 1759년 『도덕감정론』을 출간했다. 그리고 그는 자신의 묘비명에 "도덕감정론의 저자 여기에 잠들다"라 남길 정도로 시장경제 원리에 앞서 '공평한 관찰자(impartial spectator)'로서 인간의 윤리와 도덕에 주목했다. 2008년 신자유주의 체제의 문제점과 함께 금융 위기를 거치면서 다시 그의 초기 사상을 집대성한 『도덕감정론』 붐이 일고 있는 이유 또한 깊이 생각해야 한다.

아담스미스의 저 유명한 '보이지 않는 손'이라는 개념을 사실상 처음 거론한 것도 사람들이 각자의 이익에 따라 행동할 때 사회를 분명히 이롭게 한다는 주장이 나오는 『도덕감정론』에서였다.

아담스미스가 『도덕감정론』을 세상에 내놓은 지 250여년이 지난 오늘의 대한민국에서 자본주의의 윤리와 도덕성을 환기시킬 '공평한 관찰자(impartial spectator)'는 바로 박근혜 정부이다. 그리고 그 척도는 바로 '공정(公正 ; Fairness)'이어야 한다.

오늘 온 국민이 우려하고 있는 상대적 빈곤과 경제민주화를 해결할 수 있는 지름길은 가계나 금융의 어느 한 편에 서지 않으면서도 양자의 문제를 슬기롭게 해결할 수 있는 '공정'의 척도에 바탕한 협력경제라는 사실을 온 국민과 공감하면서 정부의 경제정책이 추진되기를 제안한다.

# 대한문화의 메카, '글로벌 한국문화 콤플렉스'를 제안한다

"인종과 언어, 이념과 관습을 넘어 세계가 하나 되는 문화, 인류평화발전에 기여하고 기쁨을 나누는 문화, 새 시대의 삶을 바꾸는 '문화융성'의 시대를 국민 여러분과 함께 열어가겠습니다."

지난 2월 25일 박근혜 대통령이 취임사에서 '문화가 국력인 시대'의 국가비전을 밝힌 취임사의 한 대목이다. 많은 국민들은 취임사를 들으면서 백범 김구 선생의 '아름다운 나라'를 떠올렸을 것이다.

진정 문화강국으로서 새로운 세계화 시대를 선도할 문화융성 대한민국. 이는 문화민족으로서 자부와 긍지를 가진 우리 사천만 국민의 염원이자 희망이다. 차제에 우리 대한민국의 문화강국의 비전이자 메카인 '(가칭) 글로벌 한국문화 콤플렉스'를 제안하고 싶다.

박근혜 대통령의 취임사에서 가장 주목을 끈 부분 중 하나가 바로 '문화융성'의 시대를 열겠다는 약속이었다. 실제로 오늘 우리 대한민국은 'K-pop'과 드라마 등 대중문화분야에 있어 세계의 주목을 받고 있다. 사진은 대통령 취임식 식전행사에서 전통 한류의 상징으로 관심을 모은 김덕수 씨의 풍물 공연. 〈사진 심상협〉

## 세계를 향한 '문화융성' 시대, 어떻게 이뤄낼 것인가?

박근혜 대통령이 후보시절 문화공약과 정책에 땀흘린 전문가 중 한 사람이 함께 공직생활을 했고 지금은 함께 국회에서 일하고 있는 문화체육관광부 차관 출신의 김장실 의원이다. 김장실 의원은 자타가 공인하는 문화정책 전문가이자 문화 대한민국의 전도사라 할 만하다.

그는 공사석에서 한국 경제를 활성화할 신성장동력으로 주저없이 문화 콘텐츠 산업 진흥을 역설해왔다. "싸이, 소녀시대 등이 촉발한 '대중문화' 한류 콘텐츠의 세계적 진출은 이미 활성화됐다. 그 다음 단계는 문학, 미술, 국악 등의 '클래식' 한류, 마지막은 한국의 정신문화 등을 비롯한 '생활문화' 한류가 뒤따라야 한다."는 것이 김장실 의원의 지론이다. 전적으로 공감하며 동의한다.

나는 장기적인 안목에서 이러한 '한류'와 우리 한국문화 콘텐츠 진흥의 메카가 될 '(가칭)글로벌 한국문화 콤플렉스' 건립과 활발한 운영을 제안하고 싶다. 오늘 우리 현실은 사실 문화강국을 외치기엔 초라하기만 하다. 돌아보면 우리 문화의 중흥을 역설하고 가장 힘주어 추진했던 사람은 바로 박정희 대통령이었다.

오늘 한국문화예술위원회의 모태인 한국문화예술진흥원은 1973년 10월 11일 박정희 대통령이 설립했다. 이후 30여년이 지난 2002년 대선 이후 관련법을 정비하여 설립된 문예진흥기구가 바로 2005년 9월 29일 출범한 한국문화예술위원회이다.

## 대중문화 한류에서 클래식 한류로, 정신문화 한류로 나아가야

오늘 유일하게 우리 정신문화를 연구하는 국가기관인 한국학중앙연구원(韓國學中央研究院, The Academy of Korean Studies) 또한 1978년 6월 박정희 대통령이 법적 근거와 재원을 만들어 설립한 한국정신문화연구원(韓國精神文化研究院)이 그 모태로 2005년 한국학중앙연구원육성법 공포와 함께 오늘에 이르고 있다.

오늘날 우리 대한민국의 정신문화를 연구하는 기관으로는 1978년 6월 박정희 대통령이 법적 근거와 재원을 만들어 설립한 한국정신문화연구원(韓國精神文化研究院)을 모태로 2005년 한국학중앙연구원육성법 공포와 함께 오늘에 이르고 있다. 사진은 지난 해 9월 열린 제6회 세계한국학대회 기조강연 모습. 〈사진 한국학중앙연구원 제공〉

이밖에 한국문화 관련기구라면 한국문학번역원이 있는데 이는 1996년 5월 6일 문화부 산하 (재)한국문학번역금고로 출발, 2005년 1월 27일 문화예술진흥법 개정을 거쳐 한국문학진흥원 산하에 법정기관화되었다.

또한 우리 문화산업과 관련된 기관으로는 2009년 5월 7일 출범한 한국콘텐츠진흥원이 있다. 이는 2001년에 설립된 문화콘텐츠산업 진흥을 위한 정책 개발과 관련 지원 사업을 수행하던 한국문화콘텐츠진흥원을 중심으로 한국방송영상산업진흥원, 한국게임산업진흥원, 문화콘텐츠센터, 한국소프트웨어진흥원, 디지털콘텐츠사업단 등 7개 기관과 기구를 통합하여 오늘에 이르고 있다.

많은 인문학계에서 주장해왔고 제안해왔던 국립번역원은 아직 본격적인 주목조차 받지 못하고 있다. 이명박 정부 시절 한 언론인의 국립번역원 설립 주장은 문화콘텐츠산업 진흥과 연관하여 귀기울일 만한 제안이었다. 국립번역원에서 한문, 영어, 일본어 등 외국어 번역능력을 갖춘 인재를 활용하여 꼭 필요한 출판물을 거의 실시간으로 번역한다면 다양한 문화를 소통하고 유통하는 문화콘텐츠 허브를 만들 수 있다.

또한 국민의 정신적 자본(Mental Capital)을 확충할 수 있으며 이는 규장각에 쌓여 있는 선조의 정신적 유산을 번역해 내는 사업으로부터 출발해야 한다. 나아가 인문과 어문계열 인재들의 일자리를 만들면서 번역하는 사람은 물론, 책으로 만들어 내는 과정에서 출판관련 분야에서도 일자리를 창출하는 연관효과를 기대할 수 있다.

이제 이러한 기관과 유기적인 관계를 맺으며 국립번역원을 비롯, 아직

미진한 우리 사상 연구 등을 총괄하는 동시에 한류(韓流)를 포괄한 한국문화의 메카로 '(가칭)글로벌 한국문화 콤플렉스' 건립을 제안한다.

## 한국문화와 정신 체험할 수 있는 '글로벌 한국문화 콤플렉스'를

예로부터 예악(禮樂)을 중시해온 우리 문화의 전통을 제대로 연구하고 보여줄 수 있는 충효 등 정신문화와 한국음악, 그리고 우리 생활문화를 집

'한류'가 세계적인 주목을 받고 있지만 아직 우리 고전문화의 백미로 꼽히는 '용비어천가' 조차 제대로 복원되지 못하고 있다. 지난 2011년 세종문화회관에서 열린 한글날 기념행사에서 식후 공연으로 용비어천가 '봉래의(鳳來儀)'가 500여년 만에 복원되어 공연되었을 정도이다. 세종대왕이 한글을 창제한 지 565돌 되는 한글날 한글문학의 백미이자 종합예술이었던 '용비어천가'의 일부가 비로소 공연된 것이다. 〈사진 문화체육관광부 제공〉

대성하며 체험할 수 있는 전통복식, 고건축, 한식 등도 이곳에 모아야 한다. 한국미술과 공예를 비롯한 전통적인 장인문화도 이곳에서 만날 수 있도록 하고 우리의 문학, 역사, 철학과 전통윤리도 연구하며 체험할 수 있도록 해야 한다.

우리 역사 속의 문예중흥기라 할 수 있는 세종조의 '용비어천가(龍飛御天歌)'가 웅장하게 공연되면 우리 유교문화의 본모습을 보여줄 수 있을 것이며, '월인천강지곡(月印千江之曲)' 시연을 통해 우리 불교문화의 진면목도 보여줄 수 있을 것이다. 또한 영정조 이후 가장 한국다운 문화유산으로 발전하여 꽃피었던 판소리와 탈춤의 연구와 공연도 이곳에서 세계인의 사랑을 받을 수 있도록 하면 더욱 좋을 것이다.

그리고 이곳 '(가칭)글로벌 한국문화 콤플렉스'는 한국문화의 연구와 공연, 체험을 넘어서 디지털 라이브러리를 갖춘 한국문화 콘텐츠 소통과 유통의 장으로 활용할 수 있어야 한다. 그리하여 축적된 한국문화의 빅데이터는 세계 문화콘텐츠 시장과 산업에 적정한 수익을 창출하며 유통될 수 있도록 해야 한다. 우리문화의 다양한 모습들을 쉽게 번역하면서 스토리텔링을 통해 영화나 드라마, 연극과 문화공연의 콘텐츠로 활용할 수 있도록 보급하는 사업도 필요하다.

이러한 '(가칭)글로벌 한국문화 콤플렉스'가 가져올 가장 중요한 기대효과는 '창조적 일자리 창출'이다. 우선 갈수록 입지가 좁아지고 있는 어문계열과 인문학 전공자들에게 통번역, 스토리텔링, 대중문화 콘텐츠 개발의 다양한 창조적인 일자리를 제공할 수 있다. 나아가 우리의 문화적 유산과 성과물들을 집대성하는 일명 '빅데이터 구축사업'을 기획하여 탈북자, 다문화 가정, 여성 등 고등교육을 받고도 일자리를 찾지 못하는 다양한 계층의 유휴노동력들을 교육하여 일할 수 있도록 할 수도 있다.

한 걸음 나아간다면 현 정부의 청년일자리 창출의 중점 공약인 'K-move'의 거점으로 활용할 수도 있으며, 우리 문화에 관심이 높은 세계의 인재들이 찾는 'K-welcome'의 소통과 교류의 한마당이 될 수도 있을 것이다.

세계 각지의 한국문화원에서는 한류의 다양한 면모를 알리는데 주력하고 있다. 사진은 지난 4월 24일 주동경한국문화원에서 개최한 이서윤 씨의 『한국의 매력』 강연회 모습. 하지만 이러한 한류 보급과 중흥의 메카가 될 수 있는 기구 설립과 운영이 절실하다. 〈사진 문화체육관광부 '한류뉴스'〉

## 대한의 국격, 국가 브랜드 높이며 인문 전공 일자리 창출에도 기여

'(가칭)글로벌 한국문화 콤플렉스' 건립을 제안하면서 잊지 말아야 할 역사의 교훈 하나를 되새기고 싶다. 우리는 독일 구텐베르크의 독일어판 성경인 '쿠텐베르크 성서' 보다 78년 앞서 '직지심체요절'을 인쇄한 금속활자를 가지고 있었다. 하지만 이러한 세계적인 기술문명이 수장고에서 잠자고 있는 사이 독일 구텐베르크의 금속활자는 독일은 물론, 유럽 전역에 종교개혁을 불러 일으키면서 지식혁명의 총아로 발전을 거듭한다. 그러한 결과가 어떠했는가? 찬란했던 우리 문화를 꽃피우지 못하고 외세의 침탈에 나라조차 빼앗겨야 하는 비운을 겪었고 '직지심체요절' 인쇄본 또한 지금 프랑스에 있지 않은가?

'(가칭)글로벌 한국문화 콤플렉스' 는 문화콘텐츠 산업의 보고이자 일자리창출, 나아가 ICT와 인문학을 결합하여 '창조경제' 를 견인할 융복합 산업의 총아로서, 궁극적으로는 국격을 높이고 국가브랜드의 업그레이드를 통해 막대한 유무형의 자산을 창출할 수 있는 대한민국 문화산업의 총아로 성장할 수 있으리라 확신한다.

또한 박근혜 대통령의 '문화가 국력인 시대' 를 여는 큰 걸음일 수 있으며 일제강점기의 암울한 현실 속에서도 '문화의 힘으로 아름다운 나라' 를 꿈꾸었던 백범 김구 선생의 소원을 실현하는 길이기도 하다. '(가칭)글로벌 한국문화 콤플렉스' 를 제안하면서 백범 김구 선생이 『백범일지』 마지막에 웅혼한 목소리로 소망하였던 구절들을 되새긴다.

"나는 우리나라가 세계에서 가장 아름다운 나라가 되기를 원한다. 가장 부강한 나라가 되기를 원하는 것은 아니다. 내가 남의 침략에 가슴이 아팠으니 내 나라가 남을 침략하는 것을 원치 아니한다. 우리의 부력(富力)은 우리의 생활을 풍족히 할 만하고 우리의 강력(强力)은 남의 침략을 막을 만하면 족하다. 오직 한없이 가지고 싶은 것은 높은 문화의 힘이다."

# 'ICT융복합 창조경제 뉴딜'을 제안한다

◆

최근 노벨상과 과학기술의 나라 스웨덴이 우리와 과학기술분야 협력에 적극적인 관심을 보이고 있는 소식을 접했다. 기초과학연구에 오랜 전통을 가지고 있는 스웨덴은 각종 연구결과를 신속하게 실용화해나가는 우리나라의 산학협력 체제에 큰 관심을 보이고 있는 것이었다. 엄석정 주 스웨덴 대사는 이 소식을 전하면서 빠른 경제성장 과정에서 기초과학분야에 대한 투자가 상대적으로 부족했던 우리나라로서는 스웨덴과의 협력을 통해 부족한 부분을 상호보완하는 협력관계를 구축할 수 있을 것으로 기대했다. 이제 우리 과학기술 정책이 글로벌 체제 속에서 강점을 살리고 약점은 보완하면서 국가경쟁력의 핵심으로 자리잡으면서 나아가야 한다는 과제를 예견하게 하는 대목이다.

새정부 들어 미래창조과학부 신설과 함께 과학기술 정책을 강화하면서

ICT융복합 분야를 비롯, 과학기술 전반에 대한 관심이 그 어느 때보다 높아지고 있다. 특히 과학기술 부흥에 바탕한 '창조경제'와 '경제민주화'는 박근혜 정부의 최우선 정책으로 부상하고 있다. 예상대로 대통령 취임사의 일성도 바로 여기에서 시작했다.

## '창조경제'와 '경제민주화', 두 마리 토끼 잡는 ICT융복합 정책

박근혜 대통령은 취임식에서 "창조경제는 과학기술과 산업이 융합하고, 문화와 산업이 융합하고, 산업 간의 벽을 허문 경계선에 창조의 꽃을 피우는 것"이라 밝혔고, 'ICT융복합' 을 비롯한 과학기술과 문화, 산업이 서로 융복합하면서 시너지를 창출하는 창조경제를 역점적으로 추진하고 있다. 사진은 박근혜 대통령 취임식 직후 단상에서 내려와 참석한 국민들의 카메라 세례를 받으며 악수를 나누는 순간 관람석의 모습. 〈사진 심상협〉

"첫째, 경제 부흥을 이루기 위해 창조경제와 경제민주화를 추진해가겠습니다. 세계적으로 경제의 패러다임이 바뀌고 있습니다. 창조경제는 과학기술과 산업이 융합하고, 문화와 산업이 융합하고, 산업 간의 벽을 허문 경계선에 창조의 꽃을 피우는 것입니다. 창조경제가 꽃을 피우려면 경제민주화가 이루어져야만 합니다. 공정한 시장질서가 확립돼야만 국민 모두가 희망을 갖고 땀 흘려 일할 수 있다고 생각합니다. 열심히 노력하면 누구나 일어설 수 있도록 중소기업 육성정책을 펼쳐서 대기업과 중소기업이 상생할 수 있도록 하는 것이 제가 추구하는 경제의 중요한 목표입니다."

세계가 놀라고 개발도상국의 선진적 모델로 주목받는 대한민국의 경제성장은 박정희 대통령에서 비롯되었다. 그리고 '과학입국'의 기치 아래 과학기술의 중흥정책 또한 대한민국 경제성장의 첫 걸음인 제1차 경제개발5개년계획과 거의 동시에 출발하였다. 비록 50여년이 지난 우리 역사이지만 박정희 대통령의 경제발전과 과학기술 중흥정책의 프로세스는 오늘 '창조경제'와 '경제민주화' 추진의 거울로 삼을 만하다.

박정희 대통령은 5.16 직후 불과 2개월여 만인 1961년 7월 22일 경제기획원을 신설한다. 이미 다 알다시피 경제기획원은 미래지향적인 우리 경제성장을 주도한 핵심적인 부처급 이상의 정부기구였다. 이어 6개월도 채 지나지 않은 1962년 1월 13일 제1차 경제개발5개년계획을 발표하고 곧바로 2월 2일 기술진흥5개년계획을 발표, 3월 19일 핵분열 연쇄반응을 일으키는 원자로의 임계도달 시험(양주군 노해면), 11월 18일 과학자 우대정책 발표로 이어진다. 1963년 12월에는 경제기획원 장관을 부총리로 격상시켜 정부 내에서의 위상을 강화하여 경제정책을 총괄하도록 하였다.

## 박정희 대통령의 미래지향적 경제정책의 핵심, 과학기술이었다

추론하자면 박정희 대통령은 우리 경제발전과 성장의 마스터플랜을 경제와 과학기술의 융복합으로 구상했지 않았나 생각된다. 이러한 추론은 1963년 대통령 취임 이후 3년여 만인 1966년 1월 27일 한국과학기술원 설립, 2월 10일 한국과학기술연구소(KIST) 발족, 그리고 이듬해인 1967년 3월 30일 원자력청 발족, 1967년 3월 30일 과학기술처 신설과 9월 19일 구미전자공업단지 건설 등의 순서로 신속하고도 계획적으로 추진된다.

1967년 9월 19일 박정희 대통령은 구미전자공업단지 건설 기공식을 갖고 과학기술을 중심으로 한 미래 전자산업까지를 구상하였던 것으로 보인다. 사진은 조성 직후의 구미국가산업단지 전경. 〈사진 한국학중앙연구원〉

사실 오늘 우리 대한민국은 세계적인 IT강국이라는 자부심을 가지고 있지만 1960년대 초반 마셜 맥루한이 명명한 '지구촌(Global)'이라는 개념이 서구사회에 전자미디어의 이론적 근거를 제시하며 '정보화 사회'라는 개념을 처음 선보일 때까지만 해도 우리나라의 전자공업은 열악한 수준이었다. 1958년 전기용 라디오의 국산화에 성공하고, 59년 트랜지스터 라디오가 등장할 당시 미래 전자산업의 핵심인 컴퓨터 분야에 있어서는 아직도 깜깜한 상황이었다. 이러한 우리 전자산업에 불을 지핀 사람이 바로 박정희 대통령이고 그 첫 걸음이 바로 구미전자공업단지 건설이었던 것이다.

집권 말기인 1978년 2월20일 행정전산화 10개년계획 확정과 1978년 6월 5일 태양에너지연구소 발족 등은 박정희 대통령의 경제정책과 과학기술정책이 얼마나 미래지향적으로 입안되고 추진되었는지 알 수 있게 해주는 대목들이다.

특히 대부분의 정권에서 추진한 경제정책의 근간이 이미 50여년 전 박정희 대통령 집권 초기에 마련되었고 우리 경제성정과 과학기술 중흥이 박정희 대통령이 구상하고 실행한 연장선상에 있음을 확인할 수 있다.

## 민주화 이후 경제정책과 과학기술 정책의 약화

하지만 이러한 박정희 대통령의 경제발전의 축이었던 경제기획원은 김영삼 정부 들어 1994년 12월 정부조직 개편에 따라 독립부서로서의 위치를 상실하고 재무부와 함께 재정경제원으로 통합하였으며, 김대중 정부에서는 1998년 2월 정부조직법 개정에 따라 다시 재정경제부로 개칭하기에 이른다. 또한 경제성장과 함께 박정희 대통령 시절 '과학입국'을 주도했던 과학기술부도 2008년 이명박 정부 들어 폐지되고 교육과학기술부로 통합되기에 이른다.

물론 이와 같은 경제기획원과 과학기술부 등 부처변화는 80년대 후반 사회 전반의 민주화, 90년대 초반 관주도의 경제정책이 시장중심으로 재편되는 과정, 그리고 세계경제체제의 글로벌화와 다국적화 등의 복합적인 요인이 있었다고는 할 수 있다. 하지만 역대 정부에서 경제정책과 과학기술 정책의 컨트롤 타워 기능이 약화일로를 걸었다는 점은 오늘 우리 국가경쟁력을 반성적으로 성찰하는 시점에서 크게 안타까운 부분이 아닐 수 없다.

노무현 정부 당시 진대제 정보통신부 장관이 역점 추진한 와이브로 사업은 실패한 것으로 평가받고 있다. 하지만 우리나라는 아직도 와이브로 서비스 유지를 고수하고 있다. 가입자 2000만명을 넘긴 LTE 통신이 총 80MHz 폭의 주파수를 쓰고 있는데, 가입자 100만명을 겨우 넘긴 와이브로가 60MHz폭을 차지하고 있는 것이다. 주파수 할당 계획상 배치되지 않은 와이브로 주파수까지 합하면 130MHz에 달한다. 도로에 비유하면 차량 이동 수요가 거의 없는 지역에 8차선 왕복 도로를 혈세를 들여 깔아놓은 셈이다. 심각한 '주파수 낭비'인 셈이다. 〈사진 KT의 와이브로 광고 캡처〉

오늘 우리 대한민국이 나아가야 할 경제와 과학기술, 특히 ICT산업의 미래와 박근혜 정부의 정책은 이러한 박정희 대통령을 비롯한 역대 정부의 공과를 냉철히 돌아보면서 출발해야 한다. 이러한 전제 아래 90년대 이동통신을 비롯, ICT에 이르기까지 경륜을 갖춘 전문가와 우리 경제 일선에서 일해온 전문가들과 '창조경제' 및 '경제민주화'와 관련된 ICT융복합 정책 현황과 과제에 대해 조사와 토론을 거쳤다.

역대 정부의 ICT 산업 관련 정책과 관련한 부분에서는 노무현 정부에서 진대제 정보통신부 장관 주도 아래 역점 추진했던 와이브로 사업을 예로 토론이 진행됐다. 핵심은 과연 와이브로 사업을 지속적으로 추진하느냐, 아니면 제4이동통신을 비롯한 새로운 사업과 융복합하면서 현재 과점체제인 통신사업 전반에 중소기업을 비롯한 다층적인 중소사업자를 참여시키면서 활로를 모색하느냐 하는 정책의 선택과 집중에 관한 논제로 진행됐다.

## 창조경제의 첫 걸음, 미래지향적 이동통신에서 찾자

마침 지난 5월 3일 국회 미래부 업무보고회장에서도 제4이동통신 허가 등의 이슈가 제기된 바 있다. 남경필 의원은 "와이브로는 사망한 것으로 평가 받고 있는데, 제4이통사 선정도 수 차례 불발돼 안타깝지만 포기하는 것도 고려가 필요하다"고 질의하자, 최문기 장관은 "속도가 좀 늦었지만 가입자 100만을 확보해 쉽게 포기할 대상은 아니며, 적극적으로 활성화하는데 다른 묘안이 있는지를 찾아 보고 있다"고 답함으로써 일단 정책의 가

닥을 잡은 것으로 보인다.

하지만 이러한 배경에는 주파수 배정을 비롯한 몇 가지 중요한 현안 문제가 깔려 있다.

첫째 과점체제로 인한 중소기업 진입 장벽이다. 오늘날 대한민국의 경제 시스템은 시장경제 원리를 원칙으로 하고 있으면서도 통신산업의 경우 국가기간정보통신망사업자로서의 공공성이라는 명분 아래 한국통신 민영화와 함께 몇 개 회사가 과점체제로 운영되는 모순을 지니고 있다. 이들 과점체제는 유한한 국가자원이자 국민의 공적 자산인 주파수를 사업영역으로 하면서도 공공적 책무와 부담은 소홀히 하고 있다는 비판이 일고 있다. 특히 새로운 서비스 개발 및 시설투자는 뒷전이고 보조금을 통한 가입자 확보전에만 주력하면서 오히려 이미 개발되어 있는 백배속 엘티이 등 첨단 기술 상용화에 걸림돌이 되고 있다는 지적이 나왔다.

특히 그간 정부는 PCS와 IMT2000 사업자 선정 이후 신규 통신서비스가 나와도 기존 과점 사업자에게 국가 자산인 주파수만 추가로 배정하는 특혜를 주고 있다는 지적과 또한 수많은 법제도상 정부정책 위배 소지와 이용약관 위반 소지에도 불구하고 솜방망이 처벌로 일관해왔다는 지적도 제기됐다. 이들 과점 통신사업자들은 지난 정부에서 데이콤, 파워콤, 한솔텔레콤, 신세기통신, 한국통신프리텔, 두루넷, 하나로통신 등을 합병, 거대 통신사업자로 변신했음에도 불구하고 시설투자, 기술개발, 고용창출 등의 공공성을 외면하면서 보조금에 의존한 마케팅 전쟁만 벌이며 불공정하게 엄청난 이익만 올리고 있다는 지적도 있었다. 대표적인 사례가 노무현 정부에서 역점 추진했던 와이브로(WiBro) 사업의 주파수 배정으로 모아졌고 현재 정책실패의 책임을 회피하고 있다는 것이 요체다. 실제 와이브로 사업은 시장성이 없다는 이유로 유명무실해졌고 서비스조차 소홀한 실정이다.

가장 큰 문제는 주파수는 보이지 않지만 이를테면 수자원이나 농업용수와도 같은 소중한 국민의 자산이자 공공재라는 점이다. 이 점에 대해선 노태우 정부의 업적으로 회자되곤 하는 토지공개념 도입과도 같은 전례를 본보기로 삼아야 한다는 의견이 지배적이었다.

## 주파수 공개념으로 시작, 통신정보사업부터 '경제민주화'

헌법 제122조는 토지공개념에 대해 '국가는 토지소유권에 대해 법률이 정하는 바에 따라 제한과 의무를 과할 수 있다'고 규정하고 있고, 나아가 민법 제2조는 '개인의 소유 권리라도 권리는 남용하지 못한다'고 규정하고 있으며, 동법 제212조에서는 '개인의 소유권이라도 정당한 이익이 있는 범위 내에서만 행사하여야 한다'고 규정하고 있다.

이에 대한 본격적인 논의는 1980년대 후반에 전국적으로 불어 닥친 부동산투기 열풍과 이에 따른 심각한 지가 상승이 서민의 생활고를 가중시켜 부동산투기가 심각한 문제로 부각되면서 정부는 1989년 정기국회에서 '택지소유에 대한 법률', '토지초과이득세법', '개발이익환수에 관한 법률' 등 토지공개념 관련 법률을 제정하여 오늘에 이르고 있다. 아이러니컬하게도 토지공개념을 확립한 노태우 정부는 집권 이후 수서택지비리와 함께 제2이동통신 선정 관련 비리 의혹 속에 탈당하는 치욕을 겪어야 했다.

다시 오늘 우리 통신정보사업으로 돌아오면 엄밀히 말하자면 국민의 자산인 주파수를 과점하고 있고, 이들 사업에 대한 중소기업과 중소업자들의 진입장벽이 되고 있다는 점이다. 이러한 문제를 해결하기 위해서는 현재 우리 통신사업에서 국가기간정보통신망사업자로서의 공공부문을 제외한 민간부문의 사업을 분리하여 중소기업을 비롯한 시장경제 체제에 개방하는 지혜가 필요하다. 이러한 주파수 공개념은 2009년 통신망 개방 요구와 함께 반짝 진보신당에서 문제제기를 한 바 있으나 본격적인 정책적 검토는 이루어지지는 않았다.

하지만 현재 시점에서 통신사업 혁신은 ICT산업 전반에 융복합과 신산업 및 일자리 창출 등 우리 경제의 당면과제와 직결되어 있을 뿐만 아니라 '창조경제'와 '경제민주화'의 상징적 의미를 지닌다는 점에서 중요성이 부각되고 있다는 점에 의견이 모아졌다. 그리고 주파수 공개념에 대한 법적 제개정이 필요하다는 의견도 제기되었다.

이러한 논의를 현 정부의 정책과 연계하여 다음과 같은 정책 프로세스를 가정, 정책 목표를 수립해 보았다.

## ICT산업 융복합, 신산업, 일자리 창출, 통신사업 혁신으로부터

첫째, 현재 과점체제의 통신망 사업에 신기술 도입과 함께 시장에 활력을 불러일으켜야 한다.

둘째, 기존 유휴 주파수를 비롯, 이용약관 및 사업자 승인계획을 실행하지 않은 주파수 등을 회수하여 통신산업의 새로운 자산으로 정립해야 한다.

셋째, 회수된 주파수를 비롯 주파수 체계를 재정립하여 중소기업과 신기술 사업자가 참여하는 통신서비스 사업자를 선정하고 주파수를 효율적으로 분배하여 기존 통신사와 기술개발 경쟁, 서비스 경쟁, 요금 인하 등의 대국민 서비스 영역을 개척한다. 이러한 새로운 통신사업 개방과 개척에

지난 4월 19일 박근혜 대통령은 제46회 과학기술 · 정보통신인 한마음대회를 맞아 과학기술과 정보통신 분야를 중심으로 선도형 경제로 거듭나야 한다는 메시지를 전하고 있다. 그러기 위해서는 방송통신을 포함한 ICT융복합 분야에서 중소기업의 성장과 일자리 창출을 견인해야 한다는 목소리가 높다. 〈사진 청와대〉

는 2010년 이후 "주주구성 취약 등으로 인한 자금조달 계획의 실현 가능성 불투명"으로 불발되고 있는 제4이동통신사업과 접목할 경우 신속하게 실현할 수도 있다.

넷째, 기존 통신사업자가 과점체제 아래 행한 공정성 및 투명성 여부를 정밀하게 조사 검토하여 통신서비스 사업 영역에서 새 정부의 정책 기조를 명확히 하는 한편 기존 사업권 허가시 약속했던 중소기업 동반성장, 고용창출, 국가 공익 복무 등에 대한 원칙을 재정립하도록 한다.

다섯째, 새로운 통신서비스 사업자 선정시 중소기업중앙회를 비롯한 중소기업 참여를 가시화할 경우 경제민주화는 물론 ICT산업과 결합한 융복합 산업 중흥의 전기를 마련할 수 있다.

결론적으로 이러한 정책 로드맵을 실행할 경우 사상 최초로 중소기업에게 통신서비스 사업권을 부여한다는 의미를 통해 '경제민주화'의 상징적 정책으로 상정할 수 있으며, 중소기업중앙회의 홈앤쇼핑 사업의 사례처럼 중소기업을 우대하기 위한 다양한 정책을 개발할 수 있다. 또한 고용창출은 물론 중소기업 활성화에 크게 기여할 것으로 판단되며 신규 통신서비스 사업자 탄생으로 중소기업 차원에서 단기간 최소 5조원의 새로운 시장 창출, 연 100만명에 이르는 신규 고용창출이 가능할 것으로 기대되며 중장기적으로는 이의 3~4배에 이르는 기대효과까지 가능하다.

부가효과로는 가계 통신요금을 6~7만원대에서 4만원대 이하로 떨어뜨릴 수 있고, 첨단사양이 필요하지 않은 청소년과 노년층에게는 '알뜰폰'과도 같은 저렴한 요금제 출시를 통해 통신복지 차원의 정책도 실현할 수 있다.

## 차세대 LTE(LTE-Advanced)' 조기 도입 계기로 'ICT융복합' 가동

우리는 한 때 유선 초고속인터넷망을 전기로 IT강국을 열어갔던 것처럼, 모바일의 초고속인터넷망인 'LTE-A', 즉 차세대 LTE(LTE-Advanced)'의 조기 도입 및 확산을 통해 새로운 ICT 산업 창출의 기반을 형성할 수 있게 된다. 또한 네트워크, 하드웨어 산업이 추가적으로 활성화될 수 있으며, 동영상/방송 등 콘텐츠와 K-pop을 비롯한 한류(韓流) 문화콘텐츠 등 인문사회 분야까지 망라하는 ICT 주축의 융복합산업까지 활성화시킬 수 있어 세 마리 토끼를 한꺼번에 잡는 동시에 '창조경제'와 '경제민주화'의 모델을 구축하면서 이를 산업 전반에 확산시킬 수도 있을 것이다.

이러한 통신산업을 첨병으로 하는 'ICT융복합' 산업은 오늘 우리 ICT산업이 직면하고 있는 위기상황을 기회로 전환시키는 전기가 된다는 점에서 더욱 절실하고 중요하다. 지난 4월 30일 열린 '창조경제 ICT융합포럼'에서 오늘 우리 'ICT산업 위기론'은 우리가 한달여간 진행해온 토론과 동일한 맥락에서 위기를 진단하고 해법을 모색하고 있다는 점에서 주목된다. 김영민 LG경제연구원 상무는 한국 ICT산업의 구조개편과 전환만이 한국 ICT 산업의 위기를 극복할 수 있다고 발표했다.

특히 우리나라 ICT 제품 및 부품 세계시장 점유율은 최근 각각 5%와 8% 수준에서 정체 및 감소 양상을 보이는 반면, 중국의 점유율은 2000년대 들어 급속히 증가해 2011년 기준으로 각각 22.5%와 17.7%에 이르고 있고 오늘 우리 ICT산업의 위기요인으로 부각되고 있다. 따라서 국내 ICT산업이 직면한 위협을 극복하고 새로운 미래 먹거리 창출을 위해서는 세 가지 방향에서 ICT산업의 구조 전환이 요구된다.

첫째, 전통적인 하드웨어 영역에서 다른 나라 기업보다 앞선 과감한 도전을 통해 시장을 선점하고 주도권을 유지해야 한다. 예를 들면 상당기간 지속적인 혁신이 요구되는 OLED176 TV, 플렉시블 디스플레이, 투명 디스플레이275 등에 대한 적시 투자 및 제품 · 공정 혁신을 적극 추진해서 경쟁자들의 추격을 뿌리치고 시장 지위를 더 공고히 해야 한다.

둘째, '경제민주화'의 정책화두에 부응하여 초기부터 대기업과 중소 · 중견기업의 협력을 통해 핵심적인 소재, 부품, 장비까지 함께 고려하는 접근 방식을 통해 부가가치를 높여야 하며, ICT산업의 새 패러다임에 능동적으로 대응하기 위해 혁신 기반의 창업 활동 활성화, 벤처기업에 대한 민간

SKT는 오는 9월 LTE-Advanced(이하 LTE-A) 서비스를 시작한다고 발표했다. 이번에 SKT가 선보이는 LTE-A는 CA(Carrier Aggregation)라는 기술을 적용해 이전 LTE 전송속도보다 약 2배가 빨라졌다고 한다. 이는 차세대 이동통신의 기술이 빠르게 상용화되고 있음을 보여준다. 사진은 SK텔레콤이 스페인 바르셀로나에서 열리는 '모바일 월드 콩그레스(Mobile World Congress, MWC) 2013'에서 150Mbps LTE를 세계 최초로 단말기에 구현해 선보인 홍보 자료. 〈사진 SKT〉

투자 유인 강화 등의 제도적 조치와 함께 기술과 인문 · 사회학의 융합을 촉진할 수 있는 방안이 강구되어야 한다.

셋째, ICT를 생산에 접목하거나 헬스케어, 자동차, 조선, 광고 등 다양한 분야에 결합시켜 부가가치를 높이고 새로운 일자리를 창출해야 한다. 나아가 문화산업을 비롯한 콘텐츠 영역과 글로벌 마켓을 겨냥한 앱을 비롯한 새로운 영역 개척에도 나서야 한다.

## 과점체제 통신사업에 중소기업 동반 참여와 성장 기대한다

이같은 지적은 박근혜 정부와 새로 출범한 미래창조과학부가 해야 할 과제를 적시하고 있다. 따라서 통신산업 구조개편을 전기로 한 '창조경제' 와 '경제민주화' 의 실천로드맵은 대한민국 ICT산업의 위기를 기회로 전환시킬 수 있는 절체절명의 기로인 것이다.

다시 통신산업 구조개편으로 돌아와 '창조경제' 와 '경제민주화' 의 로드맵과 기대효과를 차근차근 정리해보자.

우선 과점으로 기업의 이익에만 주력해온 기존 통신사업자들의 사업영역에 투자 확대 및 경쟁 도입, 요금 인하 등의 효과를 부를 수 있다. 구체적으로 과점사업자의 신기술 개발과 투자 촉진, 통신사업자 간 품질 및 기술개발 경쟁 유도, 정부의 적절한 규제 및 진흥정책 효과 제고, 신기술 개발과 상용화 과정에서 부품 및 산업, 서비스로 이어지는 경기 부양 등의 기대효과를 높일 수 있는 것이다.

나아가 'ICT융복합 창조경제 뉴딜' 이라 명명할 수도 있는 경제와 산업 전반의 일자리 창출과 신산업 창출 및 확산이 가능해진다. 차세대 무선 초고속 통신망으로 부상하는 'LTE-A' 사업자 선정을 통해 고도화된 통신네트워크 구축 사업 전개, 고도 통신네트워크를 이용한 대규모 모바일 비즈니스 체계 마련, 통신네트워크에서 활용가능한 대용량 데이터(빅데이터), 클라우드용 자료 정비사업, 새로운 통신서비스 판매를 위한 유통망 확대, 통신 네트워크 구축을 위한 중소기업 기술 개발 및 비즈니스 확대, 광통신보다 빠른 모바일 네트워크로 새로운 글로벌 ICT산업 선도 등의 부가효과를 창출해 나갈 수 있다. 특히 현재 안전행정부에서 초기사업으로 시작한 빅데이터 사업, 그리고 클라우드 연관 데이터 구축은 고학력의 탈북자, 다문화 가정, 주부 등의 계층에서 최소한 연 백만 이상으로 추정되는 질 높은 일자리로 이어질 수 있다는 점에서 더욱 매력적이다.

또한 '경제민주화'의 핵심 분야인 중소기업 진흥에도 강점을 가진다. 기존 통신사업 영역의 과점체제에서 벗어나 중소기업 주도의 통신서비스사업자 컨소시엄을 선정할 경우 정부 최초로 중소기업 주도형 산업발전을 위한 ICT전략 수립과 함께 다양한 중소기업과 기술 생태계 활성화와 이들 기술의 ICT산업 접목이 가능해진다.

궁극적으로는 이러한 통신산업의 구조개편은 '창조경제'의 모델을 정립하면서 국정 어젠다로서 로드맵으로 업그레이드할 수 있다. 단계별로는

1. 창조경제를 통한 새로운 산업 지도 구축

2. 미래지향적이며 창조적인 국가 비전 형성

3. 50년 산업화를 계승하면서도 재생산구조를 갖는 창조경제형 선순환 고리 형성

4. 국가 산업경제 발전을 위한 전후방 산업발전 로드맵 구축

5. 부품 소재산업부터 융합산업, 서비스산업, 문화콘텐츠산업을 아우르는 동시에 공정하고 적시적인 지원과 규제를 병행한 미래형 산업발전 제도 구축 및 전략 수립의 '창조경제' 로드맵을 설정 추진할 수 있을 것이다.

이러한 통신산업 구조개편 모델의 'ICT융복합 창조경제 뉴딜'은 청사진에 비해 추진상 난맥도 심각하게 예상된다. 그러한 점에서 토론에 참여한 대부분의 전문가들이 '제2의 경부고속도로를 건설하는 각오'라는 표현을 내놓을 만큼 어려운 정책과제라는 점에 입을 모았다.

## '제2의 경부고속도로를 건설하는 각오'가 필요하다

1970년 7월 7일에 완공된 경부고속도로. 반대도 심했지만 국토종합개발의 동맥 역할을 하면서 경제성장의 중심적인 역할을 했다. 'ICT융복합 창조경제 뉴딜' 정책도 이러한 발상에서 시작해야 한다. 즉 차세대 무선 초고속 통신망으로 부상하는 'LTE-A' 사업자 선정을 통해 고도화된 통신네트워크 구축 사업 전개, 고도 통신네트워크를 이용한 대규모 모바일 비즈니스 체계 마련, 통신네트워크에서 활용가능한 대용량 데이터(빅데이터), 클라우드용 자료 정비사업, 새로운 통신서비스 판매를 위한 유통망 확대, 통신 네트워크 구축을 위한 중소기업 기술개발 및 비즈니스 확대, 광통신보다 빠른 모바일 네트워크로 새로운 글로벌 ICT산업 선도 등의 부가효과를 창출해나아가야 한다. 〈사진 한국학중앙연구원〉

우선 예상되는 장애는 기업의 이익과 수익 중심의 과점체제의 저항이다. 이미 우리는 민주화와 대통령 직선제 이후 역대 정권의 개혁의지가 대기업으로 상징되는 금권과 경제권력의 집요하고도 치밀한 로비와 공세에 좌초하거나 변질되는 경우를 수차 지켜보지 않았던가? 경제성장기에 효율성과 조직성으로 적극 기여해온 관료집단의 정체된 관습과 복지부동의 또다른 얼굴도 적잖은 장애로 꼽힐 수 있다. 이 또한 '모피아'를 비롯한 유행어를 낳으면서 정권마다 개혁과 혁신을 되돌리는 암적인 요인으로 작용했던 경우가 적지 않다.

하지만 '창조경제'와 '경제민주화'를 향한 국민적 숙원은 본격적인 경제발전 50여년 역사를 관통하는 거부할 수 없는 국가적 과업이다. 우리는 기억한다. 지난 2012년 8월 28일 박근혜 당시 대통령 후보는 전태일재단을 찾았다. 또한 1969년 전태일 씨가 박정희 대통령에게 보낸 편지를 우리는 기억한다. 박정희 대통령은 취임 이듬해인 1964년 구로공단을 조성했고 이곳에서 일한 수많은 노동자의 헌신과 희생을 통해 경제성장이 가능했던 것이다. 조국근대화에 앞장섰고 그 이면에 노동자들의 희생의 상징이었던 구로는 오늘날 구로디지털단지로 변모하면서 한국ICT산업의 한 축으로 가동되고 있다. 1967년 조성된 구미전자산업단지를 비롯한 산업현장, 또 경부고속도로 건설현장 등의 수많은 현장에 흘린 우리 어버이와 어르신들의 피와 땀이 뿌려진 결과가 바로 오늘 우리 대한민국의 삶터이자 일터인 것이다.

이제 이러한 맥박을 창조적으로 계승해야 하는 역사적 숙명 앞에 우리가 서있음을 잊지 말아야 한다. 그래서 '경제민주화'는 국민적 숙원이고 그 해법이 바로 '창조경제'인 것이다.

# 국민이 원하고 미래가 요구하는 교육

국민이 말하는 시대다. 국민이 원하는 정책에 따르는 시대인 것이다. 하지만 교육은 그렇지 못하다. 국민의 불만과 비판은 많은데 해법을 찾지 못한다는 목소리가 높다. 박근혜 정부에서는 이른바 '선행학습금지'를 화두로 한 교육 혁신을 추진할 것으로 밝히고 있다. 다음은 교육과 관련된 박근혜 대통령의 취임사이다.

"저는 개인의 꿈을 이루고 희망의 새 시대를 여는 일은 교육에서 시작된다고 생각합니다. 교육을 통해 개인의 잠재된 능력을 최대한 끌어낼 수 있도록 적극 지원하고, 국민 개개인의 능력을 주춧돌로 삼아 국가가 발전하게 되는 새로운 시스템을 만들어야 합니다. (중략) 저는 어릴 때부터 모든 학생들의 잠재력을 찾아내는 일이 국가 발전의 원동력이 될 것이라고 믿었습니다. 앞으로 학생 개개인의 소질과 능력을 찾아내서 자신만의 소중한 꿈을 이루어가고, 그것으로 평가받는 교육시스템을 만들어서 사회에 나와서도 훌륭한 인재가 되도록 할 것입니다. 학벌과 스펙으로 모든 것이 결정되는 사회에서는 개인의 꿈과 끼가 클 수 없고, 희망도 자랄 수 없습니다. 개개인의 꿈과 끼가 열매를 맺을 수 있도록 우리 사회를 학벌위주에서 능력위주로 바꿔가겠습니다."

## 위로부터의 교육, 이제 국민과 학생이 원하는 교육으로

아마 오십대 이상 세대들은 "우리는 민족중흥의 역사적 사명을 띠고 이 땅에 태어났다"로 시작하는 국민교육헌장의 다음 구절을 떠올렸을지도 모른다.

"성실한 마음과 튼튼한 몸으로, 학문과 기술을 배우고 익히며, 타고난 저마다의 소질을 계발하고, 우리의 처지를 약진의 발판으로 삼아, 창조의 힘과 개척의 정신을 기른다."

1968년 12월 5일 국민교육헌장에 "타고난 저마다의 소질을 계발하고"라는 구절은 45년이 지난 대통령의 취임사에서도 "어릴 때부터 모든 학생들의 잠재력을 찾아내는 일이 국가 발전의 원동력이 될 것"이라는 구절로 재확인되고 있다.

조국근대화 과정에서 교육정책의 상징 중 하나가 국민교육헌장이다. 사진은 1968년 12월 5일 국민교육헌장 선포식 장면.
〈**사진** 한국학중앙연구원〉

그렇다면 지난 45년의 교육은 어떠했는가? 먼저 고3, 고1 자녀를 둔 오십대 중반 학부모의 목소리다.

"제가 고3입시생일 때 예비고사를 3개월여, 그리고 본고사를 5개월여 앞둔 시점에서 본고사가 폐지되고 예비고사만으로 대입 사정을 한다는 입시제도 변화가 있었습니다. 우리교육에서 백년대계는 찾아볼 수 없습니다."

1981년 이른바 신군부의 국보위에서 시행한 7.30조치를 이르는 말이다. 오늘 우리 교육문제를 제대로 돌아보고 대안을 모색하기 위해서 먼저 교육제도, 특히 우리 교육에 큰 영향을 미친 입시제도의 변화부터 검토해봐야 한다.

광복 이후 우리교육은 일제의 국민동원식 교육체제를 여과없이 이어받았다. 일부 사립과 사대부속초등학교는 초등학생부터 입시로 선발했고 중학교, 고등학교, 대학교 모두 입시를 거치는 입시위주의 시스템이었다.

이러한 교육제도에 평준화 바람이 불기 시작한 것은 1969년 중학교 평준화 정책부터다. 박정희 대통령이 전격 실시한 중학교 무시험제 도입을 통한 중학교 평준화제도는 지역을 학군으로 나눠 은행알 추첨으로 학교를 배정하는 방식이었다. 세칭 명문 중학교에 들어가기 위해 어린 초등학생 때부터 입시지옥에 시달리는 현상을 시정하기 위해서 마련한 제도였다. 하지만 입시경쟁은 원천적으로 사라지지 않았다. 시기만 중학교로 3년 늦춰졌을 뿐 중학생들은 다시 명문고에 진학하기 위한 경쟁에 내몰렸던 것이다.

60년대와 70년대 비평준화 시절 전국의 명문고들을 이미지화한 도표. 1960년대 말 중학교가 평준화되고 73년부터 단계적으로 고교평준화 정책이 실시되었다. 현재 우리 사회를 주도하는 세대이자 이른바 베이비부머 세대인 50대가 바로 이러한 교육제도에서 성장해온 세대이다. 한국사회의 문제점을 지적할 때 학연, 지연이 심각한 문제로 부각되고 있고 오늘날까지도 특목고, 자율형사립고와 자율형공립고 등 평준화를 쟁점으로 한 교육정책이 여전히 뜨거운 관심사로 남아 있다.
〈이미지는 아이디 '단군왕검'의 카페 게시물〉

## 60년대 중학교 평준화 이후 아직 뜨거운 쟁점, '평준화'

정부는 다시 1973년에 고교 평준화 정책을 발표했고 1974년 고교입시 연합고사를 합격한 학생들을 거주지에서 가까운 학교에 배정했다. 고교 평준화 정책도 중학교 무시험제와 마찬가지로 한국 사회를 뒤흔든 혁명적인 조치였지만 입시제도를 근본적으로 해결하진 못했다. 또한 아직까지도 과고와 외고를 비롯한 특수목적고, 자율형 공사립고 등을 둘러싼 수월성이냐? 평등이냐? 하는 논란의 대상이 되고 있다.

전두환 정권이 1980년 국가보위비상대책회의 교육개혁방안을 통해 시행한 교육정상화 정책은 과외금지, 본고사 폐지, 대학졸업정원제(입학정원 확대) 등을 골자로 하는 대학입시제도의 전면적 변화 조치였다. 그러나 강력한 군사정권의 강경조치도 일부 학부모의 과열된 교육열로 음성적인 불법비밀과외가 번성하고 과외비를 더 올려놓는 결과만 낳았고 대학입학정원제도 대학생 수를 부풀리는 역효과만 초래했다는 비판 속에 용두사미가 되고 말았다.

과외금지 조치는 취미활동 과외 허용, 방학 중 외국어 수강 허용, 학교 보충수업 허용 등으로 하나하나 합법화되면서 효력을 잃었고, 2000년 4월 헌법재판소가 위헌 결정을 내림으로써 20년 만에 막을 내렸다. 당시 헌재는 "자녀에 대한 교육권 및 재산의 자유로운 사용과 처분을 보장하는 재산권 조항을 통해 경제적 능력에 따라 자녀의 교육을 위해 서로 다른 정도의 금전적 부담을 하는 것이 보장된다"며 "따라서 과외금지는 헌법이 보장하는 기본권을 훼손하는 것"이라고 판결했다.

김영삼 대통령은 후보 시절 "당선되면 교육대통령이 되겠다"고 지지를 호소했고, 취임후 문민정부는 1995년에 '5 · 31 교육개혁안'을 내놓았다. 초중고교 교육 정상화를 기치로 내건 이 개혁안은 대학 학생선발기준 자율화, 국공립대 본고사 폐지 및 논술위주 전환, 종합생활기록부 입시적용 확대 등이 주된 내용이었다.

18년여가 지났지만 5 · 31 교육개혁의 내용은 지금도 교육개혁과 입시제도 개선정책이 떠오를 때마다 논란의 대상이 되곤 한다.

그린페이퍼(계획서)를 만들려고 한다. 계획서를 에듀넷에도 올리고 교사들의 의견을 다시 들어 최종적인 안을 만드는 등 절차의 민주성을 높이려고 한다. 그래야 참여의 민주성도 높아지고 정책결정 과정에서 소외감도 해소되고 안 자체도 현실화될 수 있다. 내용에 대해선 몇 가지 원칙을 가지고 있다. 8월이 되면 1차 법 시행에 따라 교장의 절반 가량과 교감의 3분의 1 이상이 교체가 이뤄진다. 교체될 때 첫번째 원칙이 자격관리를 엄격히 한다는 것이다. 연공서열의 관행에서 탈피할 것이다. 기업체 등의 연수과정을 통해 교장들이 경영자의 관점을 갖도록 하고, 능력위주로 인사원칙을 둘 것이다. 젊은 사람도 교장이 될 수 있는 제도를 열어주려 한다. 교육경력을 완화하는 방식으로 문을 열어주고, 공사립간의 교류도 확대할 것이다. 이런 것을 통해 정체된 분위기를 쇄신토록 하겠다.

**오**=상당히 진보적이고 발전적인 흐름이다. 젊은 교사들이 교장이 된다든지 하는 것은 진보적인 방향이다.

**이 장관**=젊은 교사가 무조건 교장이 되는 것은 아니다. 25년이 돼야 비로소 경력평점이 만점이 되는데 그것을 낮추면 지금보다 상대적으로 젊은 사람이 교장이 될 수 있다. 자격관리도 연공서열식 빈자리 메우기가 아니라 교장으로서 학교 운영계획을 얼마나 잘 제시하는지를 고려할 것이다. 연수과정서도 부적격자가 발견되면 제외하겠다.

**오**=올해 고교입학생부터 대학입시 무시험전형의 대상이 되는데, 이를 뒷받침하는 것이 '교육비전 2002'다. 하지만 교육현장에서는 그 실현 가능성에 의문

**교육재정 확보**
**대학은 산학연계로 조달**
**시설투자 금융권 활용**

있다고 이야기하지만, 사실 학생 수 100명 이하의 학교가 2900여개로서, 전국 1만여개 학교의 3분의 1 가량이나 된다. 과밀학급은 대도시에 국한된 현상이다. 의지가 부족해서 못하는 것이다. 3분의 1은 교육여건이 어려운 것이 사실이다. 하지만 올해부터 대도시는 교육여건을 보완해 나갈 것이다. 새로 충원할 1만명의 교원을 과밀학급이 많은 곳에 집중 투입하겠다. 복수담임도 허용할 것이다.

수행평가에 대한 우려도 많지만 교과전담제 교사를 더 배치할 수 있을 것이다. 또 순회교사를 배치하면 문제해결이 어려운 것만은 아니다.

**과밀학급 지역 교원 집중배치**

**오**=교육예산 절감, 소규모 학교 통폐합 등 정책방향이 교육의 논리보다 경제논리가 앞선다는 느낌인데…?

**이 장관**=그렇지 않다. 한 사람이 세 과목씩 가르쳐서야 교육이 제대로 되지 않는다. 웬만한 학교단위가 되어야 교육이 이뤄진다. 통합을 해야 교육효과가 나온다는 것이지 경제여건 때문에 학교 수를 줄이는 것이 아니다. 절감된 예산을 교육의 효율을 높이는 쪽에 사용하는 것뿐이다. 이번에 교장·교감을 빼고도 평교사 6천명이 나간다. 대부분 수업시간이 주당 10시

1997년 IMF 이후 김대중 정권에서 신자유주의의 부각과 더불어 교육정책에 "시장원리를 도입해 교육개혁 이루겠다"고 공언했던 이해찬 당시 교육부 장관.
〈**사진** 1999년 1월 20일 이해찬 교육부 장관 '한겨레신문' 인터뷰 기사〉

김대중 대통령의 국민의 정부에서 내놓은 교육개혁은 이른바 '이해찬 세대'를 배출했다는 부정적인 평가로 남아있는 입시제도 개혁이다. "공부를 못해도 한 가지 특기만 있으면 대학에 간다"는 화두로 기억되는 이해찬 당시 교육부 장관의 입시개혁은 권력에 의한 교육제도 실패를 지적할 때 빠지지 않고 등장하는 사례이기도 하다. 공교육 붕괴와 교사에 대한 존경심 결핍을 가져온 이 개혁의 세례를 받은 이른바 '이해찬 세대'는 정부 교육정책의 최대 피해자로 꼽히기도 한다.

## 민주화 이후 역대 정권의 교육개혁 실패 교훈 삼아야

노무현 대통령의 참여정부 시절엔 대학서열구조 해체와 학벌주의 타파에 교육개혁의 초점을 맞춰 대입전형 방식을 크게 수술했다. 2003년 말 '첫눈이 내리는 날이면 전교생이 토끼몰이에 나선다'는 경남 거창 샛별중학교 전성은 당시 교장을 위원장으로 한 교육혁신위원회를 구성해 2년여를 활동했지만 이 또한 혁신으로 이어지지는 못했다는 평가를 받고 있다.

이명박 정부의 교육정책 핵심은 이주호 장관의 이른바 '창의인성교육'을 표방한 교육혁신과 입시제도 개선으로 요약된다. 전국 대학에 입학사정관제도 도입을 확대하고 미국식 에세이, 즉 자기소개서와 학습계획서 등을 중심으로 대학생을 선발하는 비중을 높이겠다고 팔을 걷어부쳤지만 시책 발표와 더불어 수백만원의 자기소개서 대필이 등장하고 수천만원의 스펙용 프로그램들이 판을 치는 등 오히려 사교육의 부작용을 조장한다는 비판 속에서 공교육 정상화는 멀어져 갔다.

또한 300개 특성화고교 육성으로 요약되는 고교교육 개선안은 농촌지역과 낙후지역에 기숙형 공립고교 150개 지정, 전문계 특성화 고교인 마이스터 고교 50개 육성, 자율형 사립고(기존의 자율성 사립고와 다른 개념)인 자사고 100개 조성을 내용으로 현재 비판 속에 추진 중이다. 하지만 이명박 정부 집권 시기에는 사교육비 및 대학등록금 증가, 자사고 외고 국제고 과학고 등 특목고들의 약진으로 대두된 대입 양극화 문제가 확대됐다는 비판 속에서 결국 실패로 귀결되고 있다는 평가가 지배적이다.

이러한 우리 교육개혁의 역사를 '약탈형 교육체제' 라고 규정하는 한 법학자의 비판은 의미심장하다. 국민대 법과대학 김동훈 교수가 정치학에서 국가의 부정적인 본질을 규정하는 '약탈국가(predatory state)' 의 개념을 교육에 적용해 만든 표현인 '약탈형 교육체제' 는 오늘 우리 교육현실의 비극적인 모습을 적절하게 보여준다. 초중고 과정에서 고비용 사교육에 모든 가계가 짓눌리고, 청년들은 비전도 없는 대학졸업장을 따기 위해 알바로 등록금을 마련하느라 비참한 대학생활을 보내야 하고 졸업과 함께 빚더미 속에 대학문을 나서게 되는 오늘 우리의 교육현실.

게다가 청소년들은 아침 7시에 등교해 새벽 2시까지 학교와 학원, 독서실과 집에서 입시 공부하느라 인내의 한계를 시험당하고 있다. 대부분 청소년들은 지적 호기심과 창의성은 고사하고 사지선다형의 획일화된 평가방식에 매달려 정작 대학에 들어가면 또 다시 취업고시에 매달려야 한다. 김동훈 교수는 이러한 우리 교육현실을 서민의 재산을 블랙홀처럼 빨

아들이고, 청소년들의 지적 토양과 창의력을 고갈시키는 약탈의 전형적인 양상의 교육체제라고 비판한다.

## 사교육 부추기는 '선행학습' 과연 어떻게 풀어야 하나?

박근혜 정부가 '선행학습금지' 로 상징되는 교육정책의 로드맵을 만들며 출범을 준비하던 지난 겨울방학, 일선 고등학교는 고1 진학생들의 첫 시험인 배치고사부터 오히려 선행학습을 조장하고 있었다.

"선지망 후추첨으로 이른바 자율형공립고에 배정받은 아들 오리엔테이션에 갔더니 EBS에서 나온 '고1예비과정' 이란 교재를 중심으로 배치고사를 본다는 거예요. 삼십프로는 중학교 과정, 나머지 칠십프로는 '고1예비과정' 으로 출제하고 이 시험을 근거로 특수반을 편성한다는데 아연실색했어요. 제가 한때 학원강의를 해서 국어문제부터 살펴보니 고교 전과정을 선행학습해야 풀 수 있는 문제집이었어요. 난이도는 오히려 수능보다 높은 수준이었구요. 제가 아는 선생님들께 영어와 수학도 검토를 부탁했더니 마찬가지라는 거였어요."

사십대 후반의 학부모는 학교 교무담당 선생님을 찾아가 오히려 학교에서 사교육과 선행학습을 조장하는 게 아니냐고 항의했지만 입시에서 좋은 성적을 내기 위해서는 교육부에서 권장하는 EBS를 통해서라도 암묵적으로 선행학습을 할 수밖에 없는 실정이라고 털어 놓았다 한다.

실제로 요즘 초중고 학부모들은 아이들을 선행학습과 사교육에 내몰 수 밖에 없는 실정이다. 예를 들어 초중고 1학기에 1학기 과정을 수강하는 학원은 없다. 1학기 중에는 상급 학년 과정, 겨울방학엔 1학기 선행, 여름방학엔 2학기 선행과정을 수강할 수밖에 없다. 학원 관계자들은 학부모가 원하기 때문이라 하고 학부모들은 천편일률의 선행학습 위주의 사교육 현실에 어쩔 수 없는 형편이다.

그러면 우리 아이들은 학교에서는 정규 과정을 공부하면서 숙제를 해야 하고, 방과 후 학원에선 상급 과정을 배우면서 숙제를 해야 한다. 고등학교 학생들의 경우 야간자율학습을 끝내면 밤 9시나 10시경이 되고 이후 학원, 과외, 교습소로 내몰린다. 하루에 두 개 과정을 오가면서 밤 11시나 12시에 집에 들어와 숙제에 시달려야 하는 것이다.

게다가 방학이면 있는 집 아이들은 기숙형 영어 어학연수나 해외연수, 그마저 형편이 안되는 아이들은 영어수강을 포함한 전과목 학원 등으로 내몰린다. 지난 이명박 정부에서 공교육 정상화를 표방하면서 의욕적으로 도입한 방과후학습도 대개 외부 학원강사를 초빙한 과외나 입시를 대비한 논술 등으로 채워지기 일색이다.

공교육에 앞장서야 할 학교조차 한 술 더 떠서 시간당 수십만 원의 고액을 들여 세칭 대치동이나 수도권 일류 강사들을 초빙, 수시논술이나 면접에 대비하면서 이를 명문교로 치장하고 있는 실태이다.

## 교육개혁의 중심은 대학입시 정상화에 있다

이러한 선행학습을 조장하는 것이 어디 초중고등학교 뿐인가? 가장 큰 원인제공자는 역시 대학이다. 2012년 10월 24일 교육시민단체 '사교육걱정없는세상'과 박홍근 의원에 의하면 2012학년도 서울대 특기자전형 구술시험 수학문제 11개 중 10개(90.9%)가 대학과정에서 출제된 것으로 분석한 조사자료를 발표했다. 생물은 14문제 중 9문제(64.3%), 물리 12문제 중 6문제(50%), 화학 12문제 중 3문제(25%), 지구과학 8문제 중 1문제(12.5%)가 대학 교과과정이나 대학 수준의 문제인 것으로 밝혀졌다. 또한 구술면접

공교육이 제 자리를 찾지 못한다는 비판여론 속에 아산시는 일부 성적 우수 학생들을 위해 수억원의 예산을 투입, 외부의 속칭 '유명강사'들을 초빙, 입시에 대비하도록 하는 정책을 추진, 시민 여론으로부터 비판을 받은 바 있다. 참교육을 우려하는 아산시민단체에서는 "관내 전체 고등학생 5200명의 1.7%인 90명을 위해 예산 3억원을 쓰겠다는 것은 소수에게만 특혜를 주는 선심성 예산이며 이 예산은 250여 명의 고등학생들의 등록금을 1년 동안 지원해 줄 수 있는 돈이자 750여 명의 학생들의 학교급식비를 완전 무료로 할 수 있고, 또 전체 고등학생의 5분의 1인 1,000여 명에게 교복을 지원해 줄 정도의 막대한 예산"이라고 비판한 바 있다. 〈사진 아산투데이 박성규 기자〉

시험 57문제 중 80.7%인 46문제가 구술면접의 취지에 맞게 창의적이고 논리적인 사고를 요구하는 문제가 아니라 문제풀이와 정답을 요구하는 이른바 '본고사형 문제'라는 점도 지적했다. 대한민국을 대표하는 국립 서울대가 대학과정에서 시험 문제를 내고, 본고사형으로 문제를 출제한 것은 고등교육법 시행령을 위반한 것이자 선행학습을 부추기는 온상이 되고 있는 것이다.

이러한 우리 교육과 입시현실을 하루아침에 개선한다는 것은 무리일지 모른다. 하지만 힘들수록 개혁과 혁신은 더욱 절실하고 필요성은 더욱 절박하다. 오늘 우리 박근혜 정부의 교육개혁 과제도 여기서부터 출발해야 한다는 소신이다.

## 앨빈토플러, 기업, 시민단체에 뒤떨어진 학교, 정치권 지적의 교훈

이제 공교육 중심의 미래를 향한 대한민국의 교육을 고민하기 위해 세 가지 방향에서 의견을 모아 제언하고자 한다.

첫째는 이미 도래하고 있는 지식정보사회의 관점에서 창의와 잠재력을 길러주는 집단지성(集團知性, Collective Intelligence)에 바탕한 적시학습(適時學習, Just in time learning)의 개척이다. 물론 여기에는 박근혜 정부의 경제부흥의 요체인 'ICT산업'과도 밀접한 연계를 갖는다.

우선 사교육과 교육 불균형을 조장하는 대표적 사례인 '선행학습' 개혁 방안이다. 해답은 창의적 사고와 논리적 사고를 육성하여 문제해결능력을 길러주는 적시학습(適時學習, Just in time learning)이다. 나는 2007년부터 집단지성(集團知性, Collective Intelligence)의 대두와 지식정보사회의 변화에 주목해왔고 정책과 교육, 또 국가적인 장기발전계획에서도 이러한 변화에 대응한 능동적인 패러다임 변화를 역설해왔다. 미래예측과 교육을 비롯한 정책 전반에 집단지성 바람을 몰고 온 것은 유엔미래포럼(UN Future Forum/Millennium Project) 제롬 글렌(Jerome Glenn)과 한국대표인 박영숙 씨에 의해서다.

흔히 미래예측 영역으로 알려지고 있지만 집단지성과 적시학습은 미래교육의 가장 중요한 화두이다. 제롬 글렌은 이미 이명박 정부 시절부터 수차례 한국을 찾아 강연과 세미나에 참석해왔다. 하지만 그가 교육에서 주장하는 집단지성은 왠지 잘 반영되지 않고 있는 듯 보인다. 오늘날

앨빈토플러의 『부의 미래』와 박영숙 유엔미래포럼 한국대표의 『2025미래보고서』는 우리가 진정 미래지향적인 교육을 위해 무엇을 어떻게 해야 할지 그 실마리를 찾을 수 있게 해준다.
〈사진 청림출판〉

한국사회를 포함한 지구촌은 앨빈 토플러(Alvin Toffler)의 예언대로 시간, 제4의 물결을 넘어 그가 『부의 미래』에서 예견하고 있듯이 3가지 핵심적인 원동력 즉 시간, 공간, 지식의 속도가 지배하는 패러다임이 도래하고 있다. 즉 경제 발전의 속도를 높이는 데 주요 제도들이 뒤쳐진 결과 적합성이 문제시되는데, 예를 들면 기업이 시속 100마일을, 시민단체(NGO)가 90마일을 달리고 있을 때 정작 정부는 25마일, 학교는 10마일, 정치권은 3마일을 달리고 있다는 비유는 의미심장하다. (앨빈 토플러 지음, 김중웅 역, 『부의 미래』 63쪽)

## 문제해결능력 길러주는
## 적시학습(適時學習, Just in time learning)이 대안

예를 들어보자. 초중고를 비롯, 대학의 고등교육에 이르기까지 교육의 대상인 사회와 과학 과목이 대표적이다. 먼저 인문지리를 포함하는 사회과목의 경우 법과 제도와 관습, 인문지리와 자연지리, 또 사회문화와 경제 모두 바라보는 시각으로부터 현상에 대한 분석과 대안이 총체적으로 시시각각 변화하고 있다. 자연과학은 더욱 변화가 급격하다. 하루에도 수십 편의 논문이 발표되고 개발과 지구온난화, 환경오염, 또 이로 인한 과학적 분석과 이론이 수시로 새로이 나오고 있다. 그런데 일년 후면 과거의 지식, 오류의 지식이 될 지도 모르는 지식에 대한 선행학습이라니 어불성설이다. 기업은 이러한 변화의 속도에 즉각 대응하지 못하면 도태되고 만다. 그러나 관료화된 교육과 정치는 현실에 안주하고 있지는 않은가 냉철하게 돌아봐야 한다.

이미 미국의 경우 90년대 후반부터 일정 기간이 지난 사회와 과학 지식을 가르치지 못하도록 제도화하고 있고 국가에서 권장하는 집단지성에 실시간으로 업데이트되는 각계 전문가와 대학교수들의 강의와 자료를 참고하여 가르치도록 하고 있다. 중국 또한 이러한 교육분야에 국가집단지성을 상용화하고 있고 유엔미래포럼에서도 집단지성을 구축, 개발도상국을 비롯한 저개발 국가의 교육을 지원하고 있는 것으로 알려지고 있다.

우리 교육도 이러한 교육의 미래를 생각하는 국가적 차원의 집단지성 구축을 서둘러야 할 때이다. 이미 경기도교육청에서는 '창의지성교육'이란 이름 아래 교사의 경쟁력을 강화하면서 집단지성을 도입, 선행학습 방지와 공교육 정상화에 나서고 있는 사례는 박근혜 정부에서도 주목하고 적극 지원하면서 국가적 차원의 통합적 집단지성 모델을 구축해야 할 것이다.

둘째는 말하기와 듣기, 읽기와 쓰기 등과 같은 원론적인 수사학(修辭學, Rhetoric)에서 시작하여 논리력과 사고력을 높이는 협력학습이다. 이미 오래 전부터 토론식 수업이나 과제, 문제해결 중심의 프로젝트 수업 등이 논의돼 왔지만 제대로 진전을 이루지 못하는 이유를 분석하고 수사학 중심의 선진교육 방향과 접맥해야 한다.

## 선진 창의교육의 요체, 스스로 비판력 기르는 '읽기'와 '쓰기'

이미 서구사회에서는 80년대 후반 읽기와 쓰기교육의 중요성을 미래교육의 대안으로 제시하고 있었다. 우리가 교육 선진화를 고민할 때 흔히 예를 들곤 하는 프랑스의 저 유명한 논술과 구술 대학입학 자격시험인 바칼

로레아나 세계 교육의 모델로 평가되는 핀란드식 교육의 핵심 또한 읽기와 쓰기에 바탕한 대화와 토론, 그리고 약자도태의 제로섬 경쟁이 아닌 협력체제의 교육방식에 있다. 스위스 국제학교협회와 유네스코의 협력으로 1968년 설립 운영하고 있으며 전세계 명문대 입학사정에 있어 객관적 기준으로 인정받고 있는 '국제 대학입학자격과정', 즉 IBDP(International Baccalaureate Diploma Program) 또한 소논문 형식의 쓰기 평가와 논리적 말하기 평가방식으로 정평이 나있다. 한때 실용주의를 앞세워 세계 테스트 마켓을 주도했던 미국의 입시 평가방식, 즉 대학입학적성시험(SAT ; Scholastic Aptitude Test) 또한 2005년부터 기존 오지선다형 위주의 객관식 시험에서 쓰기 능력을 평가하는 에세이 시험이 추가되고, 비평적 독해(critical reading)와 고등수학인 대수학(algebra)이 포함되는 등 읽기와 쓰기 능력 위주로 변화하고 있다는 점은 우리 입시와 평가제도 또한 주목할 만한 모델이다. 우리나라도 이명박 정부 시절 서술형 평가가 도입되고는 있으나 아직은 전면적인 논리력과 사고력을 평가하는 단계에 이르기에는 멀기만 한 현실이다.

읽기와 쓰기 교육의 중요성을 논의할 때 종종 논거로 등장하는 영화가 있다. 바로 『프리덤 라이터스(The freedom writers)』란 영화다. 1992년 LA 폭동 직후인 1994년 미국의 캘리포니아 롱비치 윌슨고등학교 학생들과 교사 에린 그루웰의 실화를 배경으로 한 이 영화는 총기와 폭력, 마약과 범죄의 그늘에서 헤매던 학생들이 편견과 폭력에 희생된 홀로코스트와 로드니 킹 사건 등을 비판적으로 접하면서 읽기와 쓰기를 통해 미국사회를 변화시키는 새로운 지식집단으로 성장한 실화를 바탕으로 하고 있다. 이들은 졸업후 사회각계의 리더로 진출하면서 2005년에는 재단을 설립, 운영하고 있고 필라델피아의 'Grover Washington, Jr. Middle School', 시카고의 'Chico High School', 애틀랜타의 'Booker T. Washington High School' 등 미국 전역의 많은 학교들에 혁신적인 교육 모델로 전파되고 있다.

'절망을 이기는 용기를 가르쳐준 감동과 기적의 글쓰기 수업'이라는 부제가 붙어있는 이 실화는 책으로 나오고 영화로 만들어져 많은 감동을 주었다. 1994년 캘리포니아 롱비치 윌슨고등학교에서 에린 그루웰(Erin Gruwell)이라는 여교사가 열정을 바쳐 인종과 계층의 편견을 이겨내고 진정한 교육으로 나아가는 모습은 오늘 우리 교육현실에 많은 경종을 울려준다.
〈사진 『프리덤 라이터스 다이어리(The Freedom Writers Diary)』를 번역하여 펴낸 랜덤하우스코리아 제공〉

## 침묵과 수동 강요하는 일방적 주입교육부터 바꿔야

이러한 모델과 비교하면 우리 학교교육의 현실은 어떤가? 교사는 말하고 학생은 듣는다. 논리적 사고는 찾아볼 수 없고 학생들은 자신의 생각을 쓰는 것이 아니라 교사가 읽어주고 강의하는 단순지식을 받아 적기에 급급하다. 더구나 말할 기회는 있는가? 논리적으로 발표하고 토론할 기회는 있는가? 스스로 자료를 조사하고 기획하면서 프로그램을 계획하여 실행할 기회는 있는가? 극히 일부 동아리 활동에서나 가능한 모습일 뿐이다. 더구나 학생들이 협력하면서 하나의 목표를 향해 읽고 토론하고 쓰며 계획을 세우고 추진하는 모습은 요원하기만 하다.

"우리는 형제로 같이 사는 법을 배우지 않으면, 바보로 같이 죽게 될 것이다."

(에린 그루웰 저, 김태훈 역, 랜덤하우스코리아, 213쪽)

로드니킹 사건을 계기로 편견과 차별을 넘어 진정한 평등과 관용의 미래를 연 마틴 루터 킹 목사의 말을 인용한 대목은 우리 교육의 마지막 과제인 교육 구성원 간의 신뢰와 협력 회복에 중요한 시사적 의미를 던진다.

셋째는 가장 중요한 교육 구성원 간의 신뢰와 협력을 향한 미래이다. 집단별로는 학교와 가정, 사회 등 교육여건을 조성하고 변화시키는 공동체간의 신뢰와 협력이요, 구체적으로는 정부당국과 교사, 학부모와 학생 등의 주요 구성원간의 협력과 신뢰이다. 여기에는 현재 대부분의 정권에서 적대적 관계로 파악했던 공교육과 사교육 사이의 신뢰회복과 발전적이고 상생적인 역할분담도 주목해야 한다. 그렇지 않다면 우리 교육은 국민교육헌장과 중학교 입시폐지 이후 근 오십여년 간의 질곡과 정책 착오에서 벗어날 수 없다.

EBS 지식채널e 최고 조회수를 기록하고 있는 '대한민국에서 초딩으로 산다는 것'. 한 초등학생이 개학을 앞두고 공부에 압박을 받아 "나도 나도 물고기 처럼 자유롭게 날고 싶다"는 말을 남기고 태권도복 끈에 목을 매어 자살한 이야기를 중심으로 우리 교육현실을 냉철하게 비판하고 있다. 〈사진 EBS 지식채널e '대한민국에서 초딩으로 산다는 것' 캡처〉

오늘날 우리 교육현장은 교권의 추락, 학부모의 공교육에 대한 불신, 사교육의 경쟁적 팽창과 입시의 사교육 조장 등의 갈등과 반목으로 얼룩져 있다. 무엇보다 중요한 것은 세계에서 가장 높은 수준의 청소년 자살율로 상징되는 공교육 붕괴의 참담한 실태이다.

EBS에서 방영되는 '지식채널e' 라는 프로그램이 있다. 이 프로그램은 경제, 과학, 문화, 역사 등 우리 주변의 다양한 지식정보와 관련된 콘텐츠를 기획 방영하는데 2005년 9월 처음 방송된 이후 주 2회씩 8년여 동안 모두 1,000회의 다큐 프로를 내보냈다. 그중 조회수, 추천수, 답글수 등 모든 부문에서 1~2위를 차지하고 있는 프로가 모두 교육에 관한 프로그램이다. 2위는 경제적 빈곤으로 인한 교육불균형을 다룬 '공부하는 아이', 1위는 사교육에 몰려 끝내 자살하고 만 한 초등학교 학생의 일기와 고백을 다룬 '2007, 대한민국에서 초딩으로 산다는 것' 이다. 이는 오늘 우리 교육문제가 여타 다른 문제보다 가장 심각하다는 사실을 단적으로 보여준다.

## 지금부터라도 국민 참여 속에 장기적 비전, 마스터플랜을 세워야

이제 우리 교육은 더 이상 물러설 곳도 없고 더 이상 물러나서도 안 된다.

"아는 사람은 좋아하는 사람만 못하고, 좋아하는 사람은 즐기는 사람만 못하다고 했습니다."

박근혜 대통령이 취임사에서 교육에 관한 정책비전을 언급하면서 논어(論語)에서 인용한 구절이다. 우리 학생들은 진정 아는 수준에도 못미치는 단순 지식 주입에 내몰리고 있다. 진정 아는 것이 좋아지고 즐거워지기 위

박근혜 대통령이 취임 후 가장 먼저 찾은 곳 중 하나가 교육현장이다. 3월 15일 명신초등학교를 찾아 학생들과 만나 창의력을 우선하여 키우는 교육의 변화를 약속했다. 〈사진 청와대 포토에세이〉

해서는 침묵을 깨고 말하고 쓰기 시작해야 한다.

돌아보면 우리나라에 국가경영의 기틀을 마련하고 시스템을 구축한 박정희 대통령이 거의 유일하게 종합발전계획을 수립하지 못한 분야가 바로 교육분야라는 생각이다. 박정희 대통령은 경제개발5개년계획을 필두로 국토종합개발을 비롯, 경제기획원 등 정부 관료체제 정비, 과학기술진흥, 새마을운동 등 국민운동, 정신문화를 비롯한 문화예술, 자연보호를 비롯한 산림녹화와 치수, 그리고 원자력과 태양광에 이르기까지 광범위한 분야에서 국가경영 기반을 구축하여 오늘에 이르고 있다.

하지만 앞서 예시한 대로 교육분야만큼은 위로부터의 국민교육 차원인 '국민교육헌장' 과 '중학교 입시 폐지와 고교평준화' 등의 정책외에는 장기 비전에 소홀한 측면이 없지 않다. 늦었다고 생각할 때일수록 행동에 옮기지 않으면 더 큰 부작용을 불러온다.

전 정권의 교훈에서 보듯 교육정책에 있어 임기내에 효과를 보려는 단기적 처방과 시책은 전시성과 한시성에 그칠 수밖에 없다. 박근혜 정부에서는 이러한 시행착오를 교훈삼아 장기적 비전 아래 교육발전을 위한 마스터플랜을 세우고 중단기적인 로드맵을 제시하면서 그야말로 백년대계를 향한 정책을 차근차근 추진해 나아가야 한다는 생각이다.

사진_심상협

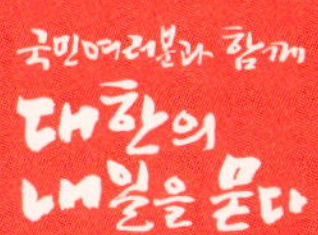

제2부

♦

# 대한의 내일을 묻다

- 국가승계, 그리고 대한민국을 바로세우는 국민운동
- 대한의 미래를 향한 개혁, 어떻게 할 것인가?
- 대통합과 통일시대를 향한 등권상생 개헌론
- 상생과 통합의 등권시대, 충청에서부터

# 국가승계, 그리고
# 대한민국을 바로세우는 국민운동

우리 국민 누구나가 가장 많이 쓰고 들으면서 사랑하는 조국의 이름, 바로 '대한민국(大韓民國)'이다. 대한민국 헌법 전문은 "유구한 역사와 전통에 빛나는 우리 대한국민은 3·1운동으로 건립된 대한민국임시정부의 법통과 불의에 항거한 4·19민주이념을 계승하고"로 시작한다. 그리고 뒤이은 "제1장 총강, 제1조 ① 대한민국은 민주공화국이다. ② 대한민국의 주권은 국민에게 있고, 모든 권력은 국민으로부터 나온다."라 명시하고 있다. 그리고 이 제1조에는 '국호, 정체, 주권'이 명기되어 있다는 해석이 따른다.

우리 헌법과 우리 현대사를 대하면서 늘 안타까운 점이 바로 '대한민국'의 국가승계 문제이다. 아울러 우리 헌법이 정녕 통일 조국까지를 생각하는 미래지향성을 가지고 있는가 하는 문제도 깊이 생각하게 된다. 이러

1987년9월8일 화요일

〈前 文〉

유구한 역사와 전통에 빛나는 우리 大韓國民은 3·1運動으로 건립된 大韓民國임시정부의 법통과 불의에 항거한 4·19民主理念을 계승하고 조국의 민주개혁과 평화적 통일의 사명에 입각하여 정의·인도와 동포애로써 민족의 단결을 공고히하고 모든 사회적 폐습과 불의를 타파하며 자율과 조화를 바탕으로 자유민주적 기본질서를 더욱 확고히하여 정치·경제·사회·문화의 모든 영역에 있어서 각인의 기회를 균등히 하고, 능력을 최고도로 발휘하게하며, 자유와 권리에 따르는 책임과 의무를 완수하게 하여, 안으로는 국민생활의 균등한 향상을 기하고 밖으로는 항구적인 세계평화와 인류공영에 이바지함으로써 우리들과 우리들의 자손의 안전과 자유와 행복을 영원히 확보할 것을 다짐하면서 1948년 7월12일에 제정되고 8차에 걸쳐 개정된 憲法을 이제 국회의 의결을 거쳐 국민투표에 의하여 개정한다.

1987년 월 일

**第1章 總綱**

**제1조** ①大韓民國은 민주공화국이다.

②大韓民國의 주권은 국민에 있고, 모든권력은 국민으로부터 나온다.

으로서의 존엄과 가치를 가지며, 행복을 추구할 권리를 가진다. 국가는 개인이 가지는 불가침의 기본적 인권을 확인하고 이를 보장할 의무를 진다.

**제11조** ①모든 국민은 법앞에 평등하다. 누구든지 성별—종교 또는 사회적 신분에 의하여 정치적—경제적—사회적—문화적 생활의 모든 영역에 있어서 차별을 받지 아니한다.

②사회적 특수계급의 제도는 인정되지 아니하며, 어떠한 형태로도 이를 창설할 수 없다.

③훈장 등의 榮典은 이를 받은 자에게만 효력이 있고, 어떠한 특권도 이에 따르지 아니한다.

**제12조** ①모든 국민은 신체의 자유를 가진다. 누구든지 법률에 의하지 아니하고는 체포—구인—구금—압수—수색과 고문을 받지아니하고, 법률과 적법한 절차에의하지 아니하고는 처벌—보안처분및 강제 노역을 받지 아니한다.

②모든 국민은 고문을 받지 아니하며, 刑事上 자기에게 불리한 진술을 강요 당하지 아니한다.

③체포—구인—구금—압수—수색에는 적법한 절차에따라 검사의 신청에 의하여 법관이 발부한 영장을 제시하

1987년 6월민주화운동으로 대통령직선제를 비롯한 개헌을 이루면서 오늘날까지 이어지고 있는 제6공화국 헌법 전문. 〈사진 1987년 9월 8일 경향신문에 공고한 개정헌법 전문〉

한 두 가지 점에 주목하여 우리가 진정 대한민국의 미래를 생각하는 건국의 의미, 나아가 이를 어떻게 온 국민이 함께 기리며 대한민국의 미래를 향해 나아가야 할 지를 생각해 보고자 한다.

## 우리 대한민국, 어떻게 시작하였는가?

2008년 이명박 정부는 정부수립 60주년을 맞아 1948년 8월 15일을 건국일로 하자며 각종 기념사업을 추진해 논란이 일었다. 특히 1948년을 건국절로 할 경우 우리 민족의 항일투쟁 등 이전의 대한민국 역사를 부정하는 행위라는 반론에 부딪쳤다.

우선 대한민국 헌법에 명시된 바 "유구한 역사와 전통에 빛나는 우리 대한국민은 3·1운동으로 건립된 대한민국임시정부의 법통과 불의에 항거

한 4·19민주이념을 계승하고"란 전문에 어긋난다. 따라서 우리 민주적인 정체(政體)를 정립한 건국일을 따지자면 '대한민국'이라는 국호를 공식으로 공포하고 상해임시정부와 임시의정원이 출범한 1919년 4월 11일이 건국일이 되어야 한다는 주장이 설득력을 얻는다.

건국과 관련된 우리 국경일은 개천절, 광복절, 삼일절, 제헌절이라 할 수 있다.

먼저 개천절은 우리 민족이 오천년 역사의 시원을 단군 조선으로 여기는 기념일이다. 하지만 역사의 기록을 중시하는 실증사학에서는 고기(古記)의 실증성을 문제삼고 있고 건국일로까지 인정하기에는 무리가 있다는 주장이 설득력을 얻고 있다. 이와 관련하여 조선 말기 '대한제국'을 선포한 고종은 원구단을 세우고 하늘에 제사를 올리면서 우리가 중국과 대등한 황제의 나라라는 의미의 제천의식을 거쳐 1897년 대한제국 황제로서 조선을 개혁하고 거듭나고자 했다. 또한 1948년 정부 수립 이후에는 단군 기원을 뜻하는 단기(檀紀)가 달력은 물론 공문서에 사용되었다. 공식 달력이 서기(西紀)로 바뀐 것은 5·16쿠데타 이듬해인 1962년부터였다.

1919년 일제에 항거하여 거족적인 민족운동으로 '기미독립선언서'와 함께 조국의 독립을 선언한 3.1운동을 기념하는 삼일절은 상해임시정부 수립의 전기를 마련했다는 점에서 건국과 밀접한 연관성을 갖는다. '기미독립선언서'는 "오등(吾等)은 자(玆)에 아(我) 조선(朝鮮)의 독립국(獨立國)임과 조선인(朝鮮人)의 자주민(自主民)임을 선언(宣言)하노라"로 시작하여 아직 '조선'이라는 국호를 사용하고 있고 바로 두 번 째 단락에서 "반만년(半萬年) 역사(歷史)의 권위(權威)를 장(仗)하야 차(此)를 선언(宣言)함

1919년 일제에 항거하여 거족적인 민족운동으로 '기미독립선언서'와 함께 조국의 독립을 선언한 3.1운동을 기념하는 삼일절은 상해임시정부 수립의 전기를 마련했다는 점에서 건국과 밀접한 연관성을 갖는다. 〈사진 보신각에서 만세운동을 펼치는 모습, 위키백과〉

이며, 이천만(二千萬) 민중(民衆)의 성충(誠忠)을 합(合)하야 차(此)를 포명(佈明)함이며"라 하여 단군 이래 오천년 민족의 역사를 계승하고 있음을 분명히 하고 있다.

따라서 개천절은 실증적인 역사의 기록으로 인증하기는 어렵되 모든 민족사의 정신과 기록에서 민족의 기원으로 삼고 있다는 점만은 분명하다.

1945년 8월 15일 일제로부터의 광복을 기리는 광복절은 일제의 압제로부터 해방되어 대한민국을 건국하는 기초가 되었으나 우리 힘으로 독립을 쟁취하지 못했다는 점, 또 곧바로 건국으로 이어가지 못하고 미군정 치하를 거쳐 정부를 수립했다는 한계를 갖는다. 따라서 1948년 8월 15일을 건국일로 하자는 주장은 비록 남한에 단독정부를 수립했지만 국가 성립의 기본인 '국민, 영토, 주권'을 갖춘 의미의 정부수립을 기리자는 실증적 사고에 바탕하고 있다.

7월 17일 제헌절은 1948년 제헌의회에서 대한민국 헌법을 제정 선포한 날을 기려 1949년 10월 1일 '국경일에 관한 법률'을 공포 · 시행함으로써 국경일로 정하였다. 특히 제헌절은 1392년 조선건국을 선포한 날을 함께 기념한다는 점에서 역사적인 연속성을 찾으려 한다는 의미도 함께 하고 있다.

이들 네 국경일은 1948년 정부수립 이후인 1949년 10월 1일 제정 · 공포한 '국경일에 관한 법률'에 따라 삼일절, 제헌절, 광복절, 개천절을 4대 국경일로 삼았는데, 2006년부터는 한글날도 포함해 5대 국경일이 되어 오늘에 이르고 있다.

## 조선 이전 역사와 대한제국 국가승계, 헌법부터 명시하자

최근 일각에서는 대한민국이 임시정부의 법통을 이어받고 있다는 현행 헌법의 규정을 전제로 대한민국 임시정부가 임시헌장을 공포한 1919년 4월 11일을 제헌절로 삼아야 한다는 주장도 있다. 임시정부의 임시헌장 공포가 사상 처음으로 군주제에서 공화제로의 정체(政體)의 변화를 표명한 역사적 사건임을 들어 이를 기준으로 국경일을 정해야 한다는 것이 요체이다.

이들 건국과 관련된 국경일에 담긴 뜻을 종합해보면 오천년 민족의 역사라는 공동체적 인식을 분명히 하고 있고, 또한 명시하고 있지는 않지만 조선과 대한제국의 국가승계를 바탕으로 하고 있다는 점에서 의미를 갖는다. 이는 개천과 단군조선, 즉 고려에서 통일신라와 삼국시대, 나아가 단군조선의 연속성이라는 조선 이전의 역사를 계승하려는 암묵적인 인식이 바탕이 되고 있음을 알 수 있다.

한편 오늘 우리 앞에 닥친 현실, 즉 간도협약을 비롯한 일제강점기 잔재의 실질적인 청산, 중국의 동북공정에 대응한 우리의 역사적 전통의 승계, 나아가 일본의 독도영유권 주장을 비롯한 역사왜곡 등에 맞서 우리 대한민국의 국익을 수호하기 위해서도 올바른 국가승계 문제는 반드시 재정립해야 하는 과제이다.

따라서 앞으로 개헌을 논의할 경우 1987년 6월민주화운동 이후 대통령 직선제와 민주적 정체(政體)와 역사성에 중점을 맞춘 현행 헌법에서 한 걸음 나아가 국가승계를 명시해야 한다는 과제를 상정하고 싶다.

나아가 통일을 염두에 두었을 때에도 국가승계를 명시하여 우리 대한민국이 상해임시정부의 법통은 물론 오천년 역사의 전통을 계승하고 있음을 분명히 하여 민족사적 정통성을 계승하고 있음을 헌법을 비롯한 국가 기록과 문서에 명시하여야 한다는 생각이다. 특히 이러한 대한민국의 역사성은 통일 이후 영토라는 실질적인 문제와도 직결된다는 점에서 중요성을 인식해야 한다.

대한제국 선포 직후 고종황제와 내각의 모습. 〈사진 한국학중앙연구원〉

## 대한민국의 진정한 의미와 민족사적 정통성

그렇다면 우리 대한민국은 어떠한 역사성 속에서 국가승계를 찾아야 할 것인가? 우선 '대한민국' 이라는 국호의 시원에서부터 국가승계의 역사성을 정립해보아야 할 것이다.

'대한' 이 국호에 사용되기 시작한 것은 고종이 1897년 '대한제국' 을 선포하면서부터이다. 조선 말엽 고종은 외세에 흔들리던 조선의 왕권을 강화하고 재정립하려는 노력의 일환으로 '대한제국' 을 공표하였다. 1884년에 일어난 갑신정변(甲申政變)을 계기로 개화당은 조선 국왕을 황제로 격상하고자 하였으나 실패로 끝났고, 1894년 갑오개혁과 더불어 중국의 연호를 폐지하고 개국기년(開國紀年)을 사용함으로써 1896년 1월부터 연호를 건양(建陽)으로 하였으나 이 또한 일본의 반대와 아관파천(俄館播遷)으로 중단되었다.

1897년 2월 고종이 환궁한 후 독립협회와 일부 수구파가 연합하여 칭제건원(稱帝建元)을 추진, 8월에 연호를 광무(光武)로 고쳤고, 9월에는 원구단(圜丘壇)을 세우고 제천행사를 거쳐 1897년 10월 12일 황제에 즉위함으로써 대한제국이 성립되었다.

하지만 이러한 노력은 '대한제국' 의 양대 추진세력이었던 독립협회와 수구파가 정체(政體)를 놓고 독립협회의 입헌군주제(立憲君主制) 개혁론과 수구파의 전제군주제(專制君主制) 유지론이 맞섰고, 1898년 절영도(絶影島 : 부산 영도) 러시아 조차 문제로 시작된 독립협회의 만민공동회와 입헌군주제에 대한 수구파의 모략과 일본의 개입으로 독립협회의 노력은 좌절되고 강제해산되고 말았다.

이후 수구파 내각은 1899년 8월 17일 대한국국제(大韓國國制)를 제정 공포했고 국호를 대한제국, 정체는 전제군주제를 채택했다. 청일전쟁 이후 조선에 대한 영향력을 놓고 힘을 겨루던 러시아와 일본의 틈에서 고종은 1904년 1월 국외중립(局外中立)을 선언하는 등 안간힘을 썼으나 일본은 이를 무시하고 러일전쟁 시작과 함께 서울을 점령, 2월 23일 강제로 한일의정서(韓日議定書)를 체결하였다. 이러한 일제의 침략은 노골화되어 1904년 7월 20일 군사경찰훈령(軍事警察訓令)으로 치안권(治安權) 찬탈, 8월 22일 한일외국인고문용빙(韓日外國人顧問傭聘)에 관한 협정서로 재정권 찬탈, 1905년 11월 17일에는 을사조약(乙巳條約)으로 외교권을 강탈하였다. 그리고 1910년 8월 22일 한일병합조약을 강제체결, 8월 29일 공포됨으로써 대한제국은 역사 속으로 사라지고 일제강점기의 비운을 맞게 되었다.

## '대한(大韓)', 삼한에서 조선(朝鮮)에 이르는 민족사 포괄

대한제국의 성립과 몰락에는 우리 민족이 입헌으로 상징되는 자주적인 근대화의 좌절에 주목해야 한다. 이러한 연장선상에서 대한제국 몰락 이후 우리민족은 무정부상태에 놓여 있다가 1919년 3월 1일 고종 장례 직전 삼일운동이 일어났고 곧이은 4월 11일 근대적인 공화와 민주에 입각한 상해임시정부와 임시의정원이 출범하게 되었다. 비록 망명정부지만 근대적인 민주공화국의 정체(政體)를 갖추게 된 것이다.

여기서 '대한'은 조선과 이전의 민족사를 포괄한다는 점에 주목해야 한

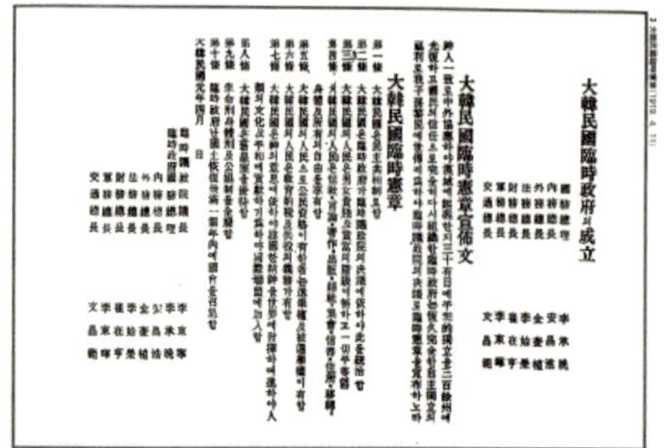

大韓民國臨時政府의成立

大韓民國臨時憲章宣佈文

大韓民國臨時憲章

대한민국임시헌장은 오늘날 헌법에 해당되며, 광복 후 '대한민국'이 '대한제국'과 '임정'의 국호를 그대로 계승하고, 태극기를 국기로 정하였다. 〈사진 대한민국임시헌장, 위키백과〉

다. 상해임시정부의 정체를 논의하던 과정에서도 왕정복고와 민주공화정은 논란의 대상이었다. 1919년 4월 10일 중국 상해에서 열린 임시정부의 첫 의정원(국회)에서 '대한민국'이라는 국호를 정하기까지 당시 만만치 않았던 임시정부 내부 왕정복귀 주장에 대해 신석우, 조소앙, 여운형 등의 반대주장으로 민주공화제인 대한민국으로 국호를 정할 수 있었으며 이는 비록 망명정부였지만 삼일운동과 더불어 민권의식의 성장이 반영된 것으로 평가받고 있다.(이완범 한국학중앙연구원 교수, 서울신문, 2012년 8월 2일자) 그 결과 임시정부 헌법 제1조에는 '대한민국은 민주공화제로 한다'라 명시되어 있다.

삼일운동도 그 서장인 '기미독립선언서'에는 비록 '조선, 조선인'이라 명기하고는 있으나 바탕은 '대한국인'과 '대한제국'에 두고 있음을 간과해서는 안된다는 생각이다.

이러한 점에서 국사학계의 원로인 한영우 교수의 일제강점기 '대한국인' 정체성 승계론은 국가승계론의 정신사적 측면에서 주목할 만한 논점을 제시한다. 한 교수는 일제시대 한국인은 '대한국인'(大韓國人)의 정체성을 잃지 않았고, 3·1운동에 표출된 여망 또한 '대한국'의 회복이었다는 점을 강조한다. 당시 민중들의 손에 쥔 것도 대한제국의 국기인 태극기였고, 해외에 세워진 많은 독립단체들도 모두 '대한국' 회복을 저항의 목표로 삼았다고 한다. 총독부가 정한 '조선'이라는 칭호는 국내에서만 강제로 사용될 뿐이었고, 그 '대한국'을 민주공화국 정부로 재건한 것이 '상해임시정부'였다는 것이다. 상해임시정부는 태극기를 국기로 삼았고, '헌법'에 '구황실을 우대한다'는 조항을 넣어 대한제국의 정통성을 계승한다는 의미를 분명히 했다.

광복 후 '대한민국'이 '대한제국'과 '임정'의 국호를 그대로 계승하고, 태극기를 국기로 정한 것은 대한민국이 '조선총독부' 체제를 전면으로 부정하고 역사적 정통성을 확실하게 계승했음을 말해준다. '제헌헌법'에서 '3 · 1운동의 독립정신을 계승한다'고 선언한 것이나, 오늘날까지 이르는 1987년 개정헌법에서 '임시정부의 법통을 계승한다'고 선언한 것도 그런 뜻을 함축한 것이다.

'대한제국'은 만국공법(萬國公法)에 바탕을 둔 근대적 주권국가로서 산업화와 근대화의 출발점이었다는 것이 한영우 교수의 '대한국인' 계승론의 출발점이다. 정체(政體)는 제국이었으나, 정체의 목표는 민국(民國)으로 나아갔다. 특히 '대한(大韓)'의 의미에는 삼한(三韓), 즉 삼국(三國)의 영토를 모두 아우르는 거대한 민족국가 건설의 꿈을 국호에 담았고, 조선시대부터 국기처럼 사용하던 태극기(太極旗)를 국기와 어기(御旗)로 확정했다. 나아가 이러한 정신사적 맥락이 3.1운동과 상해임시정부, 1948년 대한민국 정부수립까지 뚜렷하게 이어졌다는 것이다. (한영우 이화여대 석좌교수, 서울신문 2010년 1월 27일자) 대한

의군 참모중장 신분으로 이등박문을 사살한 안중근 의사의 단지 수장이 찍힌 저 유명한 옥중휘호 중 하나도 '대한국인(大韓國人)'이었음도 이를 반증해준다.

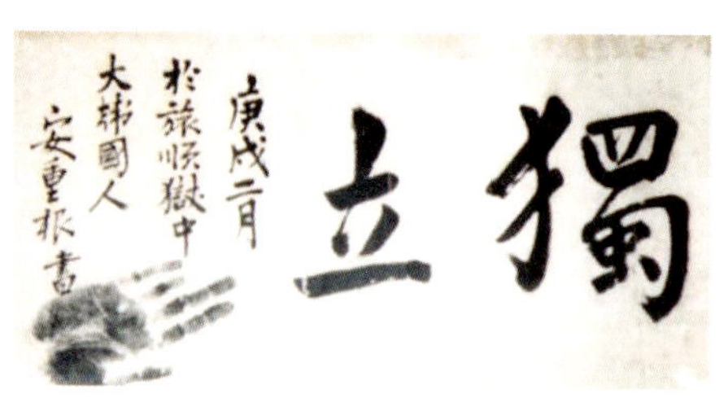


대한의군 참모중장 신분으로 이등박문을 사살한 안중근 의사의 단지 수장이 찍힌 모든 유묵에는 '대한국인(大韓國人)'이란 별칭 아래 이름을 썼다. 〈사진 문화재청〉

우리는 이제 정신사적 맥락과 역사적 차원에서 오천년 민족사를 아우르는 '대한'의 맥박이 실증적인 역사의 한계를 넘어 '대한제국'으로, 다시 '대한민국'으로 전진해왔음을 분명히 해야 한다. 그럼으로써만이 실증주의 역사관으로 왜곡된 일제강점기 역사를 바로잡고 '대한민국'이 삼한 이후 삼국시대와 고려, 조선의 역사를 계승하는 '대한민국'임을 분명히 해야 한다.

백두산을 찾아본 대한국민이라면 누구나 뼈아프게 느꼈을 것이다. 중국이 '장백산'이라는 저들의 이름으로 세계에 널리 알리고 있고, 그 이면에는 고대 역사를 자신들의 역사로 편입하면서 간도영유권 문제는 물론 향후 북한 접경지역에 대한 야욕까지 드러내고 있는 것이 바로 '동북공정'이다.

이제 우리는 '대한제국'을 정점으로 한 '대한민국' 오천년 역사의 정신사적 계승의 논리를 바탕으로 국가승계의 명시와 천명으로 한 걸음 나아가야 한다. 다시 한 번 강조하지만 향후 개헌에 있어서는 눈앞에 닥친 권력구조 문제나 지방자치 등 눈앞의 현안을 넘어서 대한민국의 역사적 국가승계를 명시해야 한다는 주장을 하고 싶다.

## 정통성, 미래지향성으로 능동적으로 통일에 대비해야

이러한 대한민국의 국가승계와 더불어 우리 대한민국이 모든 국가의 정책에 최우선하여 배려하고 관철해야 할 것이 통일을 향한 정통성과 미래지향성이다.

북한은 우리 대한민국 정부 수립 2개월여 후인 9월 9일 조선인민민주주의공화국이란 국호 아래 정부를 수립한다. 소련 치하의 북한에서도 광복 직후인 1945년말 조만식(曺晩植)과 조선민주당(朝鮮民主黨)을 중심으로 한 우익진영이 반탁운동을 벌이는 등 활동하였으나 소련점령군과 좌익진영의 탄압에 대거 월남하거나 숙청되고 말았다. 이후 남한의 대한민국 단독정부 수립 직후인 1948년 8월 25일에 북한에서는 인민회의 대의원선거가 흑백투표함 방식으로 실시되어 9월 2일 최고인민회의를 구성하였다. 최고인민회의는 1947년 11월부터 제정에 착수해 온 '헌법'을 공식적으로 채택하였고, 1948년 9월 9일 김일성을 수상으로 하는 조선민주주의인민공화국 정권을 수립했다. 소련 점령군은 북한 진주 3년이 되던 1948년 12월 친소 정권을 출범시킨 뒤 북한에서 철수하였다. (한국민족문화대백과, 2009,

한국학중앙연구원)

어떻게 보면 북한 정부수립과정에서 '대한제국'보다 오랜 역사의 국가 '조선'의 국명을 북한이 가져간 것이다. 기록에 의하면 1948년 제헌헌법 제정 과정에서 제헌국회 의원이자 헌법 초안자인 유진오 선생은 국명을 '대한민국'이라고 했을 때 국가승계의 문제점을 의식, 일제가 빼앗아간 국명 '조선'을 되찾아야 한다고 주장했다고 하고 일부 헌법 심의위원들은 '대한민국'이라는 국호 대신 그냥 '한국'으로 하자는 의견도 있었다고 기록하고 있다.

북한헌법에 명시된 북한의 정체(政體)와 국가체제는 아이러니컬하게도 인민과 사람을 강조하고 또 민주주의를 명시하고 있으면서도 봉건체제와 다름없는 조선노동당 일당과 일인 지배체제를 공고히 하고 있어 전근대적인 면모를 여실히 드러내고 있다.

조선민주주의인민공화국 사회주의 헌법 서문은 다음과 같이 시작한다. 이는 우리 헌법 전문에 해당한다. 이러한 헌법 서문은 지난 1994년 김일성 사망 이후인 1998년 신설되었으며 주요 내용은 다음과 같다.

조선민주주의 인민공화국은 위대한 수령 김일성 동지의 사상과 령도를 구현한 주체의 사회주의 조국이다. 위대한 수령 김일성 동지는 조선민주주의인민공화국의 창건자이시며 사회주의 조선의 시조이시다.

(중략)

위대한 수령 김일성 동지는 민족의 태양이시며 조국 통일의 구성이시다. 김일성 동지께서는 나라의 통일을 민족지상의 과업으로 내세우시고 그 실현을 위하여 온갖 로고와 심혈을 다 바치시였다.

(중략)

조선민주주의인민공화국과 조선인민은 조선노동당의 령도밑에 위대한 수령 김일성동지를 공화국의 영원한 주석으로 높이 모시며 김일성동지의 사상과 업적을 옹호고수하고 계승발전시켜 주체혁명위업을 끝까지 완성하여 나갈 것이다. 조선민주주의인민공화국 사회주의헌법은 위대한 수령 김일성동지의 주체적인 국가건설사상과 국가건설업적을 법화한 김일성 헌법이다.

– 조선민주주의인민공화국 2009년 4월 9일 9차 개정 사회주의헌법 서문

1998년 개헌시 신설한 북한 헌법 서문은 김일성을 '공화국의 창건자', '사회주의 조국의 시조'로 규정하며 개정헌법을 「김일성 헌법」으로 명명하였고, 김일성을 '공화국의 영원한 주석'으로 추대하고 있다는 점이 요체이다.

이러한 북한 헌법은 2009년 4월 최고인민회의를 통해 11년 만에 부분적으로 개정하였다. 2009년 개정 북한 헌법은 김정일이 맡고 있는 국방위원장을 국가의 최고영도자로 명시하는 한편 다른 나라와의 조약 비준, 폐기권, 특사권 행사 등 6개항의 임무와 권한을 적시해 국방위원장이 사실상 국가원수임을 분명히 하고 있다. 또한 '인권 존중'이라는 문구가 추가되어 북한 인권문제에 대해 비등한 국제사회의 비판여론에 대응하고 있다고 보인다. 또한 과거 헌법에 명시되어 있던 '공산주의' 문구를 삭제했는데 이는 소련 등 국제사회주의의 붕괴에 따라 '우

리식 사회주의'를 강조하는 북한이 공산주의라는 개념보다는 사회주의와 주체사상을 통치이념으로 강화한 것으로 평가된다.

(이상은 '북한 [Democratic People's Republic of Korea, DPRK, 北韓]', 한국민족문화대백과, 2009, 한국학중앙연구원)

이러한 북한 헌법은 누가 보아도 민족사적 정통성이나 국가승계보다는 김일성 주석, 또는 김정일 국방위원장의 일인통치체제에 역점이 두어져 왔음을 알 수 있다. 물론 현재 남북한은 각기 독립된 국가로서 존립하고 있어 국제법이나 조약을 체결하지 않는 한 각기 헌법이 통일에 있어 큰 의미를 갖지 않는다고 볼 수도 있다. 하지만 중요한 것은 향후 통일 논의나 진척을 가정했을 때 누가 민족사적 정통성과 세계사적 보편성을 갖느냐 하는 대전제(Major premise, 大前提)를 간과해서는 안된다.

따라서 우리 대한민국의 '건국', '대한제국을 비롯한 민족사적 정통성과 국가승계 문제'에 대한 활발한 논의와 이를 헌법에 제정하고 국민적 여론을 형성하는 것은 통일대한민국의 미래를 향해 중요한 과제라 할 수 있다.

여기서 또 한 가지 중요한 점은 '대한제국 국가승계 문제'가 향후 통일을 향한 대한민국의 영토문제를 비롯한 실질적인 국익과 필연의 관계를 가지고 있는 동시에 과거 대한제국에서 상해임시정부로 이어지는 과정에서 체결된 국제조약을 비롯한 국제사회와의 관계에 있어서도 중요한 의미를 갖는다는 점이다.

## 대한적십자사, 대한제국 가입 이후 국제조약 등 정비해야

국가승계를 염두에 둘 때 대한제국에서 상해임시정부로 이어지는 대표적인 국제조약, 또는 국제관계의 상징 중 하나가 적십자 활동이다. 나아가 적십자 활동은 남북관계에 있어서도 1971년 남북적십자회담 이후 남북대화의 창구였다는 점에서도 중요하다.

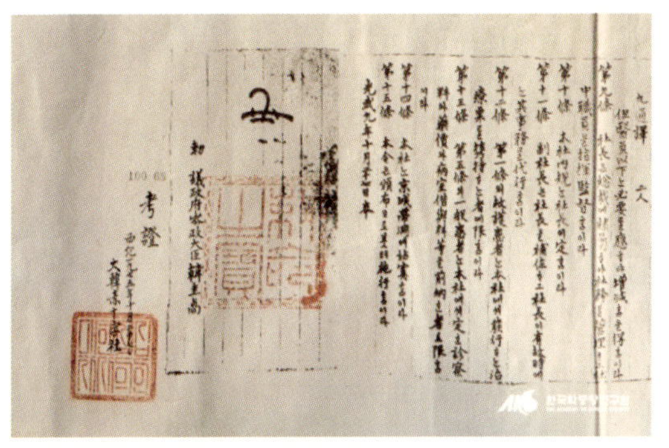

대한제국은 20세기 초 고종의 훈령으로 주 프랑스공사가 제네바에서 열린 국제적십자 회의에 처음 참석하였다. 그리고 1903년 1월 8일 대한제국 정부가, 1864년 유럽 12개국 대표에 의해 서명 조인된 최초의 적십자조약인 '육지전투에 있어서 군대 부상자의 상태 개선에 관한 제네바협약' 가입과, 같은 해 2월 7일 '1899년의 헤이그협약'의 서명으로 적십자를 이해하게 된 뒤, 1905년 10월 27일 고종황제 칙령 제47호 '대한적십자사 규칙'을 반포함으로써 국가 수준의 기틀을 갖게 되었다. 〈사진 고종황제 칙령 제47호 '대한적십자사 규칙', 한국학중앙연구원〉

한국의 적십자운동은 대한제국 말기로 거슬러 올라간다. 1903년 1월 8일 대한제국 정부는 최초의 제네바 협약에 가입했다. 2년 뒤인 1905년 10월 27일, 고종황제 칙령(제47호)으로 대한적십자사 규칙이 제정 · 반포되면서 처음 설립됐다. 그러나 그해 을사늑약이 체결된 뒤 일본은 1909년 대한적십자사를 강제 폐사시켰다.

일제 치하에서 상해임시정부는 1919년 8월 29일 임시정부 내무부 총장 안창호 명의로 대한적십자회 설립을 공포했다. 1920년에는 적십자간호원 양성소를 설립해 13명의 간호사를 배출하기도 했다.

현재 대한적십자사는 1948년 대한민국 정부 출범과 함께한다. 정부는 열악한 민생을 돕기 위한 긴급 대안으로 적십자사를 국가 차원에서 설치할 입법 작업을 추진했다. 49년 4월 30일 법률 제25호 '대한적십자사 조직법'이 공포됐고 55년 5월 대한적십자사는 ICRC의 인가를 받고 그해 9월 IFRC의 회원국이 됐다.

북한 적십자회의 공식명칭은 조선민주주의인민공화국적십자회이다. 1946년 10월 18일 창립돼 56년 ICRC의 인정을 받고, 그해 IFRC에도 가입했다. 1949년 제정된 제네바 협약에 가입한 것은 북한이 오히려 빨라서 한국 정부는 66년, 북한은 57년에 공식 가입했다.

남북한의 공식적인 첫 대화는 1971년 남북적십자회담으로 시작되었다. 북한은 1971년 4월 주한미군철수 및 감군, 연방제 실시, 정치협상회의 개최 등 8개항의 대남 평화제안을 내놓았으며, 남북적십자회담과 정치적 대화를 위한 비밀접촉에 응해오는 등 분단 4반세기만에 처음으로 남한과의 공식적인 대화를 시작하였다. 이어 '7 · 4공동성명'의 합의에 따라 남북조절위원회회의가 적십자회담과 함께 서울과 평양에서 번갈아 개최되었다. 그 뒤 남북대화는 북한의 일방적인 중단과 재개, 또는 연기과정을 거치면서 오늘에 이르고 있다.

따라서 우리 대한민국이 대한제국을 비롯한 민족사적 정통성을 분명히 하는 국가승계 문제의 재정립은 적십자와도 같은 국제적인 관계의 측면에서 중요성이 강조된다. 적십자는 대한제국 이후 상해임시정부로, 또 대한민국 정부 수립으로 이어져온 대표적인 국제활동이자 이후 남북대화에 있어서도 오늘날까지 지속적인 연관성을 찾을 수 있는 국제적인 관계이기 때문이다.

## 통일 향한 남북관계, 법과 조약 등 국제관계에도 관심 쏟아야

오늘 우리 박근혜 정부는 대북정책에 있어 지금까지 북한의 일방적인 행태의 악순환 고리를 끊고 진정 호혜적이고 상호 노력에 바탕한 정책방향을 분명히 하고 이를 관철하기 위해 노력하고 있다.

하지만 이러한 노력과 함께 대한민국 주도의 통일이라는 민족사적 대명제를 상정할 때 통일이라는 미래지향성에 발맞춘 대한민국의 민족사적 정통성 확보를 위한 헌법 개정과 국가승계를 비롯한 관련 사항의 명기는 우리가 능동적으로 추진하고 나아가야 할 중요한 과제라는 소신이다.

아울러 통일 대한민국을 향한 노력에 있어 이미 통일을 이룬 독일이 거쳐온 주변국가와 국제관계에 있어 취했던 노력과 교훈은 오늘 우리 대한민국의 국가승계와 관련해서도 반면교사로 깊이 새기고 활용해야 한다. 독일은 통일 전부터 서독을 중심으로 과거 나찌의 제3제국 시절의 역사적 실질적 잔재를 철저히 청산하면서 영토문제에 있어서도 나찌가 침략했던 과거 영토를 절대 문제삼지 않겠다는 점을 분명히 주변국가에 인식시켜왔다. 이는 제2차세계대전 이후 재편된 국제관계 속에서 독일통일의 명분과 영토문제를 비롯한 실질적인 국제관계에 있어 통일독일이 나아갈 방향을 분명히 함으로써 주변국가와 국제사회의 호응 속에서 통일을 이룰 수 있었다는 교훈을 시사한다. 중요한 것은 독일이 헌법에 명기하고 있는 인간의 존엄성이라는 세계사적 보편성을 상징하는 이념에 바탕하고 있었다는 점이다. 독일 헌법 제1조 1항은 '인간의 존엄성은 불가침이다. 이를 존중하고 보호하는 것은 모든 국가권력의 의무이다.' 라고 명시하고 있다.

따라서 오늘 우리 대한민국도 국가승계와 민족사적 정통성을 확보하고 명기하는 노력을 경주하되 중국, 일본, 러시아, 미국 등 주변국가의 국제적인 협력과 호응을 얻어야 하는 국제관계에 있어서도 영토문제를 비롯한 실질적인 사안에 있어 과거 일제 침략을 비롯한 부정적인 잔재는 청산하되 오늘날 국제사회의 질서를 존중한다는 점을 분명히 하면서 통일을 비롯한 대한민국의 미래에 임해야 한다.

예를 들면 일본과 청나라 간에 맺어진 '간도협약' 과 같은 사안이 대표적인 사례이다. 중요한 것은 '간도협약' 같은 사안을 묻어두거나 또는 영토문제로 확장시켜서는 안된다는 점이다. 따라서 일본제국주의의 패망으로 효력을 상실한 '간도협약' 과도 같은 불법 조약은 국제관계에서 무효화를 분명히 관철하되 현재 우리나라가 맺고 있는 국제조약을 비롯한 국제관계, 또 나아가 북한이 맺거나 유지하고 있는 국제조약이나 국제관계에 대한 존중과 효력의 유지를 공식화하여 우리 대한민국 주도의 통일을 국제사회에서 공인받고 지원받을 수 있도록 해야 한다는 것이다.

이와 관련하여서도 북한은 1962년 10월 12일 평양에서 총 5조로 된 '조중변계조약' 을 체결했으며, 6개월 정도의 현지 탐측조사를 거쳐 64년 3월

20일 '중조변계의정서'를 체결했다.

조약문에 따르면 백두산 천지의 경계선은 '백두산 위 천지를 둘러싸고 있는 산마루 서남단 위에 있는 2520고지와 2664고지 사이의 안부(鞍部. 안장처럼 들어간 부분)의 중심을 기점으로, 동북 방향 직선으로 천지를 가로질러 대안(對岸)의 산마루인 2628고지와 2680고지 사이의 안부 중심까지다. 그 서북부는 중국에 속하고 동남부는 조선에 속한다'고 되어 있다. 이럴 경우 오늘 우리의 관심사인 백두산 천지의 55%는 북한에, 45%는 중국에 속한다고 할 수 있다. (이상 2000년 10월 16일자 중앙일보 발굴 단독보도)

따라서 오늘 우리 대한민국은 대한제국을 비롯한 민족사의 정통성을 분명히 하여 '간도협약'의 무효화는 분명히 하되 북한과 중국간에 체결된 '조중변계조약'을 인정하고 존중한다는 점을 분명히 하면서 통일 대한민국을 향해 나아가야 한다는 것이다. 이러한 점은 우리 국민으로서는 안타까운 점이 있는 것은 분명하다. 하지만 명분과 실질적인 국제관계에 있어 기존의 질서와 관계를 존중하는 것만이 우리 민족의 지상 과제인 통일에 한 걸음 다가설 수 있는 슬기로운 길이라는 점을 명심해야 한다는 생각이다.

## 대한민국 건국일 8월 15일인가? 4월 11일인가?

이제 이러한 대한제국을 비롯한 민족사적 정통성에 바탕하여 상해임시정부에서 대한민국 정부수립으로 이어져온 우리 대한민국의 참된 정체성을 확보하기 위해서는 어떻게 해야 할 것인가? 우선 그간 논란과 쟁점

[사회] 파워인터뷰 게재 일자 : 2012년 04월 13일(金)

**“臨政 수립 1919년 4월11일이 바로 ‘대한민국 元年’이다”**

대한민국 임시정부 자료 총망라 김희곤 안동대 교수

김희곤 안동대 교수는 『대한민국임시정부자료집』 발간기념회를 겸한 ‘대한민국임시정부자료집 완간 기념 국제학술대회’에서 ‘1919년이 대한민국 건국 원년’임을 주장했다. 〈사진 문화일보 파워인터뷰 인너넷 기사 캡처〉

이 되어온 ‘건국기념일’에 대해 정리해야 한다는 생각이다.

오늘 우리 대한민국의 헌법, 그리고 국가승계와 관련한 민족사적 정통성을 염두에 두면 ‘건국기념일’은 상해임시정부와 임시의정원(오늘날 국회)이 수립된 1919년 4월 11일이어야 한다는 주장이 가장 설득력을 갖는다.

가장 대표적인 주창자로 김희곤 안동대 교수를 꼽을 수 있다. 김희곤 교수는 지난 2013년 4월 10일 8년여 동안 많은 학자들과 함께 집대성한 『대한민국임시정부자료집』 발간기념회를 겸한 ‘대한민국임시정부자료집 완간 기념 국제학술대회’에서 ‘1919년이 대한민국 건국 원년’임을 주장했다. 요지는 다음과 같다.

1948년 대한민국 정부수립 당시 제정한 헌법 전문은 '유구한 역사와 전통에 빛나는 대한국민은…(중략)…3·1운동으로 대한민국을 건립하여 세계에 선포하고…(중략)…위대한 독립정신을 계승하여 이제 민족독립국가를 재건한다' 라고 명기하고 있다. 이는 대한민국이 1948년에 처음 세워진 것이 아니고 재건됐다는 의미이고 1987년 이후 현행 헌법에도 '3·1운동으로 건립된 대한민국 임시정부의 법통을 계승하고' 라고 명기되어 있다.

따라서 오늘 우리 대한민국의 건국은 1919년으로 거슬러 올라가야 한다는 주장이다. 요약하면 상해임시정부를 수립하고 대한민국임시헌장을 선포한 1919년이 대한민국 원년이고 1948년은 정부 수립의 해라 할 수 있다는 것이다. 또한 대한민국 임시의정원 개원일은 첫 헌법인 대한민국임시헌장을 제정한 1919년 4월10일, 임시정부 수립일은 첫 헌법을 공포한 4월 11일이라는 것이 김희곤 교수의 주장이다.

또한 1919년에 상해임시정부는 오늘날 우리 국호인 대한민국은 물론 대통령이란 국가 수반 명칭, 임시정부와 임시의정원이라는 이름이 모두 창안되었고 태극기도 완성됐다. 그리고 대한민국임시헌장 제10조에 '국토를 회복하면 1년 안에 국회를 소집한다' 고 명시되어 있다. 따라서 1919년에 대한민국이라는 국가를 만들었고 일제에 영토와 주권을 빼앗긴 상태였고 근대국가의 구성 3요소 가운데 주권은 잃었지만 국가와 국민은 엄연히 존재하고 있었으며 국가를 세우고 국토를 회복하여 완성된 독립국가를 목표로 정부와 국회를 수립했던 것이다.

이러한 근거는 1948년 9월 1일자 '대한민국 관보 1호' 문건에서도 확인할 수 있다. '대한민국 관보 1호' 발간연기에는 '대한민국 30년' 으로 기

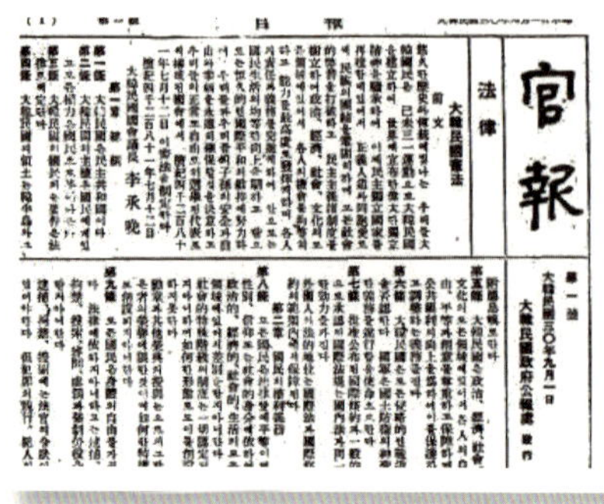

官報

第一號

大韓民國三〇年九月一日

大韓民國政府公報處 發行

法律

大韓民國憲法

前文

大韓民國國會議長 李承晩

1948년 대한민국 정부 수립 이후 관보에는 1919년 상해임시정부 수립을 기점으로 계산하여 오른 쪽 하단에 '대한민국 30년'이라 명기하고 있다. 〈사진 〈우리 시대의 정직한 목격자〉 PD수첩 시청자 모임 카페 투님 작성 게시물 캡처〉

록하고 있다. 1919년에 세워진 임시정부 대한민국은 국호이자 연호이므로 1948년의 관보 1호 문건에 대한민국 30년이란 연호를 썼던 것이다. (2013년 4월 13일자 문화일보)

이러한 김희곤 교수의 주장이 의미를 갖는 것은 첫째 인적 청산에 치우쳐 온 친일잔재와 식민사관의 청산과 민족사적 관점에서의 대한민국 현대사 정립이라는 의미, 둘째 좌우 이념 편향과 대립에 치우쳐 진보와 보수로 갈등과 반목을 점철해온 대한민국 현대사를 통합과 화합의 관점에서 재정립해야 한다는 의미, 셋째 통일 대한민국이라는 미래지향적인 역사 정립의 전기를 마련할 수 있다는 의미 등 세 가지 관점에서 중요성을 찾을 수 있다.

## 대한민국 정통성, 진정한 건국의 정립에서 찾아야 한다

첫째 대한민국의 정통성을 확보할 수 있는 상해임시정부의 건국의 의의는 그간 인적 청산에 치우쳐온 친일잔재와 식민사관의 청산에 대해 민족사적 관점에서 대한민국 현대사 정립으로 나아갈 수 있다. 우리 헌정사에서 친일잔재 청산을 국정목표 중 하나로 내세웠던 정권은 김영삼 정부와 노무현 정부였다. 하지만 국가승계의 문제라는 민족사적 정통성과 대한민국 건국의 핵심인 상해임시정부의 헌정사적 의의까지는 나아가지 못하였다. 그러한 결과 '친일과 보수', '민족주의와 진보' 라는 왜곡된 등식과 함께 국민의 올바른 인식을 호도하면서 때로는 정략에 이용된다는 우려까지 낳았던 것이 사실이다. 특히 노무현 정권 내부에서는 '분리 위의 집권' 전략을 구상하여 민주화그룹과 독재부역그룹, 독립운동가와 친일파, 진보와 보수로 분리하고 그 위에서 집권을 유지하려는 논의까지 있었던 것으로 알려지고 있다.

이제 이러한 인적청산과 정권유지 차원에 치우친 반쪽의 친일잔재 청산에서 대한민국임시정부의 정통성을 분명히 하면서 진정한 대한민국 건국의 현대사적 의의를 재정립해야 한다. 나아가 민주, 자유, 공화라는 대한민국의 정체성을 국민 모두와 더불어 재정립하면서 우리 역사의 올바른 뿌리를 바탕으로 식민사관 또한 청산하면서 민족사의 정통성 회복에 한 걸음 다가서야 한다. 특히 상해임시정부는 독립운동을 하면서 근대국가를 향해 나아간 세계사적으로도 유례가 드문 의의를 갖는다는 점을 잊어선 안된다.

둘째 좌우 이념 편향과 대립에 치우쳐 진보와 보수로 갈등과 반목을 점철해온 대한민국 현대사를 통합과 화합의 관점에서 재정립해야 한다, 상해임시정부의 소중한 유산 중 하나가 좌우 합작의 정신이다. 1919년 첫 임정 수반으로 이승만 대통령과 이동휘 부통령을 세운 것이 인적차원의 좌우 통합의 발현이었고, 그러한 통합의 이면에는 도산 안창호 같은 민족주의자의 노력과 영향이 컸다는 점을 역사는 증거하고 있다. 도산 안창호나 백범 김구 선생은 줄곧 정부수립 직전까지 통합과 통일정부 수립에 노력했다. 1926년에 안창호가 제창한 '유일당운동', 또 백범 김구가 38선을 넘어 통일정부 수립에 앞장섰던 사례들이 그 증거이다. 상해임시정부에서는 수시로 좌우의 갈등이 노정됐지만 광복 직전까지 민족주의에 바탕한 사상적 통합운동은 계속됐던 것으로 사료는 증거하고 있다. 특히 조소앙 선생이 내세운 삼균주의는 1919년 임시헌장에서부터 시작하여 광복 직전까지 사상 통합의 바탕이 되었다는 평가를 받고 있다.

이러한 점에서 이승만 대통령은 비록 독립운동사에 많은 업적을 가지면서도 민족적으로는 분열을 조장했다는 평가를 받아야 마땅하다.

1921년 상해임시정부와 임시의정원 요인들의 신년 기념촬영 모습. 상해임시정부의 소중한 유산 중 하나가 좌우 합작의 정신이다. 1919년 첫 임정 수반으로 이승만 대통령과 이동휘 부통령을 세운 것이 인적 차원의 좌우 통합의 발현이었고, 그러한 통합의 이면에는 도산 안창호 같은 민족주의자의 노력과 영향이 컸다는 점을 역사는 증거하고 있다.
〈사진 독립기념관〉

셋째 우리는 상해임시정부 건국일 정립을 바탕으로 민족사적 정통성과 국가승계의 바탕 위에 통일 대한민국이라는 미래지향적인 역사 정립의 전기를 마련해야 한다.

앞서 살펴본 북한은 김일성 일인의 독립운동을 과대포장하면서 임시정부에 대해 극히 비판적이다. 인민들의 피를 빨아 만든 자금으로 외교행위만 했다는 것이다. 우리 대한민국에서도 독재나 군사정권에서 임시정부를 정통성 확보에 이용하려 한다는 점에서 진보 학자들 일각에서 임시정부를 무시하려는 시도가 있었던 것도 사실이다. 더욱 중요한 것은 일부 보수 진영 내에서도 식민사관에 침윤되어 상해임시정부에 대해 소극적인 태도를 보인 경향도 있다.

오늘 우리 대한민국이 모든 공식행사에서 사용하는 태극기도 상해임시정부에서 제정하여 내려온 소중한 유산이다. 사진은 지난 2013년 2월 25일 대통령 취임식 준비 모습. 〈사진 심상협〉

오늘날 양식있는 국민들은 대한민국 대통합의 참된 실현을 여망하고 있다. 이제 상해임시정부의 정통성과 국가승계, 나아가 통합의 정신을 바탕으로 대한민국의 대통합, 통일 대한민국을 향한 정신사적이고 역사적인 기틀을 굳건히 해야 한다.

## 대한민국 건국기념일과 국민운동, 재정립을 제안한다

그렇다면 상해임시정부를 기점으로 한 대한민국 원년을 어떻게 기리고 국민적 관심 속에 승화시킬 것인가? 가장 효과적이면서도 적절한 방안 중 하나가 건국기념일 제정과 이를 중심으로 한 국민운동이다.

4월 11일을 대한민국 건국기념일로 제정해야 한다. 이미 헌법에 '대한민국은 상해임시정부의 법통을 계승하고'라 명기하고 있으므로 상해임시정부 수립일인 4월 11일을 건국기념일로 제정하는 것은 당연한 일이다.

그 과정은 국민적 여론을 물어가면서 민주적인 절차와 국민적 합의를 통해 진행되어야 할 것이다. 정부, 특히 주관부처인 안전행정부는 이를 위한 법제도적 검토부터 시작하여 사계와 전문가들의 의견을 수렴하는 일부터 시작해야 한다. 또한 국회에서는 상해임시정부 건국기념일 제정 법안에 대한 실질적 검토에서 시작하여 관련법안을 발의해야 한다. 그리고 안전행정부와 발맞추어 입법 차원에 필요한 세미나와 공청회 등의 공론화 과정을 거쳐 입법을 추진해야 한다.

무엇보다 중요한 것은 박근혜 대통령을 비롯한 범정부적 노력과 의지이다. 단순히 국회의원 몇몇의 법안발의, 안전행정부의 제도적 개선을 뛰어

넘어 청와대와 총리실을 중심으로 우리 대한민국이 대한제국을 비롯한 민족사적 정통성을 잇는 상해임시정부의 법통을 실질적으로 계승하고 실천하고 있다는 의지를 분명히 보여주며 의욕적으로 추진해야 한다.

나아가 국민들도 이러한 노력에 능동적으로 참여하는 국민운동의 새로운 모습을 보여주기를 바란다.

처음부터 국경일이나 휴일로 제정하기에 무리가 따른다면 가칭 '상해임시정부 수립 대한민국 건국기념운동' 과도 같은 국민운동으로 출발하는 것은 어떤가? 그럼으로써 밑으로부터의 대한민국 건국기념운동이라는 점에서 더 확산적이고 국민대통합과도 같은 국가적 명제에도 적극적으로 부합되는 미래 대한민국을 향한 전진의 표상이 될 수 있다는 믿음이다.

# 대한의 미래를 향한 개혁, 어떻게 할 것인가?

◆

"변화하지 않고 무엇을 이루려 하는가?(不變者不得天下)" 진정 국민을 위한 개혁을 생각할 때 가장 먼저 떠오르는 말이자 중국 변법자강운동(變法自彊運動)의 화두였다.

동아시아에서 가장 먼저 입헌군주제를 도입하며 개혁을 이룬 일본은 메이지 유신을 통해 동아시아의 강국으로 부상했다. 중국은 청일전쟁 패배 직후 서구의 앞선 무기와 기술만을 도입하려는 양무운동(洋務運動)의 한계를 깨닫고 전통적인 정치체제와 교육제도 개혁을 아우르며 전반적인 부국강병을 실현해야만 서구 열강의 공세 속에서 살아남을 수 있음을 깨닫고 1898년 중국에서 캉유웨이(康有爲)와 량치차오(梁啓超)를 중심으로 변법자강운동을 일으켰다.

우리나라도 갑신정변을 일으켜 개혁세력을 중심으로 입헌군주제와 제도적 개혁을 주도했지만 중국과 마찬가지로 잠시 서광만 보았을 뿐 수구세력에 밀려 역사의 저편으로 사라져갔고 일본제국주의의 침탈에 무릎을 꿇어야 했다.

21세기 우리가 직면한 개혁의 과제를 앞에 두고 백여년이 넘는 동아시아 역사를 회고하는 이유는 오늘 우리의 역사의 질곡과 좌절, 그리고 '한강의 기적' 이라는 주목 속에 다시 일으켜온 우리 앞의 개혁과제 중 많은 부분이 백여년 전 갑신정변을 비롯한 개혁의 실패에서 비롯되었기 때문이다.

## 조선말기, 개혁 실패가 초래한 망국의 교훈

오늘 우리 대한민국의 화두 또한 '개혁' 이다. 다시 백여년 전 개혁에 실패해 나라를 빼앗기고 국민들을 고통의 수렁에 빠지게 했던 역사의 비극을

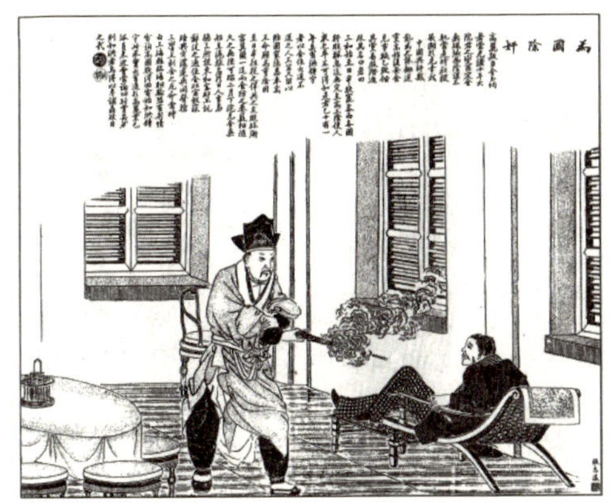

최근 문화일보에서 입수하여 공개한 중국 청나라의 그림신문 '점석재화보(點石齋畫報)' 에 실린 홍종우가 김옥균을 암살하는 장면. 문화일보는 조선의 전통 사대부 복장을 한 홍종우는 크게, 근대 일본식 복장을 한 김옥균은 작게 그려 대비시킴으로써 김옥균을 '친일 매국노' 와 '소인배' 이미지로 전달하려는 청의 입장을 드러내고 있는 것으로 평가했다. 〈사진 문화일보 2013년 1월 8일자 캡처〉

반복하지 않기 위해서 오늘 우리는 혼신의 힘으로 개혁에 나서야 한다. 그러기 위해서는 단순한 한 번의 개혁이 아닌, 끊임없이 쇄신하고 전진하는 프로그램과 시스템으로서의 개혁이 필요하다는 소신이다. 우리는 역사 속에서 실패했거나, 또는 성공했던 수많은 개혁의 사례를 기억해야 한다. 그리고 오늘 21세기 대한민국이 여망하는 진정한 개혁을 이루어내야 한다.

개인적으로 개혁에 대한 논의를 모아보면 개혁에 있어서는 네 가지 요건을 갖추어야 한다고 요약된다. 첫째 분명하고도 구체적인 어젠다(議題), 둘째 국민이 원하는, 특히 국민에게 실용적인 권익을 주는 민생정책과의 필연성, 셋째 추진주체부터 끊임없이 변하고 스스로를 개혁해나가는 시스템과 제도로서의 개혁, 끝으로 오늘날 실시간으로 참여하고 의견을 관철하는 스마트 시티즌 시대에 부응하는 밑으로부터의 개혁 네 가지로 요약할 수 있다.

무엇보다 중요한 것은 단기간의 전시적이거나 과시적인 개혁의 성과에 눈멀거나 매몰된다면 이 또한 성공할 수 없다는 점이다. 특히 5년 단임제의 대통령제 하에서의 개혁은 임기 내에 효과를 보려하지 말고 십년, 이십년 미래와 차기정부에까지 발전적으로 계승되면서 지속적으로 추진할 수 있는 프로세스를 구상하고 추진해야 한다.

## 25년 세종의 조세개혁이 오늘 우리에게 주는 개혁의 교훈

이러한 지속적 개혁 추진에 교훈이 될 만한 두 가지 사례를 정리해보자.

첫째는 대한민국의 어느 국가 지도자나 본받고자 하는 조선 세종조의 개혁이다. 후세 사가들의 분석에 의하면 세종조의 개혁은 즉위교서에서 천명한 '시인발정(施仁發政)'의 분명한 어젠다 아래 당시 주요 산업이었던 농업부흥을 중심으로 추진되었다는 점에서 성공의 요인들을 평가하고 있다. 즉 세종의 개혁은 간척과 수리 개선, 농사직설 발간을 포함한 신농업 기술 진흥, 농업과 관련한 측우기, 천체관측 등 과학기술 중흥, 육진 개척을 비롯해 영토확장을 통한 농지의 확보, 또 이렇게 발전한 농업의 성과와 수확이 백성들에게 골고루 돌아갈 수 있도록 하는 조세제도의 개혁 등 정책과 제도 전반의 목표와 비전, 그리고 프로세스가 뚜렷하고 분명했다는 것이다.

그 중에서도 가장 중요한 합의와 민주적 절차는 조세 개혁에서 볼 수 있다. 그동안 세종의 치적 중에서 다소 간과되어온 조세 개혁은 결부법에 의

세무회계 전문가인 오기수 김포대 총장은 지난 2012년 대선 직전 십여 년의 연구를 모아 『세종대왕의 조세정책』을 펴내며 25년여에 걸친 세종의 진정한 개혁을 논하고 있다.

한 전분육등법(田分六等法) 및 연분구등법(年分九等法)이라 요약할 수 있다. 전분육등법은 전지(田地)의 비옥도에 따른 양전법(量田法)이며, 연분구등법은 매년 풍흉에 따른 수세법(收稅法)으로 중국식 공법과는 다른 조선적 공법이다. 세종대왕은 조세인 전세(田稅)를 징수할 때 공평하고 편리하며 관리들의 농간을 배제할 수 있는 조세법(租稅法)으로서 공법을 입법하고자 하였다.

지난 2012년 대선 직전 십여 년의 연구를 통해 세무회계 전문가인 오기수 김포대 총장이 펴낸 『세종대왕의 조세정책』은 오늘 우리 대한민국 개혁 화두에 중요한 교훈을 시사한다. 오기수 총장은 세종이 이러한 구체적인 어젠다를 실천하기 위해 다음과 같은 점에 역점을 두었다고 강조하고 있다.

첫째, 공평한 조세징수를 위해 주척(周尺)을 사용하게 하였다는 점이다. 세종은 공법을 입법하면서 조세의 과학화를 추구하였다고 평가되는데, 그 중 하나가 주척(周尺)을 사용하여 전지(田地)를 측량하도록 한 것이다. 세종대왕 이전까지는 농부의 수지척(手指尺)을 사용하여 관리들의 주관적인 횡포가 개입될 소지가 많았다.

둘째, 연분 결정을 위해 측우기를 사용하였다는 점이다. 세종은 조세를 징수하는 과정에서 관리들이 재량권을 남용하여 농간을 부리는 폐단이 답험제도에서 발생하므로, 이를 배제하기 위해 군현(郡縣) 단위의 연분구등법을 도입하였다. 하지만 그 당시 군현 단위로 연분을 결정하는 것 또한 쉽지가 않아서 연분(年分) 결정에 강우량을 이용하고자 하였고, 그 도구로 측우기라는 과학적 계측을 사용하게 한 것이다.

셋째, 표준화된 말[斗]과 되[升]를 사용하게 하였다는 점이다. 당시 조선은 쌀과 콩 등의 곡물로 조세를 납부하는 현물납세 시대였는데 이 때문에 곡물의 수량을 재는 말(斗)과 되(升)의 통일된 계량법은 매우 중요한 의미를 갖는다. 더욱이 세종대왕이 공법을 입법한 취지인 "조세의 부정부패 근절"을 위해서 조세를 징수할 때 관리와 서리들의 횡령의 소지가 있었던 말(斗)과 되(升)를 정확히 표준화했던 것이다.

넷째, 지역별로 명확한 조세 부과를 위해서 『세종실록지리지』를 편찬케 하였다는 점이다. 농업국가인 조선에서 조세를 확충하기 위해서는 국가의 행정구역을 체계화하고, 인구를 정확히 파악하고, 또한 전지(田地)의 비척의 기록과 관리가 필요했다. 더욱이 조세의 과학화와 선진화를 목표로 했던 세종은 행정구역별 인구의 실태와 전지(田地)의 결수 및 비옥도를 정확히 파악하여 공평하고 명확한 조세의 부과와 징수를 위한 근거로 지리학을 도입했던 것이다.

다섯째, 전품(田品)의 전국적인 균등화를 위하여 『농사직설(農事直說)』을 편찬케 하였다는 점이다. 『농사직설』의 편찬과 보급이 실제로는 공법의 시행과 관련하여 전국적으로 농업생산력을 향상시켜 균등한 조세의 부과를 위한 측면도 있었던 것이다.

이와 같은 세종의 조세제도 개혁은 17년여의 실제 조사과정을 포함, 총 25년여의 여론수렴과 논의를 통해 이루어졌다는 점에서 당시로서는 혁신적인 민주적 절차와 반대세력에 대한 합리적 설득의 근거 위에 시행할 수 있었다.

## 모든 백성의 1/4에 이르는 세계 최초 여론조사 시행하며 공신 설득

나아가 세종의 조세개혁은 1427년 당초 정책 입안 전후를 기해 과거시험문제의 출제를 통한 지도층 사이에서의 공론화에서 시작하여 세계 최초로 기록되는 여론조사, 그리고 25년간의 연구와 논의 등의 과정을 거쳐 완성되었다는 점에서 더욱 높은 평가를 받는다. 오기수 총장의 연구결과를 요약하면 다음과 같다.

첫째, 세종대왕은 공법의 개선책에 대한 질문을 과거시험 문제에 출제하였고, 1427년 당하관 과거시험에 "공법을 사용하면서 이른바 좋지 못한 점을 고치려고 한다면 그 방법은 어떻게 해야 하겠는가"라는 요지의 문제를 내어 조선만의 창의적이고 공평한 조세법을 만들고자 하였다.

둘째, 세종대왕의 공법은 군주시대에 전국적인 여론조사에 의한 입법이라는 점이다. 세종대왕이 1차 공법안에 대한 여론조사를 명한 후 호조는 무려 5개월을 걸쳐 이를 실시하였고, 그 결과 공법의 시행이 "무릇 가하다는 자 98,657명"이며 "불가하다는 자 74,149명"으로 집계되었다. 이는 총 172,806명에 대한 여론을 수렴한 것으로 그 당시의 조선인구 1/4이 참여한 것며 오늘날로 말하면 국민투표라 할 수 있을 정도였다.

셋째, 세종대왕의 공법은 세계적으로 최장기 논의에 의한 입법이라는 점이다. 『세종실록』에 의하면 세종대왕 21년에 "내가 공법을 행하고자 한 것이 이제 20여년이고 대신들과 모의(謀議)한 것도 이미 6년이었다"고 기록하고 있고, 세종 26년(1444)에 공법은 최종적으로 입법되었다.

넷째, 세종대왕의 공법은 군왕 스스로 근대적 조세원칙을 추구한 입법이라는 점이다. 아담 스미스는 산업자본을 대표하여 개인주의적 법치국가의 이념하에 조세의 원칙을 제시함으로써 절대왕제에 의한 수탈을 방지하여 시민사회를 옹호하고자 하였다. 이에 반해 세종은 군왕 스스로 조세원칙에 따른 공법을 입법하여 양반 관료들의 수탈을 방지하고 백성들에게 공평한 과세를 하고자 하였다. (이상 『세종대왕의 조세정책』, 오기수 저, 어울림, 2012년)

이러한 세종의 조세제도 개혁은 목표로 설정한 어젠다에 집중하면서 단기적인 성과에 연연하지 않고 25년이라는 기간 동안 끊임없이 지속적으로 추진한 것이라는 점에서 주목해야 한다.

## 남아공 '몽플뢰르 회의(Mont Fleur Conference)' 개혁의 교훈

오늘 갈등과 대립의 세계에서 널리 알려진 개혁의 사례도 있다. 우리에게는 2010년 월드컵 개최지로 유명한 남아프리카공화국의 '몽플뢰르 회의

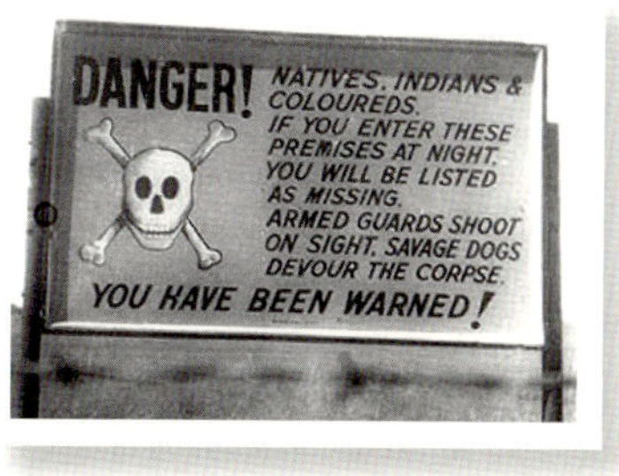


남아공의 유색인종차별정책인 아파르트헤이트를 보여주는 경고문. "위험! 원주민, 인디언, 유색인종. 야간에 이 곳에 들어가면 실종될 수 있음. 저격병이 총을 쏘고, 시체는 사나운 개가 뜯어먹음" 등이 적혀있다. 〈사진 조선일보 지해범 기자 블로그〉

(Mont Fleur Conference)'가 그것이다. 특히 보수와 진보, 대기업과 중소기업, 빈부간의 상대적 빈곤, 그리고 세대와 지역 간의 갈등이 첨예하게 대립하고 있는 한국사회의 갈등해소에 적절한 교훈이 될 수 있다.

다음은 이 컨퍼런스에 처음부터 끝까지 참여하고 주도한 아담 카헤인(Adam Kahane)이 『통합의 리더십(원제 ; Solving tough problems)』이라는 제목으로 소개하고 있는 '몽플뢰르 회의(Mont Fleur Conference)'에 대한 요약이다.

1991년의 남아프리카공화국은 전환기였다. 수십 년간 백인 정부는 인종분리주의 정책을 유지해왔다. 흑인들은 이에 저항했고 결국 백인 정부의 클레이크 대통령은 인종분리주의 정책을 포기하겠다고 선언했다. 그로써 남아프리카공화국은 과거의 악습을 청산했지만 새로운 문제에 부딪히게 되었다. 그것은 앞으로 어떤 청사진을 가지고 새로운 남아프리카공화국을 건설하느냐는 것이었다.

좌파 진영은 이 문제를 해결하기 위해 시나리오 워크숍을 갖기로 했다. 그리고 시나리오 워크숍을 도와줄 사람으로 지은이를 초대했다. 흑백 양쪽을 포함한, 모든 정치 세력을 대표하는 스물두 명의 사람들이 시나리오 워크숍에 참여하기 위해 몽플레르 컨벤션센터에 모였다. 그들은 인종과 자신의 정치적 성향을 떠나, 더 나은 남아프리카공화국의 미래를 위해 함께 일했다. 그리고 마침내 1993년에 미래에 일어날 수 있는 네 가지 시나리오를 만들어냈다.

첫 번째 시나리오는 '타조(Ostrich)'였다. 이 시나리오는 차기에 정권을 잡은 백인 정부가 타조처럼 자신의 머리를 모래 속에 처박고 다수의 흑인들이 요구하는 협상안에 응하지 않는 경우를 그리고 있다.

두 번째 시나리오는 '레임덕(Lame Duck)'이었다. 이 시나리오는 차기 정권에 약체 정부가 들어서 개혁이 미루어지는 경우를 그리고 있다.

세 번째 시나리오는 '이카루스(Icarus)'였다. 이 시나리오는 차기에 흑인 정부가 대중의 지지를 얻어 집권한다. 흑인 정부는 너무 이상적인 국가사업을 추진하다 재정적인 문제에 부딪히게 된다.

네 번째 시나리오는 '플라밍고들의 비행(Flight of the Flamingoes)'이었다. 이 시나리오는 남아프리카공화국의 모든 중요한 세력들이 연합해 서로를 배타하지 않고 천천히 새로운 사회를 건설해 나가는 과정을 그리고 있다.

시나리오가 완성되자, 몽플레르 워크숍 참가자들은 이 시나리오를 가지고 다시 한 번 국민들과 대화를 시도했다. 그들은 시나리오 요약본을 언론에 보냈고 이 시나리오에 대한 토론회를 개최했다. 그 과정에서 클레이크 대통령이 이끄는 백인 정부는 흑인들의 요구를 외면하는 타조가 되지 않으려고 노력했고, 만델라가 이끄는 흑인 정당은 무리한 국책 사업으로 경제가 파탄 나는 일을 막기 위해 노력했다. 그 결과 남아프리카공화국 사람들은 느리지만 서로 협동하면서 흑인과 백인이 연대하는 나라를 건설할 수 있었다. 그들은 시나리오 '플라밍고들의 비행'을 실현시킨 것이다.

(이상 『통합의 리더십(원제 ; Solving tough problems)』, 아담 카헤인(Adam Kahane) 저, 류가미 역, 에이지21, 2008년)

이러한 '몽플뢰르 회의(Mont Fleur Conference)'를 통해 남아프리카공화국은 1990년 살인과 폭력으로 점철된 흑백차별이라는 피로 얼룩진 장벽을 넘어서 5년 뒤에 국민통합을 이루어낼 수 있었고 15년 뒤에는 월드컵까지 개최하며 세계의 주목을 받는 나라로 발돋움했다.

또한 남아프리카공화국 흑인지도자 넬슨 만델라는 27년간의 감옥생활에서 석방된 이후 복수 대신 화해와 통합의 정치를 선택했다. 그리고 '몽플뢰르 회의(Mont Fleur Conference)'를 이끄는 지도자의 한 사람으로서 1993년 노벨평화상을 받았고 1994년 흑인으로서는 최초로 남아공 대통령에 당선되었다.

『통합의 리더십』의 원전
『Solving tough problems』와
저자 아담 카헤인.
〈사진 출판사 '에이지21'〉

아담 카헤인은 조직학습 이론의 창시자인 피터 센게가 있는 MIT 경영학 석사과정 출신으로 시나리오 경영으로 유명한 석유회사 쉘에서 시나리오 기획팀에서 일했다. 그런 그에게 어느 날 남아프리카공화국 좌파 진영에서 시나리오 워크숍을 도와달라는 요청이 왔다. 1991년, 지은이는 남아프리카공화국 몽플레르에 있는 워크숍 장소로 날아갔고 그는 거기서 기적을 경험한다. 아담 카헤인은 이후 2010년 4월 그의 두 번째 저서 『포용의 리더십』 발간을 계기로 한국을 찾아 '갈등 해소를 위한 해법'을 주제로 세미나에 참석하는 등 한국사회의 갈등해결에도 조언을 한 바 있다. 현재 사회혁신 컨설팅사인 레오스(REOS) 파트너로 활동중인 아담 카헤인은 지난 25년 동안 세계 50여개국을 돌며 회사와 정부, 그리고 시민사회단체 지도자들이 문제를 해결할 수 있도록 도와 왔다.

## 대한민국 개혁회의, '(가칭)세종컨퍼런스'를 제안한다

오늘 우리 대한민국은 불과 백여년 전 개혁의 성패 앞에서 좌절한 역사의 교훈을 뼛속 깊이 되새기면서 물어야 한다. 세종의 성과만을 모방할 것인가? 아니다 세종이 25년 동안 부단히 추진했던 인내와 설득, 그리고 궁극적인 목표를 향해 쏟았던 열정의 과정을 배워야 한다. 남아프리카공화국의 '몽플뢰르 회의(Mont Fleur Conference)'는 어떤가? 우리는 당리당략과 자신들의 권익을 양보하고 타협하면서 공동의 목표를 향해 설득하고 토론하며 이르렀던 5년의 과정과 절차를 거울 삼아야 한다.

이 두 사례에서 볼 수 있는 한 가지 중요한 시사점은 바로 객관적인 중재자의 역할이다. 세종의 조세제도 개혁에서 가장 중요한 중재자는 바로 개혁의 과실이 돌아가야 할 백성의 여론이었다. 그리고 '몽플뢰르 회의(Mont Fleur Conference)'의 중재자는 여기에 아담 카헤인이라는 방법론적 중재자, 그리고 국민이라는 중재자의 동의와 협력이었다.

오늘 우리 정치를 비롯한 사회적 갈등의 당사자들을 돌아보면 남아프리카공화국과 닮아 있다. 보수를 표방하는 여와 진보를 표방하는 야, 때론 좌와 우로 대립하며 '종북'으로 몰아부치는 여와 '수구'로 매도하는 야, 이러한 정치권의 지형은 시민사회의 영역에도 그대로 판박이처럼 재현되면서 객관적인 중재자 역할을 할 수 있는 중도적인 시민사회의 영역을 찾기 힘들다. 누구나 인정하고 있듯이 우리가 흔히 선진사회라 일컫는 서구 유럽의 민주주의의 강점은 성숙한 시민사회의 역량으로 꼽곤 한다.

이제 세종의 개혁, 그리고 남아프리카공화국 '몽플뢰르 회의(Mont Fleur Conference)'의 개혁을 우리 대한민국의 개혁에 접맥시켜야 하는 과제에 대해 논의해야 한다. 그 방법 중의 하나로 오늘 우리 대한민국이 직면하고 있는 개혁의 의제를 놓고 여와 야, 진보와 보수, 시민사회단체와 노사정이 함께 만들고 참여하는 '(가칭)세종 컨퍼런스'를 제안하고 싶다.

대표적인 의제라면 지난 대선에서 여야의 후보가 비록 각론은 달랐지만 한 목소리를 냈던 '국민대통합', '경제민주화' 등이 우선적으로 상정될 수 있다는 소신이다. 아울러 지난 대선시 쟁점에서 다소 밀렸지만 '개헌', 그리고 '지방분권과 균형발전' 등과 같은 의제도 순차적으로 상정했으면 하는 바람이다. 나아가 '(가칭)세종컨퍼런스'를 통해 여와 야, 보수와 진보, 그리고 지역과 세대가 함께 참여하여 공동의 목표를 향해 나아가면서 갈등과 반목을 넘어서는 아름다운 개혁을 이루었으면 소망한다.

무엇보다 '(가칭)세종컨퍼런스'가 단기간의 프로그램으로 끝나지 않고, 정권이 바뀌어도 일관된 주제와 현안을 찾아내면서 끊임없는 대한민국 개혁의 열린 광장으로 자리잡아갈 수 있어야 한다.

박근혜 정부가 추진하는 개혁 어젠다의 대전제는 '국민대통합'과 '경제민주화'라는 데는 이견이 없다. 사진은 지난 대선 새누리당사에 내걸렸던 '국민대통합'을 상징하는 현수막. 〈사진 심상협〉

박근혜 정부 출범 초기를 맞고 있는 지금 개혁의 어젠다는 무엇인가? 아직 그 실체는 분명하게 드러나고 있지는 않지만 대전제 만큼은 분명하다. 바로 '국민대통합'과 '경제민주화'이다. 우리가 앞서 세종과 남아프리카공화국의 개혁 사례를 면밀히 검토한 이유도 바로 이 때문이다. 통합과 상생의 전제를 바탕으로 하지 않고는 그 어떤 개혁도 수혜가 일부에게만 돌아가는 반쪽짜리 개혁이거나 실패한 개혁일 수밖에 없다. '국민대통합'은 헌정사상 지속되어온 반목과 갈등의 역사를 치유해야 한다는 역사적 사명이고 '경제민주화'는 경제를 화두로 한 대기업과 중소기업, 자영업 등 경제적 약자 사이의 갈등에서부터 지역간, 세대간, 계층간 갈등 해소의 핵심이자 방법론이어야 한다는 점에서 박근혜 정부 개혁의 대전제로서 당위성을 갖는다.

## 역대 정부의 개혁 실패가 주는 교훈 되새겨야

개혁에 있어 대전제가 중요하다는 점은 민주화 이후 역대정부의 개혁 실패과정에서 명백히 드러난다. 어느 정부든 공과(功過)는 분명히 있게 마련이고 이를 바탕으로 공은 분명히 지키고 계승해야 하며 과는 과감히 적시하여 개혁해야 한다. 하지만 민주화 이후 어느 정권에서도 전 정권의 긍정적 공(功)을 계승한다는 정권은 없었다. 즉 대부분의 정권이 개혁의 대전제를 전 정권 부정에서 출발했고, 결국 스스로 또한 차기 정권의 부정과 척결의 대상이 되는 악순환이 반복되었던 것이다.

이러한 악순환의 가장 중요한 원인은 흔히 '3김'으로 상징되었던 인적 리더십에 바탕한 권력구조에서 그 원인을 찾을 수 있다. 정부 출범 초기 모든 언론에서는 이른바 '파워엘리트'라는 제하의 보도가 경쟁적으로 이루어진다. 그리고 그 실체는 권력의 핵심, 즉 대통령과의 혈연, 지연, 학연 등을 비롯한 인맥의 열거가 대부분이다. 어떻게 이러한 인맥이 국정철학이나 이념, 정책을 뛰어 넘을 수 있는가? 바로 이러한 정치지형과 권력 풍토가 진정한 개혁을 가로막는 가장 큰 장애임을 직시해야 한다.

'파워엘리트' 라는 어원부터가 그렇다. 1956년 미국 사회학자 찰스 라이트 밀즈는 자신의 저서 『파워 엘리트』에서 민주주의를 훼손하는 자본과 군부, 정부관료 삼각동맹을 비판하면서 이러한 중심에 지연, 학연, 혈연으로 맺어진 '파워엘리트' 를 비판한다. 하지만 언젠가부터 우리 정치와 권력 주변에서 파워엘리트라는 말은 '권력으로 통하는 코드' 와도 같은 긍정의 의미로 쓰이고 있다. 바로 우리 사회의 개혁 대상이 이러한 권력 주변의 인맥이어야 한다는 점을 역설적으로 반증하는 것이다.

따라서 오늘 우리 대한민국의 개혁은 '인적 개혁' 과 '인적 청산' 의 악순환 고리를 끊고 시스템과 제도의 개혁, 나아가 대한민국의 미래라는 대통합의 대전제부터 분명히 하는데서 출발해야 한다. 이를 위해서 민주화 이후 국민의 손으로 뽑은 정권의 개혁이 어떻게 실패했는지를 요약 정리하는 것이 필요하다. 그리고 오늘 우리 대한민국을 이끌어갈 박근혜 정부부터라도 역대정권의 공과를 분명히 하여 '미래 대한민국' 이라는 대전제에 충실한 개혁 성공 선례를 만들어 가기를 여망한다. 편의상 '보통사람의 시대' 를 표방했으나 군부정권의 연장선상으로 볼 수 있는 노태우 정부는 제외했다.

1993년 2월 출범한 14대 김영삼 정부는 대선과정에서 한국병을 치유하겠다는 의미에서 '신한국 창조' 를 비전으로 제시했고 '역사 바로 세우기' 를 국정 어젠다로 내세웠다. 우선 1990년 3당합당을 통해 군사정권과 손을 잡고 권력을 얻었으면서도 하나회 숙청 등을 통해 신군부를 대대적으로 해체했다. 1995년 12월 국가기강을 바로잡고 민주화를 정착시키고 민족정기를 세운다는 명목으로 '5 · 18민주화운동 등에 관한 특별법'을 제정 12 · 12 쿠데타를 주도한 전두환 노태우 두 전직 대통령을 처벌했다. 군부와 차별화를 통해 '문민 민주주의 시대'를 열겠다는 의도였던 것으로 평가된다.

主役으로

제14대 대통령에 당선된 民自黨의 金泳三후보가 19일오전 民自黨중앙당사 상황실에서 당원들로부터 당선축하 꽃다발을 받고 활짝 웃으며 꽃다발 든 손을 치켜들

"新韓國창조 출발점"

당선회견 태평양시대 중심國家도약

民自黨의 金泳三 14代 대통령당선자는 19일 그의 승리는 바로 위대한 우리 국민 모두의 승리라며

1992년 12월 19일자 동아일보가 보도하고 있는 김영삼 대통령 당선 일성. 선거 당시 캐치프레이즈였던 '신한국 창조'는 '한국병 치유'라는 전제와 함께 이른바 문민정부의 개혁 슬로건이 되었다. 〈사진 동아일보 라이브러리 캡처〉

김 대통령은 국정비전으로 부정부패 척결, 경제 살리기, 국가기강 바로잡기 등 세 가지 당면과제를 제시했다. 하지만 부정부패 척결은 전 정권 부정의 한계를 노정했고 경제문제는 뒷전으로 밀려났다. 옛 중앙청 철거, 5 · 18특별법 등 과거사 문제에 주력하면서 차남 김현철을 비롯한 권력형 비리가 부패척결 의지를 무색하게 했고 1997년 10월 결국 외환이 바닥을

드러내면서 IMF의 구제금융을 받아야 하는 국가경제 파탄사태를 맞았으며 그 피해를 고스란히 국민들이 떠안아야 했다.

특히 국정 로드맵으로 '경제 살리기'를 공언하고도 결국 국가부도사태라는 사상초유의 경제위기를 초래한 김영삼 정부의 경제정책 실패는 오늘 우리 '경제민주화'의 화두와 관련하여 주목할 필요가 있다.

김영삼 대통령은 이른바 '신재벌정책'을 펼쳤다. 역대 정권과는 차별화된 재벌개혁을 시도한다는 명분 아래 업종전문화정책을 펼쳤지만 좌절했다. 핵심은 문어발식 기업구조를 탈피해 재벌은 2~3개의 주력업체와 주력업종에 집중할 것을 요구하며 소유 분산 유도를 위해 출자총액제한제의 출자한도를 40%에서 25%로 강화하는 것이었다. 그러나 공정위가 아닌 산업자원부가 주관 부처가 되면서 성과는 커녕 정권 말 폐지되고야 말았다. 1990년대 후반을 향하며 이미 국제수지가 악화되고 국가채무가 쌓이는 등 경제위기의 전조 현상 속에서 재벌의 불만과 보이지 않는 저항이 레임덕과 맞물리면서 개혁 실패로 이어진 것이다. 정부의 오락가락 정책에 "정치는 4류, 행정은 3류, 기업은 2류"라는 유행어가 나돌 정도로 국민적인 불만이 뒤따랐고 경제정책의 실패는 온 국민의 피땀으로 이룩해온 경제성장의 과실을 하루아침에 빚더미 아래 몰락시키는 엄청난 좌절을 초래했다.

특히 경제와 관련한 비리는 1997년 한보그룹의 부도사태, '소통령'으로 불리던  대통령의 차남 현철 씨 연루와 구속, 대통령의 사과와 몰락으로 이어졌다.

김영삼 정부는 전 정권 부정이 갖는 자기부정의 한계와 더불어 인적 청산을 통한 인적 개혁의 한계를 그대로 드러냈고, '5 · 18민주화운동 등에 관한 특별법' 또한 공소시효가 지난 신군부 처벌이라는 위헌 논란에 휩싸이면서 법치국가의 제도적 절차를 무시했다는 비판도 따랐다. 결국 인적 중심의 개혁, 또 목적과 수단이 전도된 개혁이 어떠한 결과를 초래하는지를 단적으로 보여주었다.

"총체적 개혁으로 국난극복 새시대 열

김대중 15대대통령 취임…'국민정부' 선언

참여민주·재벌개혁 다짐
남북한 특사교환 제의
야당·국민에 협조 호소

1998년 2월 26일 한겨레 신문이 보도하고 있는 김대중 대통령 취임식.
IMF 위기 극복과 함께 총체적 개혁을 약속했다. 〈사진 한겨레 라이브러리 캡처〉

15대 김대중 대통령은 대선과정에서 '준비된 대통령'을 내세웠다가 IMF 사태를 맞으면서 '경제대통령'의 슬로건을 내걸고 대통령에 당선되었다. 건국 50년 만에 최초의 여야 간 정권교체로 탄생한 대통령으로서 '국민의 정부'로 명명했고 또한 'IMF위기극복'이 어젠다가 되었다. 외환위기 극복을 위한 혹독한 구조조정을 단행하면서 개혁의 어젠다를 '제2건국'으로 추진했다.

김대중 정부도 전 정권인 김영삼 정부의 전면적 부정으로 시작했다. 1997년 외환위기의 책임을 규명하기 위한 경제청문회를 진행하면서 문민정부의 경제라인이 대거 기소되는가 하면, 김영삼 전 대통령의 차남 현철

씨 사면 문제를 놓고도 갈등을 빚었고, 결국 김영삼 전 대통령 본인을 청문회 증인으로 채택하기도 했다.

김대중 정부는 3년 만에 IMF 체제에서 벗어나게 한 외환위기 극복의 성과, '문화산업론'을 통한 한류 성공, 벤처기업 육성, 남북관계 개선 등의 성과를 거두었다는 평가를 받기도 했다.

하지만 개혁의 어젠다였던 '제2건국운동'은 이승만 대통령 이후의 전 정권을 부정하는 한계와 청와대 내부에서조차 반대가 고개를 드는 등 위로부터의 구호성 개혁이라는 한계를 노정하면서 아무런 성과 없이 조용히 사라졌다.

특히 교육개혁을 앞세웠던 개혁 어젠다는 2000년 4월 헌법재판소의 과외금지 위헌 판결로 우리나라 사교육 시장의 성장이라는 이상현상을 초래했고, 교육개혁이 아니라 교육개악이라는 악명과 함께 오늘날 우리 교육의 암적 요인이라 할 수 있는 사교육 문제의 원인을 제공했다는 비판을 받고 있다. 김대중 정부 당시 시장경제와 민주주의 병행은 교육개혁의 시장원리 도입 논란과 함께 당시 교육부장관이던 이해찬 장관의 이름이 붙은 '이해찬 세대'라는 오명까지 남겼던 대표적 개혁실패 사례를 초래했다. 이는 전혀 결과를 예측하지 않은 공허한 단기처방의 개혁이 얼마나 큰 문제와 국민적 피해를 주는지를 단적으로 증거해주는 사례라 할 수 있다.

경제 정책에 있어서는 전반적으로 국가 부도위기의 조속한 극복이라는 긍정적 평가 속에서도 당시의 부작용이 오늘날까지 공적자금으로 인한 관치금융의 선례, 이른바 '모피아'라 불리우는 경제관료의 전횡 등 경제민주화와 관련된 부작용도 초래했다는 비판도 따른다.

김대중 정부는 외환위기라는 초유의 경제위기 속에서 신자유주의 경제정책을 바탕으로 강력한 재벌개혁, 과감한 기업 구조조정을 추진했다. 집권과 동시에 출총제를 폐지하며 기업 재무구조 개선을 유도했지만 순환출자를 통해 더 많은 계열사를 지배하는 식으로 용도전환되는 부작용도 낳았다. 2002년에는 10차 공정거래법 개정을 통해 금융사의 의결권 제한을 완화했고, 외환위기 이후 우량 상장회사에 대한 외국인 지분이 늘자 경영권 방어 차원에서 의결권을 열어주는 조치로 특혜시비가 일기도 했다.

김대중 정부의 개혁은 '제2건국운동'의 용두사미(龍頭蛇尾)와 더불어 측근비리로 인해 몰락한다. 대통령 최측근이자 동교동계 좌장이었던 권노갑 의원이 2000년 16대 총선 직전 기업체로부터 불법 정치자금을 받은 혐의로 구속되었고, 연이어 불거진 대통령 세 아들의 비리 혐의 구속은 결국 대통령의 사과와 레임덕으로 개혁까지 실종되는 불행한 정권말기를 반복하게 된다.

2006년 MBC '100분 토론'에 출연, 손석희 앵커와 대담하는 노무현 전 대통령. 주요 의제는 한미관계에서부터 시작하였던 것으로 기록하고 있다. 〈사진 2006년 청와대〉

16대 노무현 대통령은 대선 당시 '새로운 대한민국'이라는 구호 아래 당선됐고 개혁의 요체는 행정수도와 혁신도시, 공공기관과 공기업 지방이전 등으로 상징되는 '지역균형발전론'으로 이어졌다. '참여정부'라는 명명 아래 개혁을 추진했고 김영삼 정부와 성격은 다소 다르지만 친일잔재 청산을 화두로 한 역사재정립이 진보와 보수를 가름하는 화두로 제시되었다.

노무현 정부는 김대중 정부로부터 정권재창출의 지원을 받았으면서도 역시 이전 정권과의 차별화를 위해 전 정권 부정의 오류를 반복하는 양상의 개혁 드라이브로 시작한다. 특히 출범 직후 대북송금 특검을 수용, 김 전 대통령의 최대 업적 중 하나로 꼽히던 남북정상회담의 의미를 퇴색시켰고 박지원, 임동원, 이기호 등 김 전 대통령의 핵심 측근들을 줄줄이 구속시켰다. 여기서 한 걸음 나아가 2004년 총선을 앞두고 민주당의 분당사태를 기점으로 열린우리당을 창당한 이후 구 민주당 세력을 구태정치로 몰면서 여권 내부 갈등까지 초래했다.

또 노무현 전 대통령의 대북정책은 오늘날까지 논란의 대상이 되고 있고 한미동맹과 북한 핵문제에 대해 심각한 우려와 함께 당시 국정의 핵심 요직에 이른바 반미 자주적인 인사들의 중용 등 '좌파 정권' 논란에 휩싸이기도 했다.

특히 국정개혁의 최우선 로드맵이었던 '지역균형발전론'은 국가균형발전위원회를 설치, 의욕적으로 추진했다. 공공기관을 지방 거점 도시에 이전하는 것을 계기로 혁신도시를 건설하는 법안을 통과시켰고, 현재 전국에는 10개의 혁신도시가 건설 중이지만 전 국토를 부동산 투기시장으로 전락시켰다는 비판과 함께 투자유치에 어려움을 겪으면서 난관에 봉착하고 있다.

국가균형발전의 상징이었던 행정중심복합도시는 '세종시'로 명명되면서 이명박 정부의 철회와 부분추진 등의 우여곡절을 거쳐 현재 정부부처가 이전 중이다. 행정수도 이전 정책은 국가발전의 백년대계가 정권의 이익에 이용되거나, 또 반대로 정권교체로 인해 정책 일관성을 잃고 좌절되거나 부침을 겪게 될 경우 얼마나 막대한 국력을 낭비하게 되며 또 갈등과 분열을 초래하는지를 교훈으로 주는 대표적인 사례이다.

노무현 정부의 역사 바로 세우기는 5년 내내 대한민국 일부 역사 지우기, 대한민국 정체성 분열 등의 비판과 함께 오히려 국민통합에 역행하여 분열과 갈등을 초래했다는 여론에 직면했다. 결국 노 전 대통령 주도로 2003년 11월 창당한 열린우리당은 불과 4년도 채 안돼 2007년 8월 역사의 뒤편으로 사라졌다.

노무현 정부의 경제정책은 재벌 길들이기로 시작해서 큰 성과 없이 막을 내렸다는 평가가 지배적이다. 노무현 정부는 당초 '시장개혁 3개년 로드맵'을 추진, 기업의 소유와 지배구조 개선, 투명 · 책임경영 강화 등을 추진했다. 당시 시장경제 체제를 제고하며 출총제 축소 및 예외인정 보완, 지주회사 전환 권장 등이 핵심이었으나 기본적으로 성장보다 균형과 분배를 강조했던 정책기조와 수도권 규제, 지역균형발전 등에 무게중심을 두며 기업들의 투자활성화를 이끌지 못했다는 평가를 받고 있다. 이의 주요인으로는 국민 여론에 휩쓸리는 대중추수적인 정책경향에 치우쳤다는 것이 비판의 핵심이다.

출범 초기 역대 최고의 개혁성을 추진했던 노무현 전 대통령 역시 측근비리에 무너졌다. 재임 기간 중에는 최도술 전 청와대 총무비서관과 노무현의 '오른팔' 이광재 전 강원지사, 그리고 안희정 현 충남지사가 줄줄이 정치자금 수뢰로 수사선상에 올라 구속되었다. 퇴임 후에는 노 전 대통령에 대한 수사로 이어져 2009년 불거진 '박연차 게이트' 사건은 노 전 대통령 서거의 결정적 계기가 되기도 했다. 역시 인적 개혁의 한계와 인적 관계에 의한 비리로 국민의 외면 속에서 개혁의지가 실종된 채 정권의 최후를 맞은 비극적인 사례로 기록된다.

17대 이명박 대통령은 노무현 전대통령의 경제침체에 편승, '747'로 상징되는 경제 공약을 내세우며 당선된다. 국정기조는 '실용주의'를 앞세우며 경제성장 로드맵을 제시했다. 하지만 이른바 '잃어버린 10년'으로 상징되는 김대중, 노무현 두 전 정권에 대한 전면적 부정, 헌법에조차 명시된 상해임시정부를 외면하고 1948년 대한민국 정부수립을 건국으로 기념하자는 건국60주년 등의 한계를 노정했다.

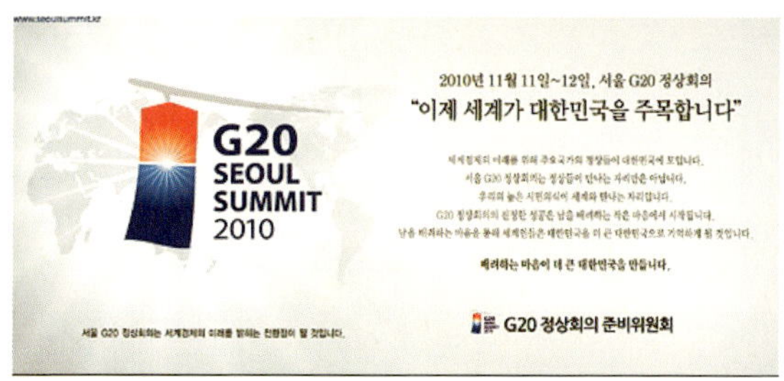


이명박 정부는 2008년 경제위기를 극복하면서 국제사회에서 글로벌 경제위기의 승자라는 평가를 받았고 국가신용등급 사상 처음 일본을 앞서기도 했다. 2년 연속 무역규모 1조달러 돌파로 세계 7대 무역강국에도 올랐고, 서울 G20 정상회의와 핵안보정상회의 개최 등 국격도 신장됐다는 평가를 받았다. 〈사진 G20 정상회의 홍보물〉

특히 전 정권 부정은 노 전 대통령이 퇴임시 김해 봉하마을에 갖고 내려간 대통령 기록물 논란을 시작으로 기록물 반환 요구, 노 전 대통령의 거부 등 심각한 갈등을 일으켰다. 뒤이어 노 전 대통령이 박연차 태광실업 회장으로부터 뇌물을 수수한 혐의로 검찰 수사대상에 오르면서 노 전 대통령의 자살이라는 사상초유의 비극으로 이어졌다.

경제적으로 기업가 출신인 이명박 대통령은 취임 초 '비즈니스 프렌들리'로 재계의 환영을 받으며 출범했다. 실제로 이명박 정부는 2009년 출총제를 폐지했고 산업자본의 은행 지분 소유 한도를 9%로 완화하는 등 재벌 친화적 정책을 추진했다. 수출을 중시하는 고환율 정책으로 재계가 반기기도 했지만 임기 말에 이르면서 재벌개혁으로 선회한 이른바 'MB노믹스'는 기업의 사회적 책임을 강조하면서 초기 '비즈니스 프렌들리'를 훼손했다는 비판에 이르렀다.

그럼에도 불구하고 두 번이나 세계 경제위기에 직면하면서 비상경제 정부를 선언하며 위기 극복에 나섰고 성과도 적지 않았다. 2008년 경제위기를 극복하면서 국제사회에서 글로벌 경제위기의 승자라는 평가를 받았고 국가신용등급 사상 처음 일본을 앞서기도 했다. 2년 연속 무역규모 1조달러 돌파로 세계 7대 무역강국에도 올랐고, 서울 G20 정상회의와 핵안보정상회의 개최 등 국격도 신장됐다는 평가를 받았다.

반면 '비즈니스 프렌들리' 구호의 퇴색과 함께 4대강 사업의 실효성과 토목정책 논란, 무엇보다도 빈부격차와 상대적 빈곤의 심화는 경제대통령에 대한 기대를 무너뜨렸다. 이른바 '747 공약'은 비판의 대상이 되었고 규제 개혁도 별다른 성과가 없었다는 비판이 따랐다. 특히 5년 임기내에

조급한 성과를 겨냥한 국정 어젠다가 2010년 공정사회론, 2011년 공생발전론으로 흔들리면서 자기 모순의 딜레마를 초래했다는 비판을 피할 수 없게 되었다.

무엇보다 행정수도 이전 폐기 논란과 첨단과학비지니스 부침 등의 시행착오는 전 정권 부정의 문제를 넘어서 공공부문의 일관성과 신뢰성 훼손은 물론 미약해져가던 지역주의까지 다시 부추겼다는 비판을 면하기 어렵다.

이명박 정부 역시 집권 말 최시중 전 방송통신위원장, 친형 이상득 의원, 일명 '왕차관' 박영준 전 지식경제부 차관, 신재민 전 문화부 차관 등이 줄줄이 비리와 부패 혐의로 구속되거나 수사선상에 오르면서 레임덕과 함께 국민의 지탄을 받으며 권력말기를 맞아야 했다.

## 전 정권 부정과 인적 개혁의 한계 넘어 개혁주체의 기득권부터

1993년 문민정부라는 이름 아래 출범한 김영삼 정부 이래 20년 동안 지난 4대 정권의 개혁 실패에서 얻을 수 있는 교훈은 크게 세 가지로 요약할 수 있다.

첫째는 어느 정권이든 공과는 있기 마련인데 이를 무시하고 정권 이기적인 전 정권에 대한 전면적인 부정은 국민적 공감과 통합을 요구하는 반대 여론에 직면할 수밖에 없고 반드시 좌절한다는 교훈이다. 따라서 국민이 요구하는 통합과 공감의 대전제를 정확히 파악하고 이를 개혁의 어젠다로 하여 정권 이기주의를 벗어나 진정 국가와 국민의 대의에 충실한 개혁에 나서야 한다.

박근혜 대통령은 후보 당시 '국민대통합'과 '경제민주화'를 비롯한 변화와 개혁의 화두를 약속했고 이러한 정책을 어떻게 추진하느냐 국민의 관심을 모으고 있다. 사진은 지난 대통령 투표일 당시 당선이 확정되는 새누리당 순간 중앙선거대책본부 앞에 몰린 보도진의 모습. 〈사진 심상협〉

둘째는 인적 개혁과 인적 청산에 주력한 개혁은 대통령 일인의 공적인 권력에 누수가 생길 경우 인맥에 의한 측근의 비리나 부정으로 이어질 가능성이 높고, 이는 필연적으로 개혁의 실패와 함께 정권의 불신과 몰락으로 이어진다는 교훈이다. 따라서 진정 대한민국의 미래를 향한 개혁은 시스템과 제도의 개혁이어야 하고, 설령 정권이 바뀌더라도 국가적으로 중요한 정책만큼은 일관되게 추진될 수 있는 지향성을 가질 수 있어야 한다는 점이다.

셋째는 개혁의 추진 주체여야 하는 정부, 정당, 관료의 기득권부터 내려놓고 개혁에 임해야 한다는 교훈이다. 정부는 대통령단임제, 일인권력집중 등으로 요약되는 승자 독식형 권력구조 개혁에, 정당은 권력자나 정파, 또 당리당략에 흔들리지 않는 정책과 이념 중심의 정당 개혁에, 나아가 관료집단은 부처 이기주의와 엘리트주의 중심의 병폐 개혁에 중점을 두어야 하고 여기에서부터 개혁이 시작되어야 한다.

특히 기존 개혁에 대한 평가에서 공직사회를 가장 장애로 꼽는 논의가 많다는 점은 특별하게 염두에 두어야 한다. 이러한 문제점은 관료주의의 자기확대의 문제점을 지적한 막스 베버 이후 최근 하버드대 교수이자 공공정책 전문가인 토머스 패터슨 교수가 자신의 저서 『미디어와 미국선거(Out of Order)』(토머스 패터슨 저, 미국정치연구회 역, 오름, 1999년)에서 미국 공직사회를 비판한 "우리(관료)는 어떤 대통령보다 오래 간다"는 정언에서 적시하고 있는 바 정권이 중심을 잡지 못하고 흔들릴수록 공무원과 관료사회는 공공의 권익보다는 자신들을 위한 집단 이기주의로 경도된다는 점은 아무리 강조해도 지나치지 않는 명제이다.

## 통합의 대전제, 야당과 대화, 국민우선 등이 개혁의 결론

이제 미래 대한민국을 향한 개혁의 결론은 분명하다. 바로 사회통합과 국민통합의 대의와 대전제에 바탕한 개혁, 여야는 물론 정파와 당리당략을 초월한 대화와 타협에 바탕한 개혁, 또한 정부와 정당, 관료 모두가 공동의 대의에 충실하며 스스로의 기득권보다 국가와 국민의 요구에 복무하는 개혁이 바로 진정 성공할 수 있고 정권을 넘어서 창조적으로 이어갈 수 있는 진정한 개혁이다.

필자는 공직사회에 임하면서 개혁이라는 거창한 화두에 주목할 만한 위치에 있었던 것은 관선 금산군수 이후 이십여년 정도였던 것으로 기억한다. 그 이전 스스로 자신의 임무에 전념해야 할 시기에는 주로 스스로의 변화에 주력하였다. 그리고 단체장 이후 함께 일하는 공직자를 이끌어야 할 위치에 있어서는 나 자신의 적극적인 변화와 함께 변화하는 공직사회를 화두로 개혁에 열성을 다했다고 자부한다.

이러한 과정에서 변화와 개혁이 우리 사회의 화두로 떠오르기 시작한 2000년대를 전후해 공공부문, 특히 내가 25년 동안 몸담았던 정부, 또 지금 몸담고 있는 정치권 등의 개혁을 고민할 때마다 교과서처럼 되새기는 두 권의 책이 있다.

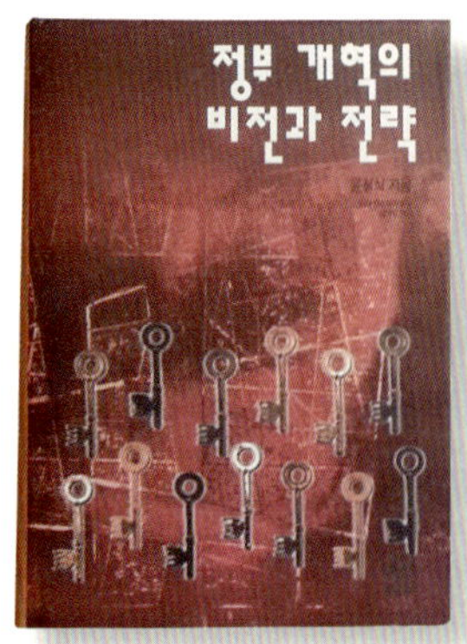

필자의 서재에 꽂아놓고 늘 개혁의 화두가 고민될 때마다 뽑아보곤 하는 두 권의 개혁 지침서. 위기의 한국 어디로 가야 하나』(박재창 교수 외 191인 저, 문화일보, 2001년)와 『정부개혁의 비전과 전략』(윤성식 저, 도서출판 열린책들, 2002년) 〈사진 심상협〉

바로 『위기의 한국 어디로 가야 하나』(박재창 교수 외 191인 저, 문화일보, 2001년)와 『정부개혁의 비전과 전략』(윤성식 저, 도서출판 열린책들, 2002년) 두 권이다.

『위기의 한국 어디로 가야 하나』는 밀레니엄 붐이 한창이던 1999년 후반부터 2001년 2월까지 모두 192명의 국내외 석학들이 신문에 기고한 252편의 글을 펴낸 책이다. 또 『정부개혁의 비전과 전략』은 김대중 정부와 노무현 정부에 참여했고 이른바 개혁전도사라 불리우며 당시 정부의 개혁일선에 섰던 윤성식 고려대 교수의 저서이다.

먼저 『위기의 한국 어디로 가야 하나』의 총론 성격을 지니는 박재창 교수의 '개혁작업 자체를 개혁하라'는 제하의 글은 시차를 넘어 오늘 우리 정부의 개혁에 총론으로도 충분하다. 특히 박재창 교수는 현재 박근혜 정부의 중요한 개혁의 한 축인 정치개혁을 이끄는 새누리당 정치쇄신특별위원회 위원장을 맡아 여당의 정치개혁을 주도하고 있다는 점에서 이 글을 썼던 2000년 5월로부터 13년이라는 시차를 넘어 새롭게 다가온다. 다음은 박재창 교수의 당시 주장의 핵심이다.

## 박재창 새누리당 정치쇄신특별위원회 위원장, '중단없는 개혁론'

국민이 원하는 바가 무엇인가를 적시에 찾아내는 힘을 정치력이라고 한다면, 그 찾아낸 것을 구체적으로 실천하고 이루어내는 능력을 통치력이라고 구분해볼 수 있을 것이다.

이 경우 우리의 국정관리자들은 개혁과정의 정치력에서는 뛰어났을지

몰라도, 통치력에서는 매우 천진난만하거나 무능하기 짝이 없었다는 얘기다. 성과 없는 개혁에 국민이 지치고 피곤해진 셈이다. 성과 없는 개혁이 반복될 경우 그것은 이미 미래사회를 향한 복음이 아니며 장래에 대한 불안감과 현재에 대한 불신을 확대 재생산할 뿐이다. 이런 개혁은 신질서를 낳지도 못하면서 현재의 질서를 흔들어대기만 하기 때문이다.

그런데 이런 불신과 불안감은 국정관리자들이 보여준 그간의 개혁관리 전략과 운영능력에 이미 잉태되어 있었다고 하여도 과언이 아니다. 개혁작업 자체가 개혁 대상이 되어야 할만큼 개혁의 진행과정이 중구난방이었으며, 비전 없이 표류하는 무계획 · 무정견 · 무전략이 최근 들어 훨씬 그 도를 더했다.

청사진 없이 진행되는 개혁이 불필요한 개혁비용의 지출을 강요했을 것도 물론이다. 외과수술로 따지면 투박하기 짝이 없는 손으로 이곳 저곳을 속절없이 쑤셔대는 꼴이었다고 할 때, 아무리 그로 인해 희망찬 내일이 약속된다고 하더라도 오늘의 고통과 지출을 감내하기란 손쉽지 않은 일이다.

개혁과제의 실천은 보다 세련되고 정교한 솜씨로 신중하게 접근해야 옳았다. 개혁은 실험정신으로 임해야 하는 과제이기는 하지만 개혁을 결코 실험해서는 안되는 법이다.

보다 더 심각한 문제는, 혹시 이런 개혁 피로감이 개혁을 주도해야 하는 국정관리자들 사이에 보다 더 광범위하고 심각하게 퍼져 있을지도 모른다는 우려다. 나름대로는 열심히 노력해왔건만 기대하는 개혁성과가 나타나지 않을 뿐만 아니라 이를 지켜보았을 국민들로부터의 정치적 보상이나 호응도도 기대 이하라고 판단할 때, 누군들 신명이 나며 또 흥에 겨워 개혁전

선에 다시 서고 싶어지겠는가.

이런 슬럼프에 빠져 있을 개혁 주도세력들이 자문해보아야 할 과제는 그런 개혁의 좌절현상이 혹시 자신들로부터 비롯되는 것은 아닌가 하는 점이다. 우선 개혁주도세력 자체가 규모면에서 왜소하고 체계적으로 정비되어 있지 않았던 탓은 아닌지 점검해볼 필요가 있다. 보다 더 본질적인 문제로는 새로운 시대, 새로운 덕목을 말할 수 있을 만큼 스스로를 앞장서 개혁하고 새로운 시각과 가치관으로 무장하려는 노력이 부족했던 것은 아닌지도 검토해볼 일이다.

개혁의 과제를 구시대의 안목과 관점에서 접근하고 개혁 자체에 충실하기보다는 개혁에 따를 것으로 기대되는 과실에 집착하거나 개혁과정을 통한 권력 확대 따위에 한눈 팔았던 것은 아닌지도 반성해볼 일일 것이다. '네 탓이오'야 말로 개혁되어 마땅한 구시대의 대표적 병폐는 아닐까.

–『위기의 한국 어디로 가야 하나』(박재창 교수 외 191인 저, 문화일보, 2001년), 27쪽

## 윤성식 교수, 2004년 정부혁신과 분권 추진 화두로 개혁 주도

윤성식 교수는 2004년 노무현 정부 시절 정부혁신지방분권위원장 재직 당시 "사람과 문화가 변해야 조직이 변하고 정부가 변해야 국가가 변한다"는 지론으로 개혁을 실행했던 참여정부 개혁의 총책임자였다. 그는 또 역대 정권에서 가장 우려했던 공직사회의 복지부동과 관료 이기주의에 대해서도 과감한 혁신과 함께 "공직자들이 긍정적 사고로 혁신자동장치의 스위치를 켤 때 정부혁신은 성공할 수 있다"면서 개혁에 있어 공직사회의

중요성을 강조했다.

윤성식 교수가 당시 정부개혁에 적임자로 꼽혔던 이유는 그의 특이한 전공과 경력에 있었다. 경영학 박사로서 행정학을 강의했던 윤 교수는 고려대학교 행정학과를 졸업한 뒤 오하이오 주립대학에서 경제학 전공, 일리노이 대학에서 회계학 석사 학위, 버클리 대학에서 경영학 박사 학위를 받았으며 미국 공인회계사 자격을 획득했다. 고려대학교 행정학과 교수로 재직 중이던 1998년 김대중 정부 대통령자문정책기획위원을 맡았으며 1999년 뉴질랜드 오클랜드 대학에서 1년간 정부개혁을 연구하기도 했다. 저서로는 『공기업론』(1994), 『정부회계』(1998), 『공공재무관리』(2002) 등이 있다. 노무현 정부에서는 대통령 정책자문단에서 활동했고 대통령직인수위 정무분과 위원을 거쳐 대통령 직속기구인 정부혁신지방분권위원회의 민간위원, 그리고 2004년 4월부터 정부혁신지방분권위원회 위원장으로 재임했다.

윤성식 교수가 『정부개혁의 비전과 전략』에서 주장하는 개혁론의 핵심은 '개혁주체조직 양성론'과 '개혁세력 네트워크화'로 요약된다. 이는 공무원이 자기 부처의 개혁 책임자가 되면 시간이 흐를수록 자신을 개혁의 대상으로 생각하지 않고 개혁을 주도하는 사람으로 생각하게 되는 속성이 있음을 지적하면서 각 부처의 개혁 책임자들은 청와대 정부개혁전담수석, 정부개혁위원회, 기획예산처, 중앙인사위원회, 행정자치부, 민간전문가, 시민단체와 네트워크를 형성해야 한다는 주장이다. 윤 교수가 주장한 감사원의 개혁 없이 정부개혁은 불가능하다는 점은 참여정부 당시 감사원을 구조조정 1순위 지목으로 이어졌고, 노 전대통령은 윤 교수를 감사원장 후보로 지목했다가 국회인준안 부결로 무산되기도 했다.

우리는 흔히 역대 정권의 개혁을 실패로만 평가하는데 실제로 그 실패는 공직사회의 경험과 노하우로 축적되어 있고 아직도 진행 중이라 할 수 있다. 실제로 윤 교수가 정부혁신지방분권위원회 위원장으로서 2004년 6월에 제시한 정부혁신의 7가지 기본방향은 오늘날에도 변함없이 추진해야 하는 개혁과제와 별반 차이가 없다. 당시 정부혁신의 7가지 기본방향은 △예산과 회계개혁 △평가와 감사를 통한 책임성 확보 △투명성과 참여 △획기적인 지방분권 △교육과 훈련을 통한 공무원의 인적자원 축적 △획일적 개혁이 아닌 상황과 특성을 고려한 맞춤형 개혁 △공직사회의 적응성, 유연성, 개방성, 창의성 등이다. 획기적인 지방분권만 빼면 오늘날 우리 공공부문의 개혁 방향과 유사하다는 점을 확인할 수 있다.

우리는 박재창 교수를 비롯한 한국의 위기를 개혁하기 위한 논의들과 윤성식 교수를 예로 든 노무현 정부의 개혁론이 오늘 우리 대한민국에서도 여전히 유효하다는 점을 교훈으로 삼을 수 있다. 나아가 개혁이란 단순히 5년이라는 한시적인 정권의 임기에만 집착해야 할 문제가 아니라 필요하다면 여야와 당정, 또는 노사정과도 같은 합의체를 통해 정권을 넘어서 지속적으로 추진될 수 있는 시스템과 제도적 장치를 만들어야 한다는 결론에 이르게 된다.

## 법, 제도, 절차의 존중은 개혁의 전제조건, 국민 참여도 중요

이제 우리가 함께 참여하면서 이루어야 할 박근혜 정부의 개혁에 주목한다. 잠시 현 정부의 개혁을 논하기 전에 분명히 짚고 넘어가야 할 국민의 몫이 있다. 바로 인적인 차원과 인맥에 주목하여 정부개혁을 바라보는 시각부터 바꿔야 한다.

지난 대선 전 이미 새누리당이라는 공당의 대권 후보에게 개인사적인 사과를 요구하는 일단의 부정적인 관행을 목도했다. 2012년 9월 24일 당시 새누리당 박근혜 후보의 "5.16, 유신, 인혁당 사건 등은 헌법 가치가 훼손되고 대한민국의 정치발전을 지연시키는 결과를 가져왔다"는 요지의 과거사 사과였다. 한 외신기자는 동양의 가족사적인 인맥을 중시하는 풍토를 인정하면서도 역사라는 공적인 시각이 필요한 책임을 그 딸이 져야 한다는 점에서 의문을 표시했다. 정권이 바뀌었고 정당도 바뀐 무려 삼사십년 전의 사건에 대해 단지 딸이라는 이유, 또는 보수라는 이념의 이유로 사과를 한다는 것은 개인적 차원에서 공적인 판단을 한다는 데에 대한 의문으로 여겨졌다. 과거사에 대한 공식적인 사과가 필요하다면 그것은 오히려 정부의 몫이라는 견해다. 1999년 프랑스 자크 시라크 대통령이 정부를 대표해 100년 전 드레퓌스 사건을 비판했던 에밀 졸라에 대한 공식적인 사과가 우리와는 단적으로 대조된다.

박근혜 대통령 취임 4개월여가 지났다. 벌써부터 기대나 여망을 포기한다는 식의 비판 여론이 적지 않다. 특히 개혁의 측면에 대해서는 '개혁 실종', '개혁 실기'라는 식의 비판까지 나오고 있다.

하지만 우리는 그간의 역대 정권에서 보지 못했던 몇 가지 중요한 변화, 어쩌면 개혁의 전제라고 해야 할 중요한 점들을 간과하고 있지 않나 환기하고 싶다.

첫째, 그동안 관례화되었던 전임 대통령의 탈당이나 전면적인 부정이 없었다는 점이다. 대선 직전까지 이명박 대통령의 측근 비리로 지지도 하락을 우려하는 목소리가 높았어도 역대 대선과정에서 관례화되다시피 했던 임기말 대통령 탈당은 없었다.

둘째, 흔히 정권 초기 '사정정국'이라는 이름으로 마녀사냥식의 전 정권 몰아붙이기도 없다. 그래서 과연 정권이 바뀐 것이냐는 우려가 나오는 것도 사실이다. 하지만 역대 정권에서 법과 제도의 도를 넘어선 '사정'이란 칼날을 사용한 정권은 다시 그 부메랑에 몰락했다는 점에 주목할 필요가 있다.

셋째, 계파와 인맥 보다는 공직사회에 신뢰와 힘을 실어주고 있다는 점이다. 이는 그동안 역대 정권에서 유명무실하기까지 했던 국무조정 기능의 강화에서 대표적으로 확인할 수 있다. 이러한 단초가 발전한다면 국무조정 기능의 강화에서 총리실의 권한 강화, 나아가 책임총리제의 실질적 실천이라는 로드맵까지 기대해볼 수 있다. 일각에서는 벌써부터 관료사회에 휘둘린다는 비판까지 있다. 하지만 그간 역대 정권 초기에 복지부동이라는 비판과 함께 청와대를 비롯한 권력 핵심에 힘을 실어주었던 관행과 이로 인해 무력화되었던 관료사회에 조기에 일할 수 있는 분위기를 만들어 주고 있다는 점에서는 긍정적이다.

끝으로, 개혁과 관련해서 박근혜 대통령의 법과 제도와 절차의 존중은 개혁의 전제조건이라는 점, 나아가 인적 개혁과 인적 청산에 주력해온 기존 역대 개혁의 한계를 넘어서서 시스템과 제도의 개혁으로 이어질 가능성을 점칠 수도 있다는 점에서 긍정적이다.

지난 대선과정에서 박근혜 대통령을 대표시절부터 보좌했던 김선동 정무비서관의 회고는 다소 늦어 보이지만 약속과 신뢰를 중시하면서 당시 한나라당 개혁에 성공했던 일화들이 박근혜 대통령의 개혁에 대해 믿음을 갖게 해주었다.

대표적인 사례가 당대표 임기 마무리 시점인 2006년 3월 발간한 『대국민 약속실천백서(2004.3~2006.2)』였다. 그 중에는 영남과 호남 지방을 방문했던 횟수까지도 기록했는데 거의 정확히 영호남 방문횟수가 일치하더라는 것이었다. 직접 수행과 일정을 챙겼던 김선동 당시 대표비서실 부실장으로서도 깜짝 놀랐다고 했다. 그러면서 박근혜 당시 당대표는 김선동 부실장을 비롯한 당료들에게 부탁했다고 한다.

박근혜 대통령이 당대표 임기 마무리 시점인 2006년 3월 발간한 "국민과의 약속, 이렇게 지켰습니다."라는 부제의 『대국민 약속실천백서(2004.3~2006.2)』. 〈사진 국회도서관〉

"이 분들에게 조금 무얼 해주었다고 표시내려 해서는 결코 안됩니다. 이 분들의 상처는 결코 몇 번의 배려로 치유될 수 없습니다. 백 번, 천 번 더 찾아가고 배려해드려야 합니다."라는 요지였다고 한다.

박근혜 정부의 개혁은 앞서 예시한 세종의 조세제도 25년 개혁, 그리고 남아프리카공화국의 5년 개혁이 주는 교훈을 다시 되새기게 한다. 제도와 법을 만들어 놓고 마치 개혁을 한 것처럼 여겨서는 결코 안 된다. 개혁의 출발부터 신중하고 현안에 정통해야 하며 국민 모두가 공감할 수 있는 민생현안으로서 구체성을 가져야 한다. 그리고 현 정권에서 안 되면 다음 정권, 나아가 차차기 정권에서도 지속적으로 이어질 수 있도록 법과 제도, 특히 시스템에 역점을 두어야 한다.

무엇보다 국민의 참여와 시민사회영역의 객관적이면서도 냉철한, 즉 지금까지처럼 진보와 보수, 좌와 우의 이념이나 정실에 치우치지 않는 공정한 시각과 판단 또한 중요하다. 우리 개혁이 성공하고 선진적인 시스템과 법제도의 개혁이 국민 실생활까지 파고 들 수 있으려면 공정과 신뢰에 바탕한 시민사회영역의 성장이 필요하다는 사실은 국민 누구나가 이미 깨닫고 있는 전제라 생각한다.

# 대통합과 통일시대를 향한 '등권상생(等權相生)' 개헌론

◆

우리 나라의 개헌은 모두 9차례에 걸쳐 이루어졌고, 오늘 우리가 사는 시대는 제9차 개헌에 의한 제6공화국이다. 1948년 제헌 헌법이 7월 17일 제정되어 8월 15일 대한민국 정부가 수립된 후 6.25 전쟁 중에 제1차 개헌이 이루어진다. 1952년 대통령 직선제 개헌으로 이승만 독재에 이용되었다. 두 해 뒤인 1952년 이른바 '사사오입 개헌'이란 별칭이 붙은 제2차 개헌도 '초대 대통령에 대한 중임제 철폐'를 골자로 하는 이승만 정권의 독재 유지용이었다.

이후 1960년 3.15부정선거를 계기로 4.19혁명이 일어나고 국민의 자유와 권리를 신장하고 의원내각제 실시를 골자로 하는 제3차 개헌이 이루어졌고 뒤이어 '3.15 부정선거 관련자와 반민주 행위자 처벌'을 골자로 하는 제4차 개헌이 이루어졌다.

4.19혁명으로 인한 민주 헌정과 의원내각제는 오래가지 못했고 5.16쿠데타와 함께 1962년 최초의 국민투표에 의한 제5차 개헌이 이루어지고 의원내각제에서 대통령중심제로 전환하게 된다. 1969년 제6차 개헌은 박정희 대통령의 3선을 위한 이른바 '3선 개헌'이었고, 1972년 이른바 '유신 개헌'이라 불리우는 대통령 간선제 개헌은 대통령의 권한을 강화하고 사전에 뽑은 통일주체국민회의에서 임기 6년의 대통령을 선출하는 유신체제를 위한 개헌이었다.

## 제헌 이후 5번의 비민주적 개헌, 4번은 민주적 개헌

1980년 제7차 개헌은 신군부의 쿠데타에 의해 통일주체국민회의에 의한 간선제를 유지하면서 임기 7년의 대통령 단임제를 시행하는 개헌이었다. 이후 1987년 박종철 고문치사사건으로 시작하여 6월 민주항쟁으로 이어져 전두환 정권의 1980년 체제에 의한 집권의도를 무산시키면서 대통령 직선제 회복과 민주화를 향한 국민적 요구를 반영하는 제9차 개헌이 이루어졌고 오늘날에 이르고 있다.

여기서 잊지 말아야 할 것은 오늘날 우리 자유민주공화국으로서의 대한민국의 국체(國體)와 정체(政體)가 1948년 제헌 헌법의 기원인 1919년 4월 제정한 상해임시정부와 임시의정원의 임시헌장에서 비롯되었다는 점이다.

이러한 모두 9차례의 개헌은 제헌 헌법과 1960년 4.19혁명에 의한 제3,4차 개헌, 그리고 6월민주항쟁에 의한 제9차 개헌 등 모두 4차례의 개헌을 제외한 나머지 4차례의 개헌은 정권의 독재 유지나 쿠데타에 의한 반민주적인 개헌이었다는 점도 아울러 기억해야 한다.

1960년 4.19민주혁명에 의한 제3, 4차 개헌과 6월 민주항쟁에 의한 제9차 개헌의 차이도 분명히 기억해야 한다. 사실상 평화적인 상황 아래에서 여야 합의를 거쳐 정상적으로 국회에서 발의한 헌법은 1987년 제9차 개헌이 유일하다는 것이 헌법학계의 중론이다.

오호택 교수는 1987년 제9차 개헌의 의미를 다음과 같이 정리한다.

改憲爭點 55항목 집중協商

8人政治회담 속개

民正黨과 民主黨은 18일오후2시 국회에서 양당8인정치회담 제9차회의를 열고 爭點에관한 본격적인 절충작업에 들어간다.

양당8인정치회담은 그동안 8차례의 회의를통해 양당개헌시안중 異見부분 1백10개항목중 55개항목에 대해서는 이미 합의를 보았는데 이날 9차회의부터는 나머지 55개 미합의항목에대해서 집중적인 협상을 벌일 예정이다.

양당은 미합의 55개항목중 30개항목에 대해서도 이미 막후절충을 통해 상당한 의견접근을 본것으로 알려졌는데 오는20일까지 논의해서도 풀리지 않는 문제는 양당 총재회담등을 통해 정치적 담판으로 처리할 전망이다.

盧-金회담원칙 합의

與野총장 議題시기 계속협의키로

民正黨은 民主黨이 17일 제의한 與野4자회담에 대해서는 난색을 표명했으나 양당총재회담에 대해서는 긍정적인 입장을 보여 8인정치회담의 추이에 따라 「盧泰愚-金泳三회담」이 이루어질 전망이다.

그러나 民正黨은 「盧-金회담」에서 구속자석방등 인권문제를 포함, 개헌문제까지 함께 다루자고 주장하고 있는데 반해 民主黨은 구속자석방등 인권문제를 먼저 풀자고 주장, 양당간 입장조정이 불가피하다.

이와관련, 鄭石謨民正黨사무총장과 金令培民主黨사무총장은 17일오후 전화접촉을 갖고 총재회담의 원칙에는

헌정 사상 최초로 여야 합의에 의해 개헌한 제9차 개정 헌법의 합의절차를 보도하고 있는 1987년 8월 18일자 동아일보 기사. 〈사진 동아일보 라이브러리 캡처〉

6월 민주항쟁은 서구의 시민혁명을 연상케 한다. 물론 4·19혁명도 시민혁명으로 불리지만 기존의 주도세력을 대체할 새로운 정치세력이 형성되지 못했기 때문에 미완으로 끝났다. 하지만 6월 민주항쟁은 군부 출신을 중심으로 기득권 세력을 대체할 민주세력이 형성되어 있었으므로 성공한 시민혁명이라 할 수 있다. 개헌의 차원에서도 의미가 매우 크다. 정상적이고 평화적인 상황 하에서 최초로 여야 합의의 국회발의로 개헌된 헌법이다. 국회에서 발의된 개헌안이 몇 번 있었지만 정상적인 상황이 아니었다.

우선 제헌헌법의 경우, 대통령(정부)이 없으니 당연히 국회안이었다. 그리고 1960년 헌법의 경우, 당시 이승만 대통령이 하야하고 임시내각이 구성된 상태이므로 대통령이 발의할 상황이 아니었다. 부칙만 개정한 4차 개헌의 경우, 격렬한 시위의 결과이기도 하지만 의원내각제(이원정부제)였으므로 의회발의가 당연해 보인다. 그 이후에는 현행 헌법이 유일한 국회발의 개헌이었다.

– 『개헌 이야기』, 오호택 저, 살림, 2012년, 88쪽

## 2012대선부터 여야 후보 개헌 논의 공론화

이러한 1987년 여야합의와 민주체제에 의한 제9차 개헌에 의한 현행헌법에 대한 개헌 논의가 박근혜 정부가 들어서면서 다시 본격화되고 있다. 개헌은 새 정부가 출범할 때마다 등장해왔다. 하지만 현재까지의 개헌논의는 여든 야든 정국타개용이나 국면 전환용과도 같은 정략적 성격이 강했다는 점에서 국회나 국민적 공감대를 얻기엔 역부족이었다는 평가를 받아왔다.

반면 최근의 개헌 논의는 지난 2012년 대선과정에서부터 박근혜 대통령은 물론 민주통합당에서도 대통령제 개헌에 공감대를 형성한 만큼 박근혜 정부에서는 제왕적 대통령제의 폐단 개혁을 비롯한 분권자치, 감사원 이관, 선거주기 등을 의제로 한 개헌논의가 본격화될 가능성이 높아지고 있다.

하지만 개헌논의에 있어 개헌의 본질보다 정략적 이용이 우려되는 경우는 분명히 경계해야 한다. 1987년 헌법 개정 이후 지금까지의 개헌논의가 정략적이거나 국정 운영에 파장이 크다는 이유에서 번번이 좌초됐다는 점을 교훈 삼아야 한다.

民自「내각제개헌」黨憲삽입 싸고 계파갈등

「내각제각서」파동 ①

民正 "黨 공식입장으로 明

民主系선「次期구도」에 불

盧실장이 초안작성

1994년 9월 4일자 경향신문 '6공 정치드라마의 이면사'라는 제하에 연재로 다루어진 '내각제 각서 파동' 관련 기사. 〈사진 경향신문 라이브러리 캡처〉

1987년 개헌 이후 첫 개헌논란은 김영삼 정부를 탄생시킨 3당 합당으로 거슬러 올라간다. 1990년 10월 이른바 '내각제 각서 파동'이었다. 1990년 3당 합당 이후 첫 창당대회를 앞둔 5월 6일 노태우 대통령과 김영삼 대표최고위원, 김종필 최고위원 등 통합의 주역 3인이 내각제개헌 추진에 합의, 각서형식의 합의문을 작성하고 서명까지 한 이른바 '내각제 각서'가 10월 말 뒤늦게 공개되면서 국민의 사전동의 없이 개헌문제를 일방적으로 밀약(密約)했다는 충격과 함께 집권여당에 분당(分黨) 위기까지 초래한 끝에 민자당이 스스로 내걸었던 내각제 개헌목표는 결국 무산되고 말았다.

이러한 이른바 '내각제 각서 파동'은 세칭 '한지붕 세가족'으로 불리워지던 민자당내의 권력다툼과 차기 대권을 향한 정략적 성격이 다분했다는 점에서 교훈을 남긴다. 특히 노태우 대통령, 김영삼 대표최고위원, 김종필 최고위원 3자간의 "국민이 반대하는 개헌은 하지 않는다"는 합의는 오늘 우리 개헌 과제 앞에서 꼭 기억해야 할 교훈이기도 하다.

개헌논의는 1997년 15대 대선 직전 이른바 'DJP공조'라는 대선후보 단일화 과정에서 국민회의와 자민련 양당이 합의한 '99년 연내 내각제 개헌'으로 이어졌다. 하지만 1999년이 되자 "경제상황과 여야간 의석분포 등 제반여건으로 볼 때 내각제 개헌을 연내에 마무리하기는 현실적으로 무리"하다는 등의 명분과 함께 김대중 대통령과 김종필 총리 사이에 '연내 내각제 유보 합의'를 거치면서 유야무야되었다. 이러한 내각제 개헌 유보의 이면에는 중선거구제 개편, 공동여당 합당설, 여권분열 등의 정략적인 소용돌이 속에서 무산되었다는 점을 교훈으로 남겼다.

# DJP집권후「자리 나눠먹기」논의

〈下〉

본보 단독입수 내부시나리오

ㅓ부터 정부부처 산하단체장까지 나눠

단독입수한 국민회의의 내부비밀문건
럼 현재 자민련과 후보단일화 협상을
오가고 있는 몇가지「민감한 주제」들
있다. 문제의 문건은 국민회의의 협상
통령후보단일화 추진위원회(위원장 한
玉 부총재)가 작성한 것으로 국민회의
이 비공개로 어떤 식으로 권력배분문
하고 있는지를 여과없이 보여주는 말
ㅐ부논의자료」다.
향후 예상되는 자민련측 요구사항 및
ㅣ월22일)이란 문건은 양당의 지분(持
용이 거의「가상(假想)권력투쟁」의 수
고 있음을 짐작케 해준다.
ㅓ는 먼저「자민련이 주장하고 있는 권
질적 균등성 보장문제는 대통령과 총
ㅣ 외치(外治)
治)를 기준으

**권력 균등배분**

만큼 사전 안전장치를 마련해야 한다는 것이다.
1대1 균분(均分)원칙을 확고히 해두면 향후 공동정권을 운영하는 과정에서 마찰없이 해결될 수 있다는 입장이다.

문제의 문건에는 또 하나의「민감한 현안」이 등장한다. 바로 국고보조금문제.

후보등록(11월26, 27일)이 끝나면 중앙선거관리위원회는 각 정당에 국고보조금을 지급하는데 의석비율에 따라 국민회의는 73억원, 자민련은 65억원을 받는다.「파일」은 자민련 김종필(金鍾泌)총재가 단일화협상 결과에 따라 아예 등록하지 않을 경우와 후보등록을 마치고 난 뒤 사퇴할 경우 각각 국고보조금 배분이 어떻게 이뤄지는지를 밝힌 뒤『원칙적으로 쓰고 남은 국고보조금은 반환해야 하지만 정치자금법엔「후보사퇴」규정이 없어 반환하지 않고 정당경상비로 쓸 수 있다』며「편법」까지 제시해놓고 있다.

하지만 도덕적 시비를 우려한 듯「후보단

**단일화협상小委** 국민회의와 자민련의 후보단일화협상 위원들이 지난달 5일 회의를 시작하기에 앞서 포즈를 취했다. 〈석동률기자〉

**차기 공동정권 권한 배분 방안**

| | 1안 | 2안 |
|---|---|---|
| 대통령 | 외교 통일 국방 안보에 관한 제반 행정권한(법률안 제출권, 국민투표 회부권 포함) 국무회의 심의거쳐 대 | 통일대비권(통일과 관련된 권한 사) 조약 비준권, 국무회의 심의 |

1997년 대선 과정에서 'DJP공조'에 대해 단독보도로 다루고 있는 1997년 9월 27일 동아일보 기사. 〈사진 동아일보 라이브러리 캡처〉

## 90년대 의원내각제, 2000년 들어 4년 중임 대통령제 개헌론

필자는 당시 김종필 총리 이후 박태준 총리를 모셨던 경험이 있다. 나중에 안 일이지만 박태준 총리는 총리 취임 이전 '내각제 개헌 유보'에 깊이 관여하면서 당시 정치개혁의 화두였던 '지역주의 청산'에 열정 어린 노력을 기울였던 것으로 확인된다. 그 핵심은 내각책임제가 비록 DJP공조로 이룬 정부의 공개 약속이었지만 김대중 대통령을 비롯한 여권의 암묵적 반대와 국민여론의 반대 등의 현실로 볼 때 불가능하다는 판단 아래 지역주의를 개선할 수 있는 중선거구제 개편에 주력했으나 이마저도 당리당략과 의원들의 기득권 지키기에 부딪쳐  무산되었다는 회고를 접한 적이 있다. 개

2007년 1월 9일 대국민담화에서 '4년 연임제' 개헌을 제안하고 있는 당시 노무현 대통령. 〈사진 2007년 청와대〉

인적으로 박태준 총리는 당리당략이나 정치논리보다는 국민과 나라의 권익을 늘 우선하셨던 분으로 기억한다.

2007년 노무현 전 대통령도 '대통령 4년 중임제' 한 가지만 논의하는 이른바 '원포인트' 개헌 논의를 제안했다. 당시 한나라당이 정치판을 흔들려는 노 대통령의 정략적 의도를 문제삼아 개헌 발의를 거부하면서 무산되었다. 현재 민주당을 중심으로 한 개헌론은 노무현 대통령이 개헌을 제안했던 2007년을 전후해 지금까지 활발한 야권 개헌논의의 출발점이 되었다.

2008년 이명박 대통령도 취임 뒤 다시 개헌을 추진했지만 광우병 파동 등으로 정권이 소용돌이치면서 동력을 잃고 말았다. 이른바 '친이(親이명박)계'를 중심으로 개헌을 공론화했지만 '친박(親박근혜)'계가 소극적으로 나오면서 여권 내부의 합의도 얻지 못한 채 무산되고 만 것이다.

이렇듯 1987년 이후 25년여 동안의 개헌 논의는 오늘 우리의 개헌에 중요한 교훈을 남기고 있다. 첫째, 국민적 공감대와 합의가 전제되지 않는 개헌논의는 무의미하다는 것이다. 둘째, 정략이나 당리당략, 특히 대권을 둘러싼 개헌의도는 결코 국민적 공감대도 합의도 얻을 수 없다는 점이다. 셋째, 따라서 오늘날 1987년 헌법이 가지고 있는 문제점, 즉 5년 대통령 단임제의 폐단, 감사기능 국회 이관을 비롯한 현행 국정감사 체제의 전반적인 개혁, 지방재정권을 비롯한 지방분권 실현을 위한 법제도 개혁, 4년 주기의 총선과 지방선거를 고려한 효율적인 선거주기 논의 및 개혁 등 국민이

새누리당 민주통합당

지방분권·지역균형발전

| 박근혜 새누리당 후보 | | 문재인 민주당 후보 |
|---|---|---|
| 추진 검토 | 지방분권형 헌법 개정 | 추진 검토 |
| 기초단체장과 기초의원 정당공천 폐지 (단, 상향식 정치문화 조성될 때까지 한시적 폐지) | 기초지방선거 정당공천 폐지 | 기초의원 정당공천 폐지(정원의 20%는 정당투표를 통한 비례대표 몫으로 여성에게 할당) |
| 자치입법권 및 자주재정권 확대 추진, 국가경찰과 자치경찰의 이원적 체제 확립 | 자치입법권 및 자주재정권 확대 / 자치경찰제 도입 | 자치 입법권 및 자주재정권 확대 (지방세 비중 40%로 확대) |
| 대통령 직속 지방분권균형추진위원회 설치 | 지방분권 추진기구 설치 | 대통령 직속 국가분권균형추진위원회 설치 |
| 현재 지방행정체제개편추진위원회가 추진하고 있는 시군구 통합의 철회, 광역행정체제개편 우선 추진 | 근린 주민자치 중심의 지방행정체제 개편 | 현행 인위적 지방행정체제개편 반대, 민주주의와 지방자치이념에 부합하는 방향에서 재검토 |
| 지방대학을 권역별로 특성화 | 지방대 육성 및 지역인재 양성 | 지역인재 채용우대제 실시, 국가장학금 지방대 우선 지원 |

정치쇄신안

| | | |
|---|---|---|
| • 여야 동시 국민참여경선 법제화<br>• 기초단체장 및 의원의 정당공천 폐지<br>• 총선 후보 선거 2개월, 대선 후보 4개월 전 확정<br>• 공천비리 30배 과태료, 공무담임권 20년 제한<br>• 전원 외부인으로 구성된 선거구획정위 구성 | 정당 및 선거제도 | • 지역구 의원 축소, 비례대표 의원 확대<br>• 중앙당은 정책 담당, 공천권은 시도당에 이전<br>• 정당 국고보조금 제도 합리적 정비<br>• 선거구 획정은 독립기구에 이관<br>• 기초의회 정당 공천 폐지, 여성의원 20%로 확대 |

지난 2012년 대선에서는 지역 공약이 실종됐다는 비판이 있을 정도로 지역균형발전이나 굵직한 지역정책이 적었다. 반면 지역 언론에서는 지방자치와 지역공약에 초점을 맞추어 보도하려는 움직임이 두드러졌다. 사진은 매일신문이 기획 보도한 2012년 2월 12일자 박근혜, 문재인 두 후보의 정치쇄신안과 지방분권에 관한 공약 비교 일러스트레이션 보도. 〈사진 매일신문 캡처〉

공감하고 미래지향적인 대한민국 운영에 필요한 사안들이 통합적으로 논의되고 반영되어야 한다는 점이다.

여기에는 앞서 제2부 대한민국의 국가승계를 비롯한 정통성 문제와 통일을 향한 미래지향적인 구상에 대한 개헌도 포함해야 한다는 소신이다.

이러한 역대 정부의 개헌 논의를 바탕으로 현재, 즉 2013년 박근혜 정부의 개헌 프레임에 대해 정리해본다.

민주당 문재인 전 대선후보는 2012년 대선이 한창이던 10월 30일 "대통령 4년 중임제는 국민 공론이 모아져 있고, 부통령제 역시 과거 역사를 봐도 도입할 수 있다"고 밝혔다.

## 박근혜, 문재인 두 후보 모두 '대통령 4년 중임제' 공감대

박근혜 대통령 또한 2012년 11월 6일 후보 시절 기자회견에서 "집권 후 4년 중임제와 국민의 생존권적 기본권 강화 등을 포함한 여러 과제에 대해 충분히 논의하고 국민적 공감대를 확보해 국민의 삶에 도움이 되는 개헌을 추진해 나가겠다"고 밝혔다.

비록 각론은 다소 차이가 있지만 당시 여야를 대표하는 박근혜, 문재인 두 후보가 최소한 제왕적 대통령단임제를 개혁할 수 있는 '대통령 4년 중임제' 개헌에는 공감대를 형성했던 것이다. 이와 관련, 현재 정치권에서 공감대를 형성하고 있는 개헌논의의 골자는 다음과 같다.

첫째, 현행 5년 단임제를 골자로 하는 '87년 체제'의 청산에 대한 공감이다. 이는 집권 초기 제왕적인 권한을 누리다가 임기 3~4년 후에는 레임덕에 빠지는 악순환을 끊고 책임 정치를 실현해야 한다는 필요성 때문이며, 대표적인 방안이 4년 중임제와 분권형 대통령제로 제기되고 있다. 4년 중임제를 선호하는 것은 국정 실패의 책임을 물을 수 있다는 점, 정책의 일관성을 유지할 수 있다는 점, 재선을 의식해 국민의 목소리에 귀를 기울일 수 있다는 점 등이 장점으로 꼽힌다.

'분권형 개헌'을 추진하고 있는 여야 정치권에서 강조하는 명분, 즉 현재 우리나라 권력구조는 대통령 단임제로 그동안 시행 과정에서 대통령에게 과도하게 집중된 권력구조로 인해 끊임없는 정치사회적 갈등과 낭비, 국민통합을 방해하는 불통의 근원이 되어왔다는 지적에도 귀 기울일 만하다.

둘째, 국정운영과 국회운영에 지극히 비효율적인 선거주기의 문제이다. 현재 대통령 임기는 5년, 국회의원 임기는 4년인데다 각종 지방선거와 재·보궐 선거까지 합하면 선거가 없는 해가 없을 정도로 선거가 봇물을 이루고 있고 이러한 선거에 국정운영과 국회운영이 차질을 빚는 경우가 허다하다는 비판 여론과 국민적 공감대가 형성되어 있다. 선거주기를 효율적으로 조정하여 대선과 총선을 한꺼번에 치를 경우 막대한 선거 비용을 줄일 수 있을 뿐만 아니라 정부와 정당의 정책 평가에도 도움을 줄 수 있다는 이점도 부각된다.

셋째, 현재 대통령 직속인 감사원을 국회로 이관하자는 안을 비롯, 이와 관련하여 유독 우리 정치에만 존재하는 일시적인 국정감사를 상시적인 감사체제로 개편하여 효율성을 높이고 낭비요소를 줄이자는 개헌안도 주요 관심사 중 하나이다. 현재 미국이나 영국 등이 감사원을 의회 소속으로 두고, 독일과 프랑스 등은 완전 독립기구로 운영하고 있으며 국회에서는 필요할 경우 상임위별로 상시적인 감사나 청문회 등을 통해 국정감시 기능을 운영하고 있다.

이에 대해서는 여당도 공감하고 있다. 민주당 박기춘 원내대표는 지난 2월 국회 교섭단체 대표연설에서 개헌특위 구성을 제안하면서 현재 대통령 직속인 감사원을 국회로 이관하자는 제안을 했고, 박근혜 대통령 역시 한나라당 대표 시절 감사원의 국회 이관 필요성을 제기한 바 있어 여야의 공감대가 형성된 사안이기도 하다.

지난 2013년 4월 14일 안전행정부에 따르면 지방자치위원회는 현행 대통령 소속 지방분권촉진위원회와 지방행정체제개편추진위원회를 통합한 기구로 지역 최대 현안인 지방분권과 지방행정체제 개편을 총괄하게 될 것이라는 로드맵을 발표했다. 사진은 지난 2013년 4월 5일 안전행정부 대통령 업무보고. 〈사진 안전행정부〉

## 개헌 논의, 국민의 참여와 시민사회의 능동적 역할 중요

오늘 우리가 개헌논의에 임하면서 앞서 역대 개헌, 그리고 역대정부의 개헌논의의 실패에서 간과해서는 안되는 것이 바로 국민의 참여와 시민사회의 능동적 역할이다. 사실 오늘 우리 정치권에서 지난 대선과정에서 여야 후보에게 개헌논의의 물꼬를 드게 한 것은 바로 시민사회의 문제제기에서 비롯됐다는 점에 주목해야 한다.

2012년 대선이 한창이던 10월 30일 문재인 민주당 대선후보의 개헌 관련 발언, 그리고 11월 6일 박근혜 새누리당 대선후보의 개헌 관련 발언 직전인 10월 9일 전국 24개 사회단체, 언론, 학회 등이 참여한 가운데 '지방분권개헌국민행동' 창립대회가 열렸다. 여기에서 '지방분권형 원포인트 헌법개정론' 주장이 나왔고 이날 오후 '국회지방살리기포럼' 주최의 '지방분권개헌대토론회'가 열렸다. 비록 지방분권에 한정된 논의라는 한계를 가지고 있지만 권력구조 개편에만 집중되어 있던 개헌의 관심을 민생자치와 직결된 지방분권으로 확대시켰다는 점에서 중요한 의의를 갖는다는 생각이다.

'지방분권개헌국민행동'은 창립선언문에서 산업화와 민주화에 이어 분권화가 돼야 대한민국이 진정하게 선진국으로 진입할 수 있고 통일 대한민국의 토대가 놓일 수 있다는 전제를 바탕으로 대한민국이 민주공화국임과 동시에 지방분권국가임을 선언하는 개헌이 이뤄지도록 전국 각 지역의 각계각층이 협력해야 한다는 요지의 주장을 밝혔다.

또한 △헌법 전문과 헌법 제1조를 개정해 자치와 분권이 헌법정신의 토대이며 대한민국이 지방분권국가라는 점을 대내외에 선언할 것 △헌법 제8장과 관련한 헌법규정의 원포인트 개정을 통해 지방자치의 제도적 기반을 획기적으로 강화한 뒤 자치역량이 축적되면 지역대표형 상원을 설치할 것 △법률의 종류를 국가법률과 자치법률로 이원화할 것 △사법분권, 자치경찰제, 검사장직선제 등 분권국가 실현을 위한 헌법적 근거를 마련할 것 등을 골자로 하는 구체적인 개헌 요구를 공론화했다.

오후에 이어진 '지방분권개헌대토론회'에서 안성호 한국지방자치학회 회장(대전대 교수)의 발제 '지방분권형 개헌의 논거와 과제'는 분권개헌론을 구체적으로 적시했다. 다음은 안성호 교수가 발제한 '지방분권형 개헌'의 요지이다.

10월 9일 전국 24개 사회단체, 언론, 학회 등이 참여한 가운데 '지방분권개헌국민행동'을 창립하면서 '지방분권형 원포인트 헌법개정론'을 주장했고 이날 오후 '국회지방살리기포럼' 주최의 '지방분권개헌대토론회' 주관단체로서 토론회를 열었다. 사진은 '지방분권개헌대토론회' 자료집. 〈사진 국회도서관〉

## 2012 대선 개헌논의 불붙인 '지방분권형 개헌론'

첫째, 우리나라 헌법의 지방자치관련 규정(제117조와 제118조)의 빈약성을 적시하면서 헌법에 명시된 지방자치와 직접 관련된 조항은 두 조항뿐이고, 이 두 조항조차 지방자치의 구체적인 내용을 포함하지 않고 대부분 법률로 정하도록 위임 또는 유보하고 있다고 지적했다. 헌법은 지방자치기능을 제대로 수행하지 못하고 있고 지방자치의 발전을 이끄는 향도기능도 수행하지 못하고 있다는 문제점을 제기했다.

둘째, 현행 헌법은 대의민주주의의 한계를 극복하는데 필요한 국민의 직접참여를 제한하는 관점을 견지함으로써 참여민주주의의 활성화를 가로막고 있으며 헌법이 대의정부가 직면하고 있는 위기적 상황을 극복하는 길을 차단하고 있다는 문제점도 제기했다.

셋째, 따라서 지방자치 강화조항으로서 △지방분권국가 : 대한민국이 자방분권 원리에 따라 조직된다고 천명 △지방자치단체의 종류 : 지방자치단체의 종류를 도(또는 시 · 도) · 제주특별자치도와 시 · 군 · 자치구로 명시 △조례제정권 : 지방자치단체는 법률에 위반되지 않는 범위 내에서 자신의 권한에 속하는 사무에 관한 조례를 제정할 수 있도록 규정 △보충성 원칙 : 공적 책임이 주민에게 가장 가까운 선출된 당국에 의해 행사되어야 하며, 국가는 지방자치단체가 수행할 수 없는 사무에 대해 보충적 권한을 행사하도록 명시 등 11개 조항의 새 헌법 추가를 제안했다.

비록 우리가 직면하고 있는 개헌의 여러 가지 현안 중에서 '지방분권형 개헌'에만 초점이 맞추어져 있다는 한계는 있지만 필자가 2000년대 초반 '지방화, 세계화, 정보화'라는 큰 변화의 소용돌이 속에서 우리 대한민국이 선진적인 국가경쟁력 확보를 위해서는 지방경쟁력을 강화해야 한다는 지론과도 접맥되는 실천론이라는 점에서 적극 동의한다.

당시 모델로 삼았던 90년대 후반 유럽의 지방자치는 신자유주의라는 새로운 블록화와 세계화의 경제조류 속에서 중앙정부는 제도와 재원을 비롯한 지원에 주력하고 지방정부가 경제정책과 국제교류를 비롯한 경제권을 행사하는 자치분권의 모델이었다. 필자는 2000년대 초 충청남도 부지사로 일하면서 이를 위해서는 능동적이고 창의적인 '로컬거버넌스'의 정립과 시스템, 그리고 이를 이끌어갈 지방인재 육성과 풀뿌리 민주주의에 바탕한 정치역량 강화에 관심을 가지고 행정 일선에서 실천하고자 노력했다.

지난 5월 13일 새누리당 신의진 의원(왼쪽)과 민주당 이언주 의원이 헌법개정연구회 구성을 위한 여야 합의사항을 발표하고 있다. 박근혜 정부 출범 4개월여인 현재 야권과 여당 비주류 일각에서는 권력구조 개편을 중심으로 한 개헌논의를 촉구하고 있고 여권 핵심에서는 신중론을 보이고 있는 현황이다. 〈사진 국회〉

어쩌면 필자가 충청남도 행정부지사 퇴임과 함께 필자가 나고 자랐으며 길러준 지역을 위한 봉사의 사명감으로 정계입문을 선택한 것 또한 이러한 '로컬거버넌스' 실현을 향한 행보였다는 소신이다.

이러한 '지방분권개헌국민행동'의 '지방분권형 개헌'은 전면적인 개헌 논의에 있어 시민사회영역의 관심과 참여, 그리고 국회와 정부의 개헌논의가 갖는 한계를 넓혀 민생개헌으로 업그레이드해야 한다는 관점에서 중요한 의미를 갖는다는 생각이다.

## 개헌, 권력구조 개편 논의 중심에서 다양한 관심 확대 필요

이와 관련하여 최근 정치권에서 주로 논의되는 권력구조 개편에서 시야를 넓혀 1987년 헌법체제에 대한 전반적인 재검토가 필요하다는 조유진 전 국회정책연구위원의 지적은 현 개헌 논의에 중요한 시사점을 던져준다. 다음은 조유진 전 국회정책연구위원이 지난 5월 20일자 〈주간조선〉에 기고한 '다시 불붙는 개헌 논의에 대한 제언' 이라는 제하의 주요 내용이다.

첫째, 경제민주화 관련 조항이다. 헌법의 중요성과 개헌의 필요성의 대표적인 사례는 지난 대선 경제민주화에서 찾을 수 있다. 현행 헌법 제119조 2항 경제민주화 규정이 그 예인데 "국가는 균형있는 국민경제의 성장 및 안정과 적정한 소득의 분배를 유지하고, 시장의 지배와 경제력의 남용을 방지하며, 경제주체 간의 조화를 통한 경제의 민주화를 위하여 경제에 관한 규제와 조정을 할 수 있다."고 명시하고 있고 여야 대선 후보는 현행 헌법의 토대 위에서 '경제민주화'에 대한 논의와 정책을 논의할 수 있었다. 반면 제119조 1항 경제질서의 기본을 규정한 "대한민국의 경제질서는 개인과 기업의 경제상의 자유와 창의를 존중함을 기본으로 한다."는 조항에 대해서는 경제질서의 기본에 '개인과 기업의 경제상의 자유와 창의'만 규정할 것이 아니라 '사회정의의 실현'을 함께 명시함으로써 자유와 평등의 균형을 되찾아야 한다. 또한 일부 '경제민주화' 조항 삭제 의견에 대해서는 '균등'을 반복해서 강조하는 헌법 전문, 민주공화국과 국민주권, 재산권 행사의 공공복리 적합의무, 인간의 존엄과 가치, 평등권, 인간답게 살 권리를 비롯한 제반 사회적 기본권 등 우리 헌법의 전반에 녹아 있는 원리라는 점에서 존치해야 한다.

둘째, 현재 우리 사회 전반에 확대되고 있는 복지에 대한 '제34조 복지국가'에 대한 규정의 포괄성을 구체화시켜야 한다. 제34조 제1항 "모든 국민은 인간다운 생활을 할 권리를 가진다."는 복지국가의 기본원칙을 마치 소극적인 자유권처럼 규정하고 있다는 한계를 적시하여 "모든 국민은 인간다운 생활을 할 권리를 가지며 국가는 모든 국민이 생활의 기초적 수요를 충족할 수 있게 할 의무를 진다"는 방향으로 개정하여 국가의 의무를 명시해야 할 필요가 있다. 제6항 "국가는 재해를 예방하고 그 위험으로부터 국민을 보호하기 위하여 노력하여야 한다."는 재해 예방과 그 위험뿐만 아니라 재해로 인한 피해의 구제도 명시하여야 한다.

현행 헌법이 만들어질 당시에 예견하지 못하거나 누락된 비정규직, 청년실업, 자영업자 문제 등과 또 OECD(경제협력개발기구)국가 중 자살률

1위, 학교폭력의 만연, 노령층 빈곤화 등의 우리 사회문제의 현실을 반영하여 "동일노동 동일임금의 원칙 명시"를 통한 비정규직에 대한 차별 해소 등에 관해 헌법적 원칙을 분명히 해야 한다. 복지와 관련하여 스위스 헌법은 참고할 만하다. 스위스 헌법 제41조 제1항은 연방 및 주에 다음 사항을 확보하기 위해 다음과 같이 노력할 의무를 명시하고 있다.

a. 모든 사람은 사회보장의 혜택을 받는다.

b. 모든 사람은 건강을 위하여 필요한 의료 혜택을 받는다.

c. 가정은 성인과 아동의 공동체로서 보호받고 장려되어야 한다.

d. 근로능력이 있는 모든 사람은 공평한 조건하에서 근로하고 자신의 생계를 확보할 수 있어야 한다.

e. 주택이 필요한 모든 사람은 부담할 수 있는 조건 내에서 적절한 주택을 마련할 수 있어야 한다.

f. 아동, 청소년 및 근로연령에 달한 자는 자신의 적성에 맞는 초등교육과 고등교육을 받는다.

g. 아동 및 청소년이 자립적이고 사회적 책임을 담당할 수 있도록 성장하게 장려하고, 사회적 · 문화적 · 정치적 통합을 위하여 지원한다.

이어서 스위스 헌법 제41조 제2항은 "연방 및 주는 모든 사람이 노령, 장애, 질병, 사고,

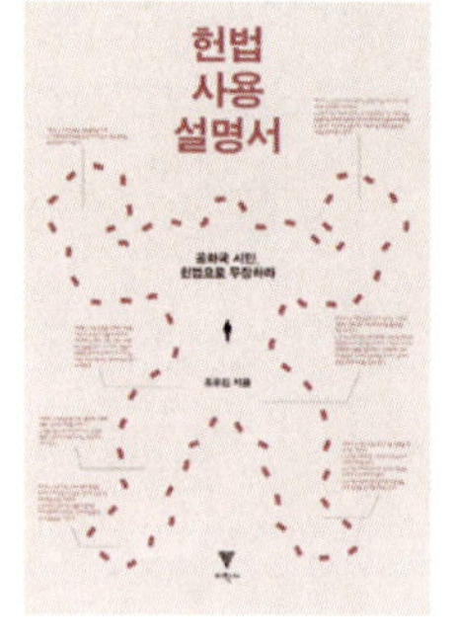


조유진 전 국회정책연구위원이 지난 2012년 펴낸 『헌법사용설명서』(조유진 저, 팔복원, 2012년). 개헌은 단지 정치인들의 문제가 아니라 국민이 참여하고 제안해야 할 사안이라는 점을 강조한다는 점에서 '개헌 대중화' 차원의 반가운 책이라는 생각이다. 〈사진 출판사〉

실업, 출산, 고아 및 배우자와의 사별로 인한 경제적 여파로부터 보호받도록 노력한다"고 규정하여 사회적 약자에 대한 국가의 포괄적 보호의무를 명시하고 있다.

셋째, 지방자치에 대한 명시와 확대 규정의 필요성이다. 현행 헌법의 지방자치에 관한 규정은 제11조, 제118조 이 두 개 조항뿐이고 최소한의 형식적 사항만 정하고 있으며 그마저도 주로 법률에 위임하고 있다는 한계가 분명하다. 따라서 지방자치법에 규정된 주민의 권리(주민투표, 조례의 제정 및 개폐청구권, 감사청구권, 주민소송 등)를 헌법상의 권리로 격상시켜서 지방권력의 주체인 주민의 지위를 보다 강하게 보장해야 한다.

아울러 지방 재정자립도의 취약성과 낮은 주민참여로 발생하는 문제, 예를 들면 최근 0~5세 전면 무상보육에서 나타난 중앙정부와 지방정부의 갈등에서 보듯 지방자치가 중앙정치에 예속되는 현상을 방지하기 위해서는 지자체에 상응하는 권한과 예산을 보장해야 한다.

프랑스 헌법은 '국가와 지방자치단체 간의 모든 권한 이양은 그 권한의 행사에 조달되었던 재원의 이양을 수반한다. 지방자치단체의 지출을 증가시키는 모든 권한의 신설 또는 확대는 법률에서 정하는 재원을 수반한다' 고 하여 이러한 문제를 헌법적으로 해결하고 있다.

## 헌법 제4조 평화통일 조항 개헌, 독일 헌법 모델 연구 필요

넷째, '제4조 평화통일'에 대한 미래지향적인 개정이다. 현행 헌법 제4조는 "대한민국은 통일을 지향하며, 자유민주적 기본질서에 입각한 평화적 통일 정책을 수립하고 이를 추진한다."로 규정하고 있어 자유민주적 기본질서에 입각한 평화통일 정책 수립을 국가적 의무로 명시하고 있다. 하지만 자유민주적 기본질서가 우리의 포기할 수 없는 가치임을 강조한 조항은 될지언정 통일을 어떻게 달성할 것인가에 대한 규정이라고 보기는 어려우므로 통일의 절차, 통일 이후의 사후처리 문제 등 각론에 대해 연구와 논의를 거쳐 명시해야 하며 영토조항처럼 평화통일과 상호 모순되는 조항도 개정하여 대북관을 둘러싼 남남갈등의 원인부터 해소해야 한다.

분단을 경험한 독일의 경우를 보면 통독 전의 서독은 분단고착을 우려하여 '헌법'이나 '제헌의회'라는 말 자체를 쓰지 않았고, 서독은 자신들의 헌법을 '기본법'이라고 명명했다. 헌법의 명칭 자체에서부터 강력한 통일 의지를 담고 있는 것이다. 옛 서독 기본법의 전문은 "과도기의 국가생활에 새로운 질서를 부여하기 위해" 기본법을 제정했음을 밝힘으로써 분단현실이 잠정적인 것임을 분명히 하고 연방에 참여하지 못한 독일 국민(동독 주민)을 대신하여 기본법을 제정했으며, 모든 독일 국민은 자유로운 민족자결로 통일과 자유를 완성해야 한다고 규정하여 기본법 제정이 분단현실에서 갖는 의미와 통일의 방식, 이념 등을 명시했다.

옛 서독기본법은 통일 방식에 관해 투 트랙으로 접근했다. 하나는 신헌법 제정을 통한 방식이며, 다른 하나는 동독이 서독연방에 가입하는 방식이다. 단 연방에 가입하기 위해서는 공화주의, 민주주의, 사회적 법치국가의 원칙에 부합될 것을 조건으로 명시했었다.(옛 서독기본법 제146조, 제23조, 제29조 참조) 결국 독일 통일은 신헌법 제정이 아닌 연방가입 방식에 의해 이루어졌다. 서독기본법의 태도는 우리에게 많은 시사점을 준다.

헌법상 통일조항의 개정 방향은 통일에 대한 확고한 의지 표명, 통일 방식, 통일 이후의 처리방안, 이렇게 세 가지로 집약할 수 있다.

1. 가시적이고 상징적인 형태로 통일의지가 표출되어야 한다. 예컨대 제헌국회처럼 국회를 구성할 때 북한지역의 의석을 비워두는 것도 한 방법이다.(제헌국회는 남한지역 200석, 북한지역 100석의 의석수를 배정했음) 영토조항도 신중히 고려해야 한다. 헌법 제3조는 '대한민국의 영토는 한반도와 그 부속도서로 한다'고 규정하고 있다. 그러나 지리학적으로 영토를 규정한 나라는 거의 없다. 영토는 가변적인 것이며, 지리적 경계 자체도 애매할 수 있기 때문이다. 현행 헌법의 영토조항은 주로 북한정권을 반국가단체로 규정하는 용도로 활용되었다. 이러한 태도는 평화통일을 위해서나 헌법의 실효성 측면에서 별로 바람직하지 않다. 그렇다고 영토조항을 아예 없애자니 대한민국의 정통성에 대한 국민정서를 무시하는 결과가 될 수 있다. 그 대안으로 '대한민국은 대한제국의 영토를 계승한다'로 개정하는 것이 어떨까 한다. 이렇게 하면 대한민국의 정통성을 유지하면서 북한을 대화 상대방으로 인정하는 데 무리가 없을 것이다.

2. 통일 방식과 관련해서는 서독기본법처럼 유연하게 규정하여 모든 경우에 적용 가능하도록 하여야 한다. 먼저 통일의 대원칙, 예컨대 '상호 존중과 화해의 정신에 입각한 자주 · 평화 · 민족대단결'의 원칙을 명시하고, 통일은 남북 당국 간의 '통일합의서' 방식에 의하도록 하되 통일합의서에 대한 국회의 동의와 국민투표를 거치도록 하여 민주적 정당성을 확보하여야 한다.

3. 통일 이후의 사후처리와 관련하여서는 남북한 당국이 외국과 체결한

조약이 통일 이후에도 효력이 있다고 선언하여 통일에 대한 주변 국가의 우려를 불식시킬 필요가 있다. 기존의 토지이용 관계를 존중한다는 규정을 둠으로써 부동산에 대한 소송 남발과 민심의 동요를 막아야 한다. 또한 통일 이후 어떠한 정치보복도 없다는 점을 명시함으로써 상호 존중과 화해의 대원칙에 대한 실질적이고 확고한 의지를 천명해야 한다.

2012년 8월 16일 독일 연방헌법재판소(Bundesverfassungsgericht, BVerfG)에서는 '가공할 만한 수준(catastrophic proportions)'의 테러 공격이 일어났을 경우 독일군이 독일 내에서 전투 작전을 실시할 수 있다는 판결을 내렸다는 소식이 'Defense News'를 통해 보도되었다. 자국에서 자국 국방부와 군인의 작전에 대해 연방헌법재판소의 판결을 얻어야 한다는 점은 우리로서는 상식적으로 납득하기 어려운 일이지만 개인의 기본권을 최우선하여 존중하는 독일 헌법 체계에서는 오히려 당연하다. 즉 자국인이든 다른 나라 국민이든 자유와 민주주의에 입각한 기본권에 피해를 줄 수 있는 그 어떤 폭력에도 단호한 현재 독일 헌법체계를 증거해주고 있는 사례라 할 수 있다. 헌법은 이렇듯 중요한 규범으로서의 가치를 가져야 한다. 사진은 독일 국방부 제2청사인 벤들러-블록스 (Bendler-Blocks) 내에 전시되어 있는 2차 대전 당시 폭격당한 베를린 시의 항공사진을 방문객들이 관람하는 모습. 〈사진 독일 Bundeswehr〉

이외에도 조유진 전 국회정책연구위원은 헌법 '제29조, 헌법 제54조, 헌법 제66조' 등에 남아있는 반민주적 독소조항의 흔적도 보다 진전되고 민주적인 헌정 수행을 위해서 재검토해야 할 중요한 사안이라고 지적한다. (이하 생략)

– 조유진, '다시 불붙는 개헌 논의에 대한 제언' 요약, 〈주간조선〉 제2257호, 2013년 5월 20일

현재 정가의 관심이 권력구조 개편에만 쏠리고 있는 듯한 현실에서 조유진 전 국회정책연구위원의 구체적이고 실천적인 개헌 논의 확대는 반가운 일이 아닐 수 없다. 특히 필자가 평소 주장하고 공론화해온 국가승계와 통일을 향한 미래지향적인 개헌논의에 실질적인 논점과 로드맵이 될 수 있다는 점에서 공감한다. 지면상 주요 내용만 발췌 요약하였으며 상세한 설명과 배경은 『헌법사용설명서』(조유진 저, 팔복원, 2012년)와 〈주간조선〉 기사 원문을 참조하기 바란다.

## 비효율의 상징 국정감사 개헌, 감사원 이관과 함께 논의해야

현재 개헌 논의에서 대통령 직속인 감사원을 국회로 이관하자는 안을 비롯, 유독 우리 정치에만 존재하는 일시적인 국정감사를 상시적인 감사체제로 개편하여 효율성을 높이고 낭비요소를 줄이자는 개헌안에는 다소 무관심한 듯하다. 이 현안에 대해서는 필자가 줄곧 주장해왔고 지난 2012년 6월 발행한 『붉은 마음 푸른 대한』에 실은 내용을 다시 요약하면서 개헌 논의에 반영되기를 바란다.

헌법학자들에 의하면 전 세계에 우리나라와 같이 1년에 20일 기간을 정해 놓고 국회가 국정을 감사하는 나라는 없다고 한다. 2005년 서울에서 열린 한국헌법학회 국제학술대회에서도 미국 · 일본 · 독일 · 프랑스 등에서 참가한 헌법학자들은 선진 각국에서는 상시적으로 국정조사를 요구하고 수행하면서 국정을 견제할 수 있는 시스템은 있으되 우리나라처럼 20일 동안 기간을 정해놓고 국정감사를 치르는 나라는 없다는 것이다.

우리의 국정감사제도는 1948년 제헌헌법 당시 영국 의회의 국정 통제 기능으로서의 국정조사제도를 국정감사로 오해하여 잘못 도입된 제도라는 것이 대부분 헌법학자들의 견해이다.

필자는 공직생활 동안 피감의 입장에서 국정감사를 받아 봤고 국회의원으로서 감사자로서 국정감사에 임해왔다. 하지만 현행 헌법에 의한 국정감사는 피감자의 입장에서나 감사자의 입장에서나 공히 비능률적이고 비효율적일 뿐만 아니라 국가적으로도 큰 낭비요인이라는 소신이다. 사진은 의정활동에 임하는 필자의 모습. 〈사진 연합뉴스〉

이러한 국정감사제도는 1972년 유신헌법에서 그 제도가 폐지되었다가 1987년 개헌 과정에서 유신헌법의 비민주적인 성격상 국정감사제도가 마치 민주적인 국회 활동의 상징인 것처럼 인식되어 부활되고 오늘에 이르고 있다.

국정감사의 폐해는 공직자들이 더 잘 알고 있다. 우리나라 대부분의 공직자는 연중 공무의 상당 시간을 감사준비와 감사를 받으며 보내야 한다. 지방자치단체의 예를 들어보자. 자체 감사와 의회 행정사무 감사, 상급자치단체의 감사, 행정안전부 감사, 감사원 감사, 그리고 국정감사까지 받아야 한다. 이러한 감사를 다 받을 경우 감사준비와 피감사 기간을 20일씩만 잡아도 연중 120일, 즉 4개월여를 감사로 보내게 된다.

국정감사의 더 큰 폐해는 진정 국정을 감시하고 바로잡는 본연의 업무보다는 정쟁에 휘둘리기 쉽다는 점이다. 2007년 국정감사가 대표적인 사례이다. 대선을 앞둔 2007년 국정감사에서는 본연의 국정감시 기능은 실종된 채 시종 여야 후보 검증으로 치달았고 여론의 질타를 받았다.

또 다른 폐해는 20일이라는 단기간에 이뤄지는 국정감사가 제 기능을 발휘하기 어렵다는 점이다. 실제로 국정감사가 부활된 이후 91년 초 국감에서 제기된 율곡비리 의혹은 93년 초에야 이슈화됐고, 94년 일부 의원들이 서울시 11개 교량의 안전문제를 거론했으나 국감 직후인 10월 21일 성수대교 붕괴라는 비극을 부르기도 했다. 97년 1월 23일 한보철강 부도를 시발로 대기업 부도가 잇따르고 11월 국제통화기금(IMF) 관리체제로 치닫는 국가적 위기상황도 97년과 98년 재경위 국정감사가 제대로 이루어졌더라면 사전에 예방할 수 있었다.

매년 치러지는 국정감사도 제대로 치러지고 있는지 의문이다. 국감을 치른 여야 의원들과 보좌진 대부분은 국감이 수박 겉핥기식이라는 점에 이의를 제기하지 못할 것이다. 예를 들어 2011년 국정감사에서 교육과학기술위원회는 지난 2010년 9월 21일 하루 무려 11개의 피감기관을 국회로 불러 감사를 했고 위원장을 제외한 20명 의원은 1명당 불과 10분 정도의 질의 시간이 할애됐다. 지난 2010년 10월 7일 국회 문화체육관광방송통신위의 한국관광공사에 대한 국감은 여야의 갈등으로 사실상 감사가 이뤄지지 못했고 추후 감사조차 이루어지지 않았다.

국정감사의 폐해는 국회와 피감기관의 비효율, 비능률로 이어지고 궁극적으로는 국민에게 그 피해가 고스란히 돌아간다는 점에서 이제 더 이상 그냥 지나쳐서는 안된다. 더구나 이제 우리 국회도 국정감사제도의 심각성을 인식한 만큼 국민의 실용적인 이익과 권리를 위해서 과감한 개선책을 모색해야 하고 여야가 머리를 맞대고 개혁에 나서야 한다.

## 국정감사, '상시 국정조사권 활성화로 대체 바람직' 공론

대다수 헌법학자와 국회의원들은 현행 정기 국정감사제도를 폐지하고 필요할 때면 언제든지 국정감시와 견제기능을 수행할 수 있는 상시적인 국정감사 시스템 도입이 필요하다는 점에 공감하고 있다.

따라서 대안은 감사원과 자체 감사기능을 강화하면서 국회의 국정감시 기능이 제대로 활성화될 수 있도록 국정조사권을 활성화하는 방안이라고 요약할 수 있다. 독일과 같은 경우 헌법 제44조의 국정조사제도에 의해 재적의원 4분의 1의 소수로도 국정조사가 이루어질 수 있도록 하여 국정조사를 상시화하고 있고, 미국 의회의 경우 청문회 제도로도 상시적인 국정감시 기능을 수행할 수 있다.

나아가 박근혜 대통령이 지난 2012년 후보 시절 언급한 바와 같이 현재 대통령 직속인 감사원을 국회로 이관하여 국정감사 기능을 통합, 능률과 효율을 높이는 방안도 발전적인 대안이라 할 수 있다.

상임위원회별로 소위원회를 만들어 수시로 국정감시기능을 수행하자는 민주당의 주장도 연구해볼 필요가 있고, 국회 자체의 전문성이 떨어지는 사안에 대해서는 감사원에 감사청구를 할 수 있는 방안도 모색해볼 만하다.

현행 법제도 하에서도 상임위원회 재적의원의 3/1 이상의 동의로 관련 서류 제출을 요구하면 실질적인 국정감사 기능을 수행할 수도 있고, 필요하다면 국정조사권을 발동하여 철저한 국정감시 기능을 발휘할 수도 있다. 국정감사와 국정조사의 기능은 어디까지나 국민의 권익을 수호하고 알권리를 보장해야 한다는 대원칙 아래 행해져야 한다는 점에서 차후 개헌 논의에서 전향적으로 다루어져야 한다는 소신이다.

– 졸저 『붉은 마음 푸른 대한』, '국정감사 개헌, 더 이상 늦춰선 안된다', 기획출판 오름, 2012년, 226~230쪽.

이와 같은 개헌논의는 오늘날 우리 대한민국의 미래를 향한 '국민대통합', '경제민주화', '복지국가', '통일 대한민국' 등의 국민적 여망과 밀접한 관련이 있다는 점에서 중요하다. 특히 여와 야, 진보와 보수, 그리고 각 정당 내부에서도 주류와 비주류 등으로 갈등과 반목, 나아가 편가름의 관행으로 몸살을 앓고 있는 정치권은 물론 지역, 세대, 계층 간의 갈등과 양극화의 불행한 현실을 타개하고 대한민국이 바르고 고르게 함께 전진하는 미래를 열어가는 첫걸음이 될 수 있다는 점에서 더욱 중요한 마음으로 주목하고 참여해야 한다.

이와 같은 미래 대한민국을 향한 개헌논의는 결코 인위적으로 이루어질 수 없다. 그리고 개헌 논의가 권력구조 개편에 사로잡혀서도 안되지만 또한 우리 정치가 직면한 정치개혁의 요체인 권력구조 개편을 좌시해서도 안된다. 이러한 의미에서 진정 대한민국 권력구조의 문제는 무엇이며 어떻게 개혁해야 하는가에 대해 주목해야 할 필요가 있다.

## 대통령제 집중보다 의원내각제 포함, 다양한 논의 시급

일반적으로 임기 4년의 대통령중임제로 공론화되고 있는 현재 개헌논의 지형과는 달리 헌법학회를 비롯한 전문가들의 견해는 의외로 의원내각제에 대한 공감대가 형성되고 있는 것 같다. 의원내각제는 앞서 살펴본 바 3당합당 과정에서, 또 DJP 공동정부 집권과정에서 지역주의를 넘어서 집권하고자 하는 정략적인 접근이라는 한계로 두 번이나 좌절된 바 있다. 오늘날 국민들이 의원내각제에 대한 부정적 인식이 팽배하게 된 데에도 이러한 '3김시대'의 구태의연한 정략의 그림자를 지우지 못하고 있는 데서 비롯된 것 아닌가 싶다.

이러한 점에서 오늘 우리 대한민국의 정치구조 개혁에 깊은 관심을

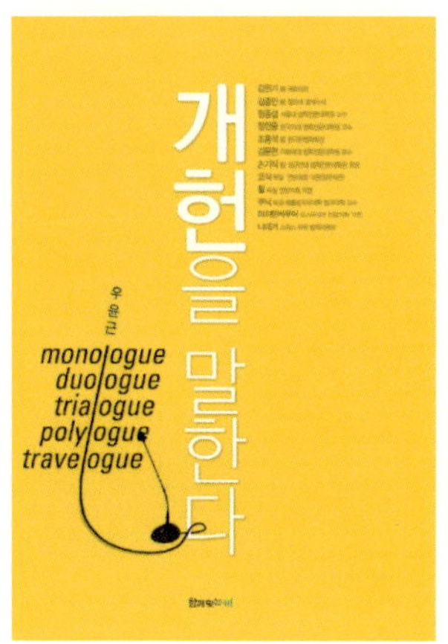

우리나라의 대표적인 헌법학자인 정종섭 한국헌법학회장(서울대 교수)은 개헌에 있어 한국정치에 뿌리 깊은 '지역주의와 승자독식'부터 극복해야 한다는 주장을 일관되게 펼쳐오고 있다. 사진은 정종섭 교수의 대담이 실린 두 권의 책. 왼쪽은 『개헌을 말한다』(우윤근 저, 함께 맞는비, 2013), 오른쪽은 〈철학과 현실〉 제95호, 2012년 겨울호, '정치개혁과 헌법개정'이라는 주제의 좌담이 실려 있다. 〈사진 왼쪽 출판사, 오른쪽 독서신문〉

쏟아온 정종섭 한국헌법학회장(서울대 교수)의 한국정치에 뿌리 깊은 '지역주의와 승자독식'부터 극복해야 한다는 지적은 강한 설득력을 가지고 있다.

정종섭 교수는 한국 정치구조의 두 가지 축이 '승자독식'과 '지역주의'라는 관점에서 이 두 가지가 한국 정치의 고질적인 구조를 결정하는 것이라 보고 이를 개혁하는 것이 한국 정치구조 개혁의 핵심이라고 제시한다.

'승자독식'은 권력을 독점하는 것이고, 정치영역에서는 '배제의 정치'로 나타나며 '지역주의'는 자원 배분의 왜곡과 불공정 초래한다. 우리나라에서 '지역주의'는 어떤 지역마다 각각의 독자적인 특색, 역사, 문화, 그 지역에 사는 사람들의 행동양식 등이 다르다는 보편적 의미와는 다르다. 이러한 지역주의는 문제가 될 것도 없고, 오히려 다양성을 보여주는 것이어서 문화적인 측면에서는 보호하고 강화하는 것이 세계적인 추세이다.

오늘 우리가 문제 삼고 있는 '지역주의'는 자원 배분의 왜곡과 불공정을 의미한다. 어떤 공동체에서 자원이라고 하면 제일 중요한 것이 권력, 그 다음에 돈, 명예이고 이를 사회적 자원이라고 하는데 그 사회적 자원 중에서 사람들이 대단히 예민하게 반응을 하는 것이 돈과 권력이다. 학문적으로 정의를 하면, "정치란 이러한 자원을 아주 공정하게 배분하는 것", 즉, 어느 한 사회에서 한정된 권력을 어떻게 공정하게 배분하느냐, 또 어떤 특정한 공동체에 있는 돈을 어떻게 공정하게 배분하느냐 하는 문제가 곧 정치이다.

그런데 오늘 우리 사회에서 '지역주의'는 지역이라는 요소로 인해서 이러한 돈과 권력의 배분에 굉장한 왜곡을 가져오는 것을 말한다. 해방 이후 현재까지 우리 정치를 보면 대통령제가 유지 · 강화되면서 대통령이 나온 출신 지역의 사람들에게 돈과 권력이 그렇지 않은 지역의 사람들에게 배분되는 것보다 상대적으로 더 많이 배분되고 또한 대통령 출신 지역 사람들에게 특혜를 주어왔기 때문에 결국은 다른 지역에 돌아가야 할 몫을 사실상 빼어가 버린 것이다.

## 정종섭 헌법학회장, '승자독식', '지역주의' 해소 반드시 해내야

결국 대통령 선거, 국회의원 선거가 훌륭한 사람을 뽑는 것이 아니고 자기 몫을 놓고 서로 싸우는 것이 되고, 그렇기 때문에 우리 국민이 대통령 선거든 어떤 선거든 간에 대단히 예민하게 반응할 수밖에 없고 선거가 과열이 되는 것이다. 지금 한국 정치는 이러한 폐단이 심하게 누적되어 있는 상황이라고 보아야 한다.

그리고 이러한 자원 배분의 불공정과 왜곡이 바로 현재 우리가 경험해오고 있는 대통령제에서 더욱 심화되고 고착화되고 있다. 결론적으로 오늘날 승자독식의 구조도 대통령제에서 발생하는 것이고, 지역주의에 의한 자원 배분의 불공정과 왜곡도 대통령제에서 발생하는 것이기 때문에 대통령제 문제를 해결하지 않는 한 한국정치의 구조는 절대 해결이 안 된다고 본다.

또, 이러한 정치구조가 해결이 안 되면 우리의 정당 정치도 제대로 될 수 없다. 예를 들어, 현재 존재하는 정당을 놓고 보면 새누리당이 왜 영남당이 되어야 하고 민주당이 왜 호남당이 되어야 하는가? 아무런 근거가 없는데도 정치현실의 재래시장에서는 강고하게 형성이 되어 있을 뿐 아니라 이런 상황에서는 어떤 새로운 형태의 정당정치 실험도 실패할 수밖에 없다. 결국, 한국정치의 구조적인 문제가 지속되는 한 아무리 좋은 생각을 가지고 새로운 정당을 실험해 봐도 결국은 다 실패할 수밖에 없는 것이다.

–『개헌을 말한다』(우윤근 저, 함께맞는비, 2013) 96~101쪽, 'TRIALOGUE 우윤근 의원과 정종섭 서울대 교수, 정한중 외대 교수' 중에서 정종섭 교수의 논지 요약.

이에 앞서 정종섭 교수는 지난 대선에서 개헌이 쟁점으로 떠오르던 2012년 10월 15일 철학문화연구소에서 이명현 〈철학과현실〉 발행인(서울대 명예교수, 전 교육부장관), 최장집 고려대 명예교수(정치외교학, 전 대통령정책자문기획위원회 위원장)과 함께 '정치개혁과 헌법개정'을 주제로 한 좌담에서 대통령중심제의 '승자독식'과 '지역주의'의 폐해를 극복하기 위해서는 의원내각제를 포함한 다양한 논의가 이루어져야 한다고 주장했다.

정종섭 교수는 헌법 개정이 또 다시 현재의 대통령제를 그대로 두고 대통령 임기만 4년 중임제로 바꾸자고 하는 논법으로 가면 우리의 문제는 더 악화된다고 생각한다. 특히 승자독식, 대통령의 독주, 지역주의의 문제, 사회속의 갈등 등 이러한 문제가 현행 대통령제가 심화시킨 가장 큰 문제라고 보고 있다. 그런데 4년 중임으로 바꾸면 8년의 통치를 놓고 서로 치열하게 싸우게 되고 지역주의 문제는 영영 해결이 난망하다는 것이다. 이러한 문제를 해소하고 민주화 이후의  성과들을 성공시키고 안착시키는 그런 관점에서 의미를 갖는 헌법 개정에 대한 논의가 필요하다. 대통령의 권력을 약화시키는 것이나 분권하는 방법, 의원내각제로 가서 정치에서의 공존을

여야 개헌논의 합의 이후 국회에서도 개헌 논의가 활성화되고 있다. 지난 4월 10일 국회 귀빈식당에서 열린 국회개헌모임 주최 정종섭 헌법학회장 초청강연 모습. 〈사진 이군현 의원실〉

추구하는 길 등이 그 방안들이다.

–〈철학과 현실〉 제95호, 2012년 겨울호, '정치개혁과 헌법개정' 좌담 중에서

## '분권자치개헌론'에서 한 걸음 나아가 '등권개헌론'을 제안한다

필자가 헌법학자나 전문가는 아니다. 하지만 70년대 후반부터 일선 행정 현장에서, 또 2004년 이후에는 정치현장에서 직접 체험한 우리 정치현실의 가장 심각한 문제점에 대한 적확한 지적과 해법이라 공감한다.

따라서 필자는 이러한 논의를 바탕으로 '분권자치개헌론(分權自治改憲論)'에서 한 걸음 나아가 '등권개헌론(等權改憲論)'을 제안하고 싶다. 흔히 등권론이라 하면 김대중 전대통령을 떠올릴 것이다. 실제로 1992년 대선에서 패배한 김대중 전 대통령이 정계은퇴와 함께 영국으로 떠났다가 복귀한 후 정치재개의 화두로 던진 것이 '등권론'이었고 1995년 첫 동시지방선거에서 '지역등권론'으로, 1996년 총선에서 '경제등권론'으로 이슈화하면서 1995년 3월 김종필 대표가 민자당을 탈당하여 창당한 자유민주연합과의 연대 속에서 민자당을 여소야대로 몰아넣는다.

이후 '등권론'은 1997 대선에까지 DJP공조로 위력을 발휘하면서 김대중 대통령 집권의 가장 든든한 프레임이 된다.

하지만 필자가 말하는 '등권개헌론'은 지역이 동등한 권한과 자원을 배분받아야 한다는 점에서 일정 부분 '지역등권론'과 중첩되지만 원론적으로는 지역등권에 이르기까지 거쳐야 하는 과정, 즉 권력구조와 국회구성, 나아가 현재 당론에 따라 거수기 역할밖에는 하지 못하는 정치구조의 후진

성을 극복하는 전기를 만들어가자는 개념의 '등권론'이다.

오늘 우리 개헌에 화두가 되고 있는 '자치분권 개헌론'의 한계는 '분권(分權)'의 개념에 있다는 생각이다. 이미 알고 있다시피 지방분권은 중앙집권에서 이행하는 과정에서 중앙의 권한을 일정부분 나누어 행사한다는 역사적 배경에서 성립되었다. 즉 '지방분권(decentralization, 地方分權)은 역사적으로 "중앙정부에서 나누어 주다"라는 수동적 개념일 수밖에 없고 중앙집권과의 공존과 병행을 의미하는 것이다. 중앙집권과의 공존과 병행은 지방자치의 속성상 가장 중요한 근간이지만, 상생(相生)과 협력(協力)으로 나아가기 위해서는 인구나 규모에 의한 지방자치뿐만이 아니라 서로

3일 낮 경북 점촌역 광장에서 열린 합동연설회에서 시민들이 역 광장 구조물에 올라가 후보들의 연설을 듣고 있다. 점촌/유창하 기자

3일 오후 전남 해남군 해남읍 남외리 해남중학교에서 열린 합동연설회에서 한 여성유권자가 피곤한 듯 졸고 있다. 해남/이정우 기자

## 경제등권론-복지 부실 설전

**지도부 유세**

◇…이회창 신한국당 선거대책위원회 의장은 3일 강원 일원의 정당연설회에서 "경제등권주의는 무엇을 말하는지 분명하지 않다. 경제등권주의가 국권의 기초인 자유시장 경제질서와 같은 얘기인지 아니면 그와 다른 새로운 이념을 와 자민련은 만년 대통령 후보와 쿠데타와 부패정치의 원조가 각각 버티고 있다"고 비판하고 "민주당은 30년 3김 정치를 끝장내기 위해 당원들의 직선에 의해 대통령 후보를 선출할 것"이라고 말했다. 백기철 기자

◇…김종필 자민련 총재는 3일 경기도 김포지역 정당연설회를 비롯해 경기·

**유세녹음**

부가 맞놓고 아이를 맡길 곳이 없는 데다 교육비도 턱없이 비싸 차라리 맞벌

와 진실이 없고 신의와 믿음이 없는 부도덕한 정권을 심판하기 위해 경영학 박사인 나에게 표를 몰아달라"고 호소했으며, 무소속 박종우 후보 또한 "서울시 기획실장과 인천 시장을 지낸 것을 바탕으로 서울·인천시와 협의해 김포의 교통문제를 일거에 해결하겠다"며 인물위주 투표를 주문했다.

박명근 후보는 "파주시를 세계 1등 도시로 만들기 위해 5선에 도전했다"고 밝히고 "통일시대를 위해 '접적지역 개발지원특별법'을 제정하고 지역 발전의 걸림돌인 군사시설보호법 등을 완화하는 한편 대학 공동캠퍼스를 유치하겠다"고 공약했다. 자민련의 이재창 후보는 "경기지사와 환경처 장관 등 30여년의 공

김대중 전 대통령이 1995년 동시지방선거에서 제기한 '지역등권론'은 1996년 총선에서는 '경제등권론'으로 한 걸음 나아갔다. 사진은 1996년 4월 4일 '경제등권론'에 대한 한겨레신문 보도. 〈사진 한겨레 라이브러리〉

대등한 관계의 '등권(等權)'을 강조하고 실현하여야 한다는 생각이다.

## 김대중 전 대통령 '등권론'에서 상생과 협력으로 한 걸음 진전

그 연원은 우리 지방자치의 역사적 과정인 '지역등권론'의 대두와 일정 부분 맥은 함께 하되 집권이나 정략과도 같은 부정적 부분을 배제하고 미국식 등권주의에서 찾아야 한다는 생각이다. '미국식 등권주의'라 하면 생소할 지도 모른다. 하지만 미국 중앙정부와 의회의 권력구조는 주단위의 자치에 기반을 두되 상원과 하원의 내각책임제 요소를 바탕으로 하원은 인구에 비례한 선출권에 의해, 상원은 이와 상관없이 모든 주가 동등한 의원수에 의한 의결권을 갖는다.

미국 민주주의가 출범하는 과정인 1787년 9월 채택된 이 헌법으로 미국은 대통령중심제와 의원내각제의 결합이라는 고유의 헌법과 권력구조를 유지하며 오늘에 이르고 있다.

이러한 각 주의 등권 개념은 1975년 미국이 독립선언을 한 12년 후인 1787년, 헌법제정에 참여했던 12개주(미국독립선언 총 13개주 중 로드 아일랜드 주 불참) 가운데서 비교적 작은 뉴저지 주의 주장으로 미국식 지역등권주의를 주창했다. 모든 주가 크기나 인구에 상관없이 동등한 참정, 사법 및 행정집행권을 가져야 한다는 의식에 바탕한 뉴저지 주의 주장에 버지니아를 비롯한 큰 주들은 반발했다. 하지만 두 그룹이 격론을 벌인 끝에 역사적 타협이 이루어지게 되고 큰 주들은 인구비례로 대표자를 뽑는 하원에서, 작은 주들은 크기에 관계없이 동등하게 참여하는 상원에서 각자 유리한 입지를 차지하면서 미국독립선언 12년만에 참가자 만장일치로 헌법이 공표되었다.

이것이 오늘날 미국식 민주주의를 있게 한 출발이며 저 유명한 벤자민 프랭클린의 헌법안 지지연설(Benjamin Franklin On the Federal Constitution Speaking before the Convention in Philadelphia)을 배경으로 한다.

We the People

Article 1

미국 중앙정부와 의회의 권력구조는 주단위의 자치에 기반을 두되 상원과 하원의 내각책임제 요소를 바탕으로 하원은 인구에 비례한 선출권에 의해, 상원은 이와 상관없이 모든 주가 동등한 의원수에 의한 의결권을 갖는다. 사진은 미국 민주주의가 출범하는 과정인 1787년 9월 채택된 미국 헌법 원문. 〈사진 장영익 씨의 블로그 캡처〉

이러한 미국식 등권주의를 고려하는 것은 그럼으로써 우리나라 개헌이 현재의 소선거구제와 비례대표제의 한계를 넘어서 국가적 현안이나 지역 현안에 대해서는 당론에 관계 없이 자유의사와 정치적 입장에 의해 자유로이 표결에 참여하는 교차투표제(Cross Voting)의 선진성을 확보할 수도 있다는 효과를 거둘 수 있지 않을까 하는 생각이다.

나아가 권력구조의 개편에 있어서도 의원내각제적 요소를 도입할 수 있고 대통령 중심제가 5년 단임제든, 4년 중임제든 가질 수밖에 없는 권력집중과 '지역패권주의', 또 '승자독식주의'의 병폐도 해소할 수 있다는 소신이다.

## '영도적 국가론'과 '기본권 우선', 헌법의 철학부터 재고해야

이렇듯 등권론에 바탕하자면 오늘 우리 헌법의 철학 또한 전면 재검토해야 한다는 주장에 동의한다. 우리가 앞서 통일을 전제로 한 미래지향적인 헌법을 논의하면서 독일헌법을 예시로 논의한 바 있다. 하지만 한 가지 뒤로 미루었던 논의 하나가 바로 헌법을 바라보는 기본적인 시각과 입장이다.

기본적으로 서구의 헌법에 대한 시각은 '통치권'을 중심으로 보느냐, 아니면 '기본권'을 중심으로 보느냐 하는 두 가지 입장과 시각으로 나뉘어 왔다. 독일의 법체계를 예로 들자면 흔히 칼 슈미츠의 '결단주의'의 입장은 국가의 통치권에 우선하여 헌법을 바라보는 시각이다. 반면 루돌프 스멘트의 '동화적 통합이론'의 입장에서는 인간의 기본권을 바탕으로 사회나 국가를 계약관계로 보는 존 로크와 루소 이후의 계약론에 입각하여 헌법을 바라보며 인간의 기본권에 우선한다.

우리가 앞서 논의했던 통일문제와 관련하여 모델로 검토한 바 있는 독일헌법은 인간의 기본권에 우선하여 사회와 국가를 계약관계로 보는 '동화적 통합이론'의 입장에 서있고 따라서 독일 헌법 제 1조 1항은 "인간의 존엄성은 침해돼서는 안 되며, 국가는 이 불가침의 원칙을 확인하고 보호할 의무를 지닌다."라고 명시하고 있다.

우리나라의 경우 지난 2013년 3월 제2대 헌법재판연구원장에 임명된 허영 교수가 1971년 독일 뮌헨대학에서 박사학위를 받은 후 귀국하여 유신헌법의 이론적 기초가 됐던 칼 슈미트의 '결단주의(영도적 국가론)'에 맞서 '동화적 통합이론'을 주창했으나 창조지에 기고한 글이 사전검열에 걸려 중앙정보부로부터 심한 곤욕을 겪기도 했다는 사실은 오늘 우리가 민주주의에 입각한 헌법 개헌에 직면하고 있다는 점에서 시사적이다.

이러한 법철학적 차원의 의미는 오늘날 우리 개헌이 나아가야 하는 기본권으로부터의 계약 관계를 바탕으로 함으로써, 등권과 상생의 바탕이 될 뿐만이 아니라 자치단체 상호간과 자치단체와 중앙정부 사이에 계약관계에 의한 법적 질서와 절차를 정비하는 데에도 효과적이 아닐까 추론해본다. 나아가 통일을 전제로 했을 때에도 계약관계에 의한 연방이나 협력 등 그 과정에 있어서도 법적 당위성을 확보할 수 있지 않나 생각된다.

이는 물론 헌법학적이거나 법철학적인 전문성에 바탕한 논리가 아니라 일선 행정 현장과 입법현장의 경험으로 추론해본 제안이라는 점을 분명히 하고자 한다. 다만 필자의 제안은 오늘 우리 대한민국의 미래를 향한

'국민대통합', '경제민주화', '복지국가', '통일 대한민국', '자치분권론' 등의 대전제에 부합되는 개헌의 방향이 엄밀한 법철학적, 헌법학적 의미에 구애되지 않는다면 '등권(等權)'과 '상생(相生)'이라는 방향성을 가져야 한다는 소신만은 분명함을 밝히고 싶다.

## 개헌 시기, 백년대계의 장기적 관점으로 접근해야

끝으로 필자 또한 정치인의 한 사람으로서 개헌의 시기와 관련해서 한 가지만 정치권에 청원하고 싶다.

지난 대선 여야 사이에 개헌의 공감대가 형성된 만큼 개헌논의가 무르익는 것은 환영할 만한 일이다. 하지만 현재 여당내 비주류 측과 민주당, 진보정의당 등에서 목소리를 높이며 정부의 개헌논의를 촉구하는 모습은 출범한 지 채 4개월도 안 된 정부를 향한 정략적 의도가 있지는 않나 하는 의구심을 갖게 한다. 개헌 논의는 앞서 지적한 대로 서둘러서도, 정략적으로 악용해서도 안된다. 국민의 여론도 충분히 수렴하면서 국민적 합의도 도출해 나아가야 한다. 따라서 일단 정치권에서 합법적이고 여야합의를 존중하면서 추진해 나아가야 한다는 바람이다. 또한 개헌에 대한 국민적 합의 뿐만 아니라 개헌 과정에서도 국민이 개정 헌법 작성에 참여할 수 있도록 준비에 만전을 기해야 한다는 여망이다.

한 가지 분명한 것은 오늘 우리가 직면하고 있는 많은 현안들, 즉 정치개혁을 가로막는 보수와 진보, 여와 야, 주류와 비주류 등 구태정치를 뛰어넘어야 하는 과정이 바로 개헌이요, 나아가 지역과 계층, 세대와 성별 사이의 반목과 갈등 또한 끊임없는 대화와 수렴의 과정을 통해 사회통합으로 승화시켜야 하는 과정이 바로 개헌이라는 점이다.

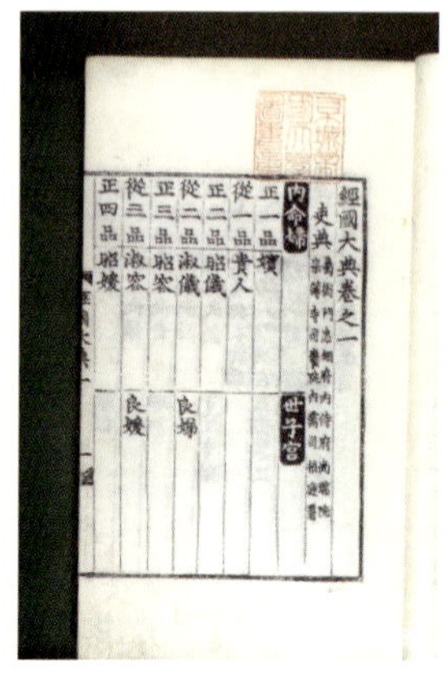
經國大典卷之一
吏典
內命婦
正一品 嬪
從一品 貴人
正二品 昭儀
從二品 淑儀
正三品 昭容
從三品 淑容
正四品 昭媛
世子宮
良娣
良媛

조선은 개국과 더불어 법전의 편찬에 착수하여 고려 말 이래의 각종 법령 및 판례법과 관습법을 수집했고, 개국 후 1397년부터 1485년 시행까지 무려 90여년 가까운 보완과 수정을 거친다. 〈사진 한국학중앙연구원〉

우리는 조선의 법전 『경국대전(經國大典)』을 기억한다. 조선은 개국과 더불어 법전의 편찬에 착수하여 고려 말 이래의 각종 법령 및 판례법과 관습법을 수집했고, 개국 후 1397년(태조 6년) 『경제육전(經濟六典)』을 제정, 시행한 이후 5차 『경국대전』을 완성하여 1485년 시행하기까지 무려 90여년 가까운 보완과 수정을 거친다. 그리고 조선시대가 유지되는 오백여년 동안 최고의 법전으로서의 지위를 유지하였다.

오늘 우리 또한 비록 오백년은 못가더라도 최소한 통일의 미래 정도는 내다보고 지향할 수 있는 자세와 각오로 개헌에 임해야 한다는 신념이다.

# 상생과 통합의 등권시대, 충청에서부터

◆

박근혜 대통령의 선거 캐치프레이즈는 '내 꿈을 이루는 나라'였다. 그렇다면 국민 개개인이 자신의 꿈을 이룰 수 있는 '100% 대한민국'의 대전제(大前提 ; Major premise)는 무엇일까? 첫째가 '공정(公正, Fair)'이요, 둘째가 '형평(衡平, Equity)'이라는 소신이다.

박근혜 대통령은 '내 꿈을 이루는 나라'에 대해 "우리 대한민국의 어느 지역에 살든 어느 직업을 갖든 자기가 열심히 노력하면 꿈을 이룰 수 있고 또 희망을 갖고 더 발전할 수 있는 그런 나라를 만들겠다"고 밝힌 바 있다. 그러기 위한 첫째 조건이 '공정(公正, Fair)'이어야 한다. 공정한 경쟁이 전제되어야 국민 개개인이 희망과 열정을 가지고 자신의 꿈에 도전하고 그 꿈을 이루어가면서 자신의 맡은 바 소임에 충실할 수 있다. 여기에는 경쟁에서 뒤처진 국민들에게는 재도전의 기회를 주는 사회제도와 지원, 즉 복지를 비롯한 사회적 안전망이 뒷받침되어야 한다.

## 박근혜 정부, 공정과 형평 바탕으로 등권 · 상생 열어야

이명박 정부에서도 집권 중반 8.15 경축사에서 '성장'의 국정기조를 '공정'으로 전환한 바 있으나, 구체적인 정책 부문별 매뉴얼이나 액션플랜, 가이드라인이 없었고 사회적 합의나 국민적 공감대를 형성하지 못했다. 게다가 '정의(正義, Justice)'의 개념과 혼동되는 듯한 경향을 보이면서 선언적 의미에 그쳤고 직후 터지기 시작한 측근 비리에 오히려 국민의 실망만 초래하는 역효과를 낳고 말았다. '공정'은 '정의'에 이르는 과정이고, '정의'는 '공정'한 절차와 과정의 결과물이다.

'형평(衡平, Equity)'은 박근혜 대통령이 후보 시절 스탠포드 대학 특강 이후 정책으로 입안하고 실행해온 '복지'를 비롯, 국민 모두가 그늘진 곳 없이 고르게 혜택을 받는 정책과 부합되는 개념이라는 생각이다. 영미 행정학의 행정이념의 한 갈래로 출발한 '사회적 형평성(social equity)'은 신행정론의 등장과 더불어 강조되기 시작했으며, 신행정론자들은 미국 사회에 실업 · 빈곤 · 무지 등의 악순환이 계속되는 것은 기존의 관료제가 비민주적이고 공리주의적인 총체적 효용의 개념에 사로 잡혀 정치적 · 경제적으로 소외되어 온 소수집단에 대해 무관심했기 때문이라고 주장한다. 나아가 이를 극복하기 위해서는 행정가가 적극적으로 사회적 형평을 실현하여야 한다고 주장한다.

'공정'과 '형평', 즉 바르고 고른 대한민국을 위해 나아가야 할 미래는 어떤 모습인가? 바로 '등권(等權)'과 '상생(相生)'이 그 액션플랜이어야 한다는 생각이다. 우리는 앞서 개헌을 논하면서 헌법의 바탕이 되는 철학적 측면에서 국가의 통치권에 우선하는 칼 슈미트의 '결단주의(영도적 국가론)'냐, 아니면 국민 개개인의 기본권에 우선하는 루돌프 스멘트의 '동화적 통합이론'이어야 하는 논의를 정리한 바 있다. 현재 우리나라는 과거 국가의 통치권에 모든 사회적 질서를 집중하는 체제에서 국민 개개인의 기본권에 우선하는 체제로 전환되어가고 있다. 지난 대선에서 '내 꿈을 이루는 나라'를 통한 '국민행복시대'의 비전에 대선 승리를 안겨준 국민적 지지가 바로 그 증거이다.

국민 모두가 알다시피 지난 대선에서 박근혜 대통령은 51.6%(1,577만926표)의 득표로 1997년 대통령 직선제 이후 사상 첫 과반 득표를 기록하면서 48.0%(1,468만9991표)를 얻은 문재인 후보에 3.6%포인트 차로 대통령에 당선되었다. 이러한 결과는 앞으로 박근혜 대통령이 진정 100% 대한민국을 향해서는 통합과 상생의 리더십으로 국정운영에 임해야 진정 성공한 대통령이 될 수 있다는 과제를 남겼다. 〈사진 심상협〉

'등권'은 국민 개개인 간은 물론, 사회적으로 속한 공동체나 자치영역에서 누구나 동등하게 기본적인 권리를 인정받을 수 있음을 의미하며, '상생'은 국민 개개인 사이와 나아가 사회적 관계에서나 개개인이 속한 지역이나 공동체, 자치영역 등에서 서로 호혜롭고 이익과 권리를 공유함을 의미한다.

## 80년대 후반 '지역개발협력자금'으로 개발이익환수제 초석

필자는 공직 생활을 하면서 오래 전부터 '등권'과 '상생'의 정책을 어떻게 우리 행정 현장에서 실현할 수 있을까 고민했다. 간략히 두 번의 성공과 한 번의 좌절을 소개함으로써 '등권'과 '상생'의 미래 대한민국을 향한 반성적 교훈으로 삼고자 한다.

첫 번째 성공 사례는 '지역개발협력자금'이란 이름으로 아이디어를 내고 시행하여 나중에 정부에서 '개발이익환수제도'로 입안한 사례이다. 80년대 말 관선지사 심대평 충남도지사 시절 필자는 개발담당관으로 일했다. 당시 충남은 서산 대산지역에 삼성, 현대 등과 같은 대기업의 석유화학단지가 들어서고 있었고, 태안에는 한국전력에서 태안화력발전소를 추진하는 등 서해안 개발이 활발하게 추진되고 있었다.

심대평 지사는 현장에서 필요하다면 헬기를 타고 가서라도 업무를 지원해주었고 필자 또한 출장을 마다 않고 현장을 찾아 각종 인허가를 비롯한 기업활동 지원에 열성을 쏟았다. 한국전력을 비롯한 정유 3사에서는 고마움을 표했고 충남도에서는 공개적으로 용도변경에 따른 지가 상승을 비롯,

개발로 얻은 이익의 일부를 충남도에 '지역개발협력자금'으로 지원해달라는 요지의 요청을 했다.

1980년대 후반 태안화력발전소 조감도. 필자는 당시 심대평 충남도지사 아래에서 충남도 개발담당관으로 일하면서 한전으로부터 1천2백억원을 비롯, 정유 3사로부터도 '지역개발협력자금'을 지원받아 보령댐 건설과 낙후지역 개발에 활용, 정부가 개발이익환수제도를 입안하는 사례가 되었다. 〈사진 아이디 'pdds1' 블로그에서 캡처〉

그 결과 한전으로부터 1천2백억원을 비롯, 정유 3사로부터도 당시로서는 거액의 지역개발협력자금을 지원받을 수 있었고 이러한 재원은 국고와 지방비를 확보하여 낙후지역 개발과 지역 공공사업에 투자함으로써 지역주민에게 고르게 돌아갈 수 있는 미래지향적인 정책 모델을 정립할 수 있었다. 특히 당시 '지역개발협력자금'을 바탕으로 추진했던 보령댐은 만약 그 때 건설하지 않았다면 오늘날 충남 서남부 지역에 심각한 물부족을 초래했을지도 모를 중요한 사안이었다.

정부는 이러한 '지역개발협력자금'을 '개발이익환수제도'로 발전시켜 1989년부터 시행하였다. 토지초과이득세 등의 조세 형태의 개발이익 환수(토지초과이득세는 1989년 제정되어 1998년 12월에 폐지)나 법률이 정한 부담금 형태로 운영되는데 각 부처별로 기반시설설치비용(국토의 계획 및 이용에 관한 법률), 학교용지부담금(학교용지확보에 관한 특례법), 농지보전부담금(농지법), 대체초지조성비(초지법), 개발부담금(개발이익환수에 관한 법률), 광역교통시설부담금(대도시권광역교통관리에 관한 특별조치법), 과밀부담금(수도권정비계획법), 대체산림자원조성비(산지관리법), 개발제한구역보전부담금(개발제한구역의 지정 및 관리에 관한 특별조치법), 재건축부담금(재건축초과이익환수에 관한 법률) 등으로 활용되고 있다.

필자는 이러한 '지역개발협력자금'의 사례가 바로 기업의 개발로 인한 이익을 지역사회와 주민들에게 공공적인 혜택으로 돌려주면서 기업과 지역, 나아가 기업과 지역주민이 서로 동등한 권리의식 아래 상생할 수 있는 사례가 아니었나 회고하곤 한다.

## 전국 첫 대전 충남 충북 광역단체 상생협력 시대 개막

두 번째 사례는 1997년 말 충청남도 정보기획실장으로 일할 때 제안한 충남, 대전, 충북의 상생발전 협약이었다. 민선자치 2기가 끝나가던 1998년은 전 해 대선에서 김대중 대통령이 당선되었고 3년이었던 초대 민선단체장 임기가 끝나고 6월 2기 동시지방 선거가 있던 해였다. 1991년 기초의원만 선출하는 지방자치 실시 이후 95년 처음 실시된 동시지방선거 이후

각 시군구 지자체와 광역자치단체는 소지역주의와 지역이기주의로 인한 님비현상 등 갈등과 대립이 심각한 상황이었다.

당시 대전, 충남은 이른바 대한민국 최고의 '행정의 달인'이라 일컬어지던 홍선기 대전광역시장과 심대평 충남도지사가 로컬거버넌스의 모범을 보이고 있었고 민선 2기 선거에는 역시 두 시도지사 못지 않은 행정경륜의 이원종 충북도지사 후보가 출마 준비를 하고 있었다.

필자는 1998년 초 홍선기 대전광역시장의 요청을 받아들여 대전, 충남, 충북이 상생 협력하는 '대동충청(大同忠淸)'이라는 구호 아래 이른바 '대청호(大淸湖) 선언'을 기획 제안했다. 선거 막바지이던 1998년 5월 30일 대

### 시·도지사 후보 검증 ❸ 대전·충남북

**대전** 자민련의 텃밭이라 할 대전에서는 정당간 경쟁보다는 자민련 예비후보들 사이의 공천경쟁이 더욱 치열하다.

현재까지는 홍선기 현 시장이 가장 유력한 후보다. 정통 행정관료 출신으로 첫 민선시장 직책을 무리없이 잘 수행했다는 평가를 받고 있다. 시민들의 여론호감도도 괜찮은 편이라는 게 자민련 관계자들의 분석이다. 그러나 지역여론과는 달리 지역구 의원들과의 관계가 원만치 못한 것이 약점으로 지적된다. 지역구 차원의 '당정 협조'가 원활하지 못해 정당인들한테서 당 소속감이 희박하다는 비판을 받고 있다.

홍 시장과 공천경쟁에 나설 예비후보로는 김종구 전 법무장관과 이봉학 전 대전시장이 자천타천으로 오르내리고 있다. 하지만 현재까지는 지명도 등에서 홍 시장보다는 열세라는 평이다.

국민회의에선 정구영 대전시의회 부의장이 거론되고 있으나 국민회의-자민련 연합공천 과정에서 걸러질 것으로 보여 출마 여부는 불투명하다.

한나라당에선 이재환 전 의원(11·14대)과 국민통합추진회의(통추) 출신의 김원웅 전 의원이 '그동안 자처

은 평가를 받고 있으나 다소 무게가 약하지 않으냐는 평을 듣고 있다.

**충북** 국민회의와 자민련 연합공천이 이뤄지면 여권이 강세를 보일 것으로 전망된다. 자민련 공천을 희망하는 이원종 전 서울시장이 가장 강력한 후보로 자리잡고 있다. 이 전 시장은 이미 임명직 충북지사를 한차례 지낸 정통 관료출신이다. 30년 가까이 공직생활을 한 덕에 실무에 밝아 지역주민들한테서도 높은 점수를 받고 있다. 또 각종 여론조사에서도 선두를 달리고 있다. 그러나 충북을 대표하는 자민련의 두 원로인 이종근 전 의원(충주)과 오용운 의원(청주 흥덕)의 확실한 지지를 얻지 못하고 있는 점이 큰 걸림돌이다. 또 지난 대선 때 한나라당에 입당해 '디제이티'(김대중-김종필-박태준) 연합을 공격하는 등 이회창 당시 한나라당 후보를 지원한 경력도 경쟁자들의 공격 대상이다.

이 틈을 노려 김현수 현 청주시장이 강력한 도전 의사를 내보이고 있다. 그는 지난 96년 4·11총선 전에 주병덕 지사 등 상당수 단체장들이 자민련을 탈당해 당시 여당이던 신한국당으로 이탈할 때 자민련을 지키 충

1998년 지방선거를 두달여 앞둔 시점에서 후보로 거론되고 있던 인물들. 당시 홍선기 대전광역시장(왼쪽 위), 심대평 충남도지사(오른쪽 아래), 이원종 충북도지사(왼쪽 아래) 후보. 전문 행정관료 출신의 세 후보가 당시 자민련의 공천을 받았고 1997대선에서 '등권론에서 시작하여 'DJP공조'로 집권한 공동정부의 후광 속에서 역대 광역자치단체 선거 사상 유례없는 득표율로 당선되었다. 하지만 '등권론'은 집권을 향한 집권전략이라는 오명 속에 정치사의 이면으로 사라지고 공동정부는 내각제 개헌 약속을 무산시킨 채 역사 속으로 사라졌다. 사진은 1998년 4월 10일 자 한겨레신문. 〈사진 한겨레신문 라이브러리 캡처〉

전, 충남, 충북 등 세 광역단체장 후보가 대청호에 모여 3개 시도가 참여하는 '충청권발전공동협의체 구성', '새로운 지역통합체 구축', '지방정부 연합체' 구성 등 3개 안을 합의하면서 지방자치 초기 갈등과 반목의 양상을 보이던 지자체들에겐 신선한 초유의 정책이자 등권과 상생을 실천하는 전국 첫 모델을 제시한 사례를 정립할 수 있었다.

**충청권 자민련후보 3**
**'공동 선거운동' 전개**

○…자민련의 충청권 후보 3명은 충북 청원에서 모임을 갖고 '충청권 공동선거운동'을 전개. 홍선기(洪善基)대전시장 심대평(沈大平)충남지사 이원종(李元鐘)충북지사후보는 충청권 3개 시도가 참여하는 '충청권발전 공동협의체'를 구성하자는데 합의. 이들은 또 △새로운 지역통합체 구축 △지방정부 연합체 구성 등을 골자로 한 '대청호 선언'을 발표

있다. 김후보는 "저녁시간에 거 하다 한 주민으로부터 '시간이

1998년 6월 1일자 동아일보에 보도된 '대청호 선언' 기사. 민선 자치 이후 최초의 광역자치단체간의 상생협력 선언의 의의를 가지면서 오늘까지 경제를 비롯한 광역자치단체 간의 정책협력으로 이어져 오고 있다. 〈사진 동아일보 라이브러리 캡처〉

이러한 3개시도의 상생협력은 민선2기에 대전·충청권 행정협의회로 정례화되었고 2001년에는 당시로서는 어느 광역단체에서도 생각지 못했던 경제협력으로까지 나아갔다. 2001년 11월 21일 홍선기 대전광역시장, 심대평 충남지사, 이원종 충북지사는 대전시청에 모여 지역경제 발전을 위해 유기적인 협력관계를 맺고 시너지 효과를 거둬나가기로 합의하면서 △대전 컨벤션센터 조기건립 △청주공항 활성화를 위한 오창~병천간 도로 확·포장 사업 우선 추진 △벤처기업을 육성하기 위해 미국 실리콘밸리에 3개 시도 공동유치단을 파견하고 서울코엑스에서 충청권 벤처프라자를 개

최하는 등 구체적인 정책 상생협력안을 추진하기에 이른다.

여기서 한 걸음 더 나아가 대전에서 열리는 월드컵축구대회, 충남에서 개최하는 2002 안면도 꽃박람회, 충북 오송국제바이오엑스포 등의 메가트랜드에 해외관광객 유치를 위한 공동세일즈 활동을 추진하면서 상생협력을 통한 저비용 고효율 정책사례를 선보이기도 했다.

특히 충청권의 벤처기업육성 공동사업은 김대중 정부의 벤처산업 육성 시책에 부응하여 특허청의 지방자치단체 지식재산 인프라 구축지원 정책이 가세함으로써 충청권이 선도적으로 벤처산업은 물론 과학기술산업을 주도하는 인프라 구축에 앞서 나가는 계기가 되었다. 오늘날 국제과학비지니스벨트도 이러한 인프라 위에서 국가사업으로 탄력을 받을 수 있었다고 회고한다.

이러한 두 번째 성공 사례는 2000년대 들면서 세계화, 지방화, 정보화라는 세계적인 조류 속에서 자본만이 아니라 시간과 속도, 정보력과 네트워크 등이 새로운 인프라로 떠오르면서 우리 광역자치단체를 명실상부한 지역 경제정책 주체로 부상시키는 선도적 역할을 했다는 자부와 긍지를 갖게 했다.

뒤이은 2002년 동시지방선거에서 심대평 지사는 글로벌브랜드를 중심으로 지방정부를 글로벌 경제주체로서 업그레이드시킨다는 캠페인으로 민선 3기 충남도정을 이끌었고 필자 역시 잠시 총리실에 올라가 2002년 월드컵 개최에 대비한 국가안전관리개선기획단을 기획하고 맡아 수행한 후 2001년부터는 충남도 행정부지사로 다시 로컬거버넌스 일선에서 일할 수 있었다.

또한 이러한 대전 충청권의 광역자치단체를 중심으로 한 정책협의의 선례는 지금까지도 창조적으로 계승발전되어 왔고 정당에 상관없이 초당적으로 지역발전을 위해 상생하고 협력하는 전통으로 이어지고 있다. 하지만 이명박 정부 들어 행정수도 이전으로 상징되는 지방분권과 지역균형발전이 흔들리면서 중앙정부의 지원과 협력 부재가 안타까움을 남기기도 했다.

## 중앙정치 폭풍에 좌절된 '서해안권 공동번영 선언 기자회견'

세 번째는 지금도 안타까우면서도 우리 정치현실의 한계를 절감하는 사례였다. 2006년 지방선거에서 필자는 당의 요청으로 국민중심당 충남도지사 후보로 출마하게 되었다. 정당 지지도가 채 10%가 안되는 절박한 지역정당의 한계를 안고 승패에 관계없이 정책을 개발하면서 지역발전에 조금이나마 기여하자는 각오로 이를 악물고 선거에 임했다. 당시까지만 해도 선거 때마다 주민들을 안타깝게 하는 지역패권주의는 우리 정치, 또 지방분권과 자치에 갈등과 대립의 원인으로 작용, 재원과 낭비를 부추기는 암적인 요소로 비판받고 있었다.

필자는 공직시절 상생과 등권의 성공을 되새기면서 여기에서 한 걸음 나아가 지역주의를 타파하고 새로운 상생과 협력의 정책모델을 한 번 제시하자는 소신으로 충남과 인접한 호남과의 상생협력을 제안했다. 당시 민주당은 박준영 전남지사 후보, 정균환 전북지사 후보가 호남 민심을 대변하며 선거에 임하고 있었다.

국민중심당 이명수 후보

1. 체감경제가 가장 활기찬 충남 건설
-2010년까지 1000개 기업 유치
-소상공인 자활 기금 1000억 원 조성

| 실현성 | 반응성 | 효율성 |
| --- | --- | --- |
| 56.67 | 70.50 | 60.00 |

2. 새로운 성장동력 창출
-스타 농업인 1000명 발굴
-충남 농특산물 맞춤식 마케팅 지원센터 설립

| 실현성 | 반응성 | 효율성 |
| --- | --- | --- |
| 64.00 | 67.50 | 61.00 |

3. 저출산 고령화 대책 추진
-저출산 고령화대책위원회 설치
-생식보건문제 해결을 위한 출산장려금 지원

| 실현성 | 반응성 | 효율성 |
| --- | --- | --- |
| 55.00 | 69.00 | 59.00 |

2006년 충남도지사 출마 당시 정책공약을 분석한 동아일보 5월 17일자 보도 지면. 필자는 당시 군소정당 후보로서 정책보다 중앙정가의 정치적 지형에 좌우되는 현실 속에서 등권과 상생의 정책을 비롯한 정책선거에 주력했지만 중앙정치의 한계를 이기지 못하고 낙선의 고배를 마셨다. 하지만 공직생활부터 강조해온 등권과 상생협력의 소신은 의정활동에 임하면서도 변함이 없다. 〈사진 동아일보 캡처〉

선거를 치러본 분들은 익히 잘 아시겠지만 한 시, 한 표가 아쉬운 상황에서 정책기획을 하고 표가 될지 안될지조차 불분명한 정책협약에 임한다는 것은 쉽지 않은 일이었다. 내부 기획팀 반대도 만만치 않았다. 무엇보다 국민중심당 중앙당의 반대가 예상되었고, 당시 거대 여야를 형성하고 있던 한나라당과 열린우리당의 정략적 공세에 직면할 소지가 다분한 실정이었다.

그래서 선거캠프에서는 선거대책본부장과 정책기획단장 선에서 극비리에 추진하였다. 만일 필자가 후보로서 타격을 입는다면 스스로 감수할 수 있지만 필자의 정책제안에 적극적으로 협력해준 호남의 박준영, 정균환 두 광역단체장 후보, 그리고 이에 기꺼이 호응하고 동참을 약속한 충남권과 호남권 기초단체장 후보와 광역의원 및 기초의원 후보들에게도 선의의 피해가 갈 수 있었기 때문이었다.

일주일간 정책기획단장을 중심으로 실무적인 정책협의와 조율을 마치고 선언문 작성과 정책발표안을 작성한 후 5월 30일 오전 충남 서천에서 전북 군산으로 이어지는 금강하구둑에서 공동기자회견을 하기로 했다. 이른바 '서해안권 공동번영 선언 기자회견'이었다.

7년여가 지난 지금 다시 인터넷을 검색해보니 당시 사전에 보도했던 29일자 '민주당, 국민중심당 도지사 후보들 공동번영 선언'이라는 제하의 기사, 그리고 30일자 '민주, 국민중심 도지사 후보 공동번영 회견 무산'이라는 두 기사가 남아 있어 감회를 새롭게 한다. 무산 이유는 국민중심당 중앙당의 우려와 제동이 가장 큰 장애였다. 필자는 박준영, 정균환 두 후보를 비롯, '서해안권 공동번영 선언'에 적극 참여해준 여러분들께 깊은 사과와 함께 중앙정치권에 맞선 상생과 협력의 노력이 좌절되는 아픔을 가슴에 간직해야 했다.

어떻게 보면 지역정당으로서 지역주의를 극복하자는 딜레마를 가지고 있기도 했지만 거대한 중앙정치의 구조적 문제와 압력, 특히 당리당략과 정파의 이권에 지방의 권리와 상생의 미래가 휘둘리지 않기 위해서는 지방에서 시작하는 상생과 협력의 변화가 반드시 필요하다는 소신이었고 이러한 소신은 지금까지도 변함이 없다.

'지방발(地方發) 국정개혁(國政改革)'이라는 구호 아래 무소속과 군소정당 연합으로 집권에 성공했던 일본 호소카와 전 일본 총리. 호소카와 전 총리는 재일동포의 참정권을 주장했고 일본의 강제 침략을 인정하는 등 대표적인 친한파이기도 하다. 충청남도는 호소카와 전 총리가 지사로 재임했던 구마모토 현과 오랜 교류를 해오고 있다. 〈사진 연합뉴스 캡처〉

비록 의원내각제를 채택하고는 있지만 우리와 비슷한 정치구조와 지방자치 체제를 가지고 있는 일본의 경우 구마모토 지사를 지냈던 호소카와 지사가 '지방발(地方發) 국정개혁(國政改革)'이라는 구호 아래 무소속 중심의 군소정당 연합으로 총리에 취임하여 개혁을 주도한 사례가 있기도 하다.

앞으로 우리나라에서도 '등권'과 '상생협력'의 풍토와 정책이 현실화되고 자치와 분권의 제도와 인식이 바로잡히면서 지방자치에 소신과 경륜을 갖춘 인재들이 늘어난다면 지역의 권익이 공정하고 형평성 있게 중앙정치와 조화를 이루며 국민에게 보다 나은 정책 서비스를 해나갈 수 있는 내일이 오리라 확신한다.

## 미래 대한민국, 왜 등권과 상생인가?

이제 공정하고 형평성 있는 대한민국의 미래에 왜 등권과 상생협력이 필요한가? 그 해답은 대한민국의 패러다임이 국가의 통치권을 중심으로 위로부터의 권위주의가 지배하던 시대를 넘어서 국민 개개인의 기본권과 밑으로부터의 민주적 절차에 의해 권익을 존중하는 패러다임으로 전환되고 있다는 변화에서 찾아야 한다.

단적인 예로 오늘 우리 대한민국은 사회통합의 부재와 사회적 갈등으로 인한 유무형의 손실이 막대한 실정으로 치닫고 있다. 특히 우리 충청권은 중앙권력에 의해 각종 국책사업이 좌우되거나 실종 위기를 맞는 등 갈등과 분열의 중심에 서왔다. 세종시 추진을 둘러싼 이명박 정부의 행정중심복

당초 노무현 대통령의 대선 후보 시절 '행정수도 이전' 공약으로 시작된 행정중심복합도시는 위헌판결과 이명박 정부의 번복 등 우여곡절을 겪으면서 충청권 민심을 뒤흔들기도 했지만 박근혜 대통령이 국회의원 시절 국민과의 약속은 지켜져야 한다는 소신으로 오늘날 세종시 청사 입주가 이루어지고 있다. 사진은 행정중심복합도시 홍보관 전경. 〈사진 행정중심복합도시건설청〉

합도시 논란이 그랬고 최근에는 국제과학비지니스벨트를 둘러싼 논란에 이르기까지 충청권은 우리 대한민국의 미래에 가장 큰 장애인 정책 불신과 일관성 부재의 진원지가 되어왔다.

우리는 기억해야 한다. 1995년 정략적인 한계를 가지고 있음에도 동시지방선거를 앞두고 김대중 전 대통령의 '지역등권론'이 '충청도 핫바지론', '멍청도론'과 맞물려 지역패권주의를 재현했다는 점, 나아가 1996년 총선에서 다시 '경제등권론'으로, 1997년 대선에서는 'DJP공조'와 '호남충청 공동정부'로까지 나아가게 한 이유가 무엇이었는지 똑바로 직시해야 한다. 그렇다고 김대중 정부가 지역패권주의를 극복했는가? 그렇지 못했다. 오늘 우리가 진정 미래지향적인 '등권'과 '상생'의 철학으로 미래를 향해야 하는 이유가 바로 여기에 있다.

또한 이러한 '등권'과 '상생'의 지름길은 오직 신뢰와 일관성밖에 없다. 지난 2002년 필자가 미력하나마 등권과 상생의 로드맵으로 '서해안권 공동번영 선언'을 기획한 지 몇 해가 채 안돼 새로 들어선 이명박 정부의 행복도시 중단으로 상처받은 충청권 민심을 치유한 것은 바로 당시 박근혜 한나라당 전 대표의 '세종시 원안 추진'이라는 신뢰와 약속이었다는 점을 기억해야 한다. 우리 충청권뿐만 아니라 대한민국은 이제 이러한 신뢰라는 소중한 사회적 자본을 바탕으로 '등권'과 '상생'의 새로운 미래를 열어 나아가야 한다.

현재 우리나라는 과거 국가의 통치권에 모든 사회적 질서를 집중하는 체제에서 국민 개개인의 기본권에 우선하는 체제로 전환되어가고 있다. 하지만 아직 우리 사회에는 국민의 다양한 기본적인 욕구를 공론화하여 정책화하고 실현할 수 있는 공정하고 형평성 있는 사회적 가치와 질서를 정립하지 못하고 있다. 더욱 중요한 것은 모든 사회체제, 특히 정책을 주도하는 정치권의 패러다임은 아직 당리당략과 기득권의 구태에서 벗어나지 못하고 있다는 국민적 비판과 불신에 직면하고 있다는 점이다.

따라서 오늘 우리 사회에 엄청난 손실과 낭비를 초래하고 있는 사회적 갈등의 실태와 원인부터 명확히 파악하고 진단하는 일은 무엇보다 중요한 과제이다.

SBS에서는 지난 2004년부터 '미래한국리포트'라는 테마 아래 오늘 우리 대한민국이 직면하고 있는 국가적인 과제에 대한 집중연구와 세미나를 개최해오고 있다. 그중 지난 2010년 '소통'이라는 테마 아래 이루어진 세미나에서 오늘 우리 대한민국이 소통부재로 인해 겪고 있는 사회적 손실과 비용에 대해 정확하게 분석하면서 원인과 대안의 모색에 관해 보고하고 있다. 다음은 '2010대한민국 소통'이라는 테마 아래 행해졌던 '제8차 미래한국리포트'에서 소통부재로 인해 발생하고 있는 우리 대한민국의 실태 보고 요약이다.

## 90년부터 2009년까지 대규모 공공갈등 624건 발생

지난 90년 이후 2009년까지 19년 동안 대규모 공공갈등은 624건이 발생했다. 연 평균 37건이 발생하여 한 건당 평균 497일 동안 지속됐고 참여자는 2만 명이나 됐다.

도롱뇽 소송으로 유명한 경부고속철도 천성산 터널공사 갈등은 4년 7개

지난 2004년부터 SBS에서 기획해온 '미래한국리포트'. 지난 2012년 대선 직전인 11월 열린 행사에서는 박근혜 대통령이 참석하여 대선 후보로서 인터뷰와 연설을 했다. 〈사진 SBS 미래한국리포트 캡처〉

월, 서울 외곽순환도로 사패산 터널 갈등은 25개월이 지속됐다. 2008년 쇠고기 수입반대 촛불시위는 2조원 가까운 손실을 낸 것으로 추산되고 있다.

## 사회적 갈등이 빚은 사회적 낭비

지난 2010년 열린 제8차 미래한국리포트 보고서에 '사회적 갈등이 빚은 사회적 낭비'를 도표화한 자료. 한국 사회의 갈등이 얼마나 큰 비효율과 낭비를 낳고 있는지 여실히 보여주고 있다. 〈사진 제8차 미래한국리포트 보고서〉

2009년 삼성경제연구소는 한국의 사회 갈등지수는 0.71로 OECD 평균 0.44보다 2배 가까이 높다고 분석했다. 이 사회적 갈등지수를 OECD 평균수준으로 완화할 경우 1인당 GDP는 27% 증가할 것으로 삼성경제연구소는 추산했다. 연간 270조원 이상을 사회갈등 비용으로 지불하고 있는 셈인 것이다.

사회와의 단절을 의미하는 자살은 급증하고 있다. 우리나라의 자살률은 세계 1위이다. 10만명 당 31명에 달하고 있다. 한국의 자살률은 OECD국가 평균의 3배 가까이 된다. 자살률이 높기로 유명한 일본보다 50%나 많고, 그리스보다는 10배나 많다.

– SBS 『미래한국리포트 2010 대한민국 소통』 2010년.

국토연구원은 이러한 사회적 갈등 중에서도 특히 최근 국가적인 장애로까지 부상되고 있는 지역갈등으로 인한 사회적 손실에 초점을 맞추어 '개

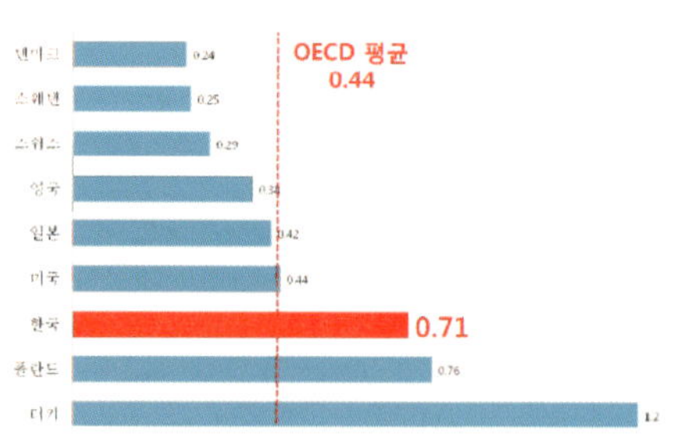


지난 2010년 열린 제8차 미래한국리포트 보고서에 'OECD 국가의 사회갈등지수'를 도표화한 자료. 한국 사회의 갈등이 선진사회로 가는 길에 있어 얼마나 큰 장애요소인지를 알 수 있다. 〈사진 제8차 미래한국리포트 보고서〉

발사업 유치 지역갈등의 비용 추정'을 위한 연구보고서를 작성하기까지 했다. 당시 지식경제부의 요청으로 용역한 것으로 확인된다. 연구용역의 취지를 확인해 보면 오늘날 우리 사회의 지역갈등이 얼마나 심각하며 이에 대한 대안, 즉 '등권'과 '상생협력'의 사회적 자본이 얼마나 절실한지를 바로 확인할 수 있다.

박양호 국토연구원장은 연구보고서의 필요성을 제기하면서 오늘 우리 사회의 지역갈등이 얼마나 심각하면서도 중차대한 사안인지를 역설하고 있다. 특히 그동안 한국사회의 갈등 요인은 님비(Nymby)시설이나 환경이슈가 주된 갈등 사유였다면 최근에는 국토 및 지역개발사업이 남발되어 지역간 과도 유치경쟁으로 인한 갈등이 심화되면서 사회통합 저해와 국가와 지방자치단체의 재정부담이 증가하는 문제가 심화되고 있다는 점에 주목한다. 더구나 국토 및 지역개발사업을 둘러싼 갈등은 긍정적 역할을 하기보다는 갈등의 지속화로 정책효율성을 저하시킬 뿐만 아니라, 정부 불신과 사회적 비용을 증가시키는 요인으로 작용하고 있다는 점에서 더욱 심각하게 보고 있다.

국토 및 지역개발과 관련된 갈등은 다음 기회를 기약할 수 있는 것이 아니라 제한된 자원의 이용과 분배를 위한 한번 결정(one shot)으로 끝나는 특성을 가지고 있고, 또한 한번 결정으로 추진이 되고나면 되돌릴 가능성이 희박하기 때문에 양보나 협상이 어렵다는 문제도 제기된다. 이렇게 한번 결정된 결과의 영향이 장기간 지속된다는 것을 이해당사자들도 잘 알기 때문에 상호협의 및 조정이 어려울 뿐만 아니라 일단 합의된 사항의 이행도 쉽지 않다는 점은 더욱 심각한 문제이다. 따라서 이러한 상황은 국토 및 지역개발사업을 유치하기 위한 지역갈등으로 표출되기 쉽고 첨예한 대립으로 이어지게 된다.

최근의 국토 및 지역개발 관련 갈등사례로 부각된 사례를 적시하면 누구나 그 심각성을 금방 알 수 있을 것이다. 행정복합도시 건설, 국제과학비지니스벨트 조성, 동남권 신공항 건설, 공공기관 지방이전 및 혁신도시 건설, 광주공항 국내선 무안국제공항 이전 등이며 이러한 사례가 정부의 정책에 대한 신뢰성 저하, 그리고 투자유치를 비롯한 다각적인 측면에서 부가적인 손실을 감안한다면 우리나라가 지역갈등의 소용돌이 속에서 국가적으로나 사회적으로 막대한 손실을 입고 있다는 점을 수긍할 수밖에 없다. 여기에 전국적으로 사업이 추진되었고 완공 후에도 국민적인 저항과 비판에 직면하고 있는 4대강 사업까지 합친다면 국책사업으로 인한 갈등이 국가적인 차원에서 얼마나 심각한지 입을 다물 수조차 없게 된다.

국토연구원이 연구의 전제로 제시하고 있는 대한상공회의소에서 조사한 2005년 기준 '국책사업중단사례 분석 및 시사점'에 나타난 새만금 간척지를 비롯한 5개 사업만 추산해도 그 손실액이 35조 5천억을 넘고 있다. 2013년 정부 예산 총액이 342조원이라는 점과 비교해볼 때 시차와 물가인상 등을 고려하지 않고 단순비교한다 하더라도 손실규모의 심각성을 곧바로 알 수 있다. (그림 표 참조)

## 1년 대한민국 예산 10% 사회갈등 비용으로 낭비

본래 신뢰와 약속을 생명처럼 지켜온 박근혜 대통령도 이러한 문제의

〈표 2-1〉 주요 국책사업 중단사례의 경제적 비용 추계

| 사업명 | 공사 중단에 따른 현재까지의 손실액 | 사업철회시 부가가치 미창출액 (2005년 2월 말 현재가치 기준) | 참조 |
| --- | --- | --- | --- |
| 새만금간척지 | 7,500억원<br>1, 2차 합산<br>2년 6개월 중단 | 5조 4,218억원<br>-사업비 매몰비용: 2조 2,690억원<br>- 미창출 부가가치 : 2조 2,703억원<br>- 미실현 사업비 부가가치 유발효과추가 8,825억원 | 간척지수명 60년 가정 부가가치 현재가치는 새만금공동조사단10개 대안의 순현재가치 평균 |
| 천성산터널 | 2조 5,161억원<br>9개월 17일 지연<br>(실질적으로 1년) | 30조 876억원<br>- 사업비매몰비용: 5,600억원<br>- 미창출 부가가치: 29조 5,991억원<br>- 미실현 사업비 공제 : 3,577억원<br>- 미실현 사업비 부가가치 유발효과 추가: 2,862억원 | 터널설계수명40년 가정 미창출 부가가치는 대부분 비시장가치 부가가치 유발효과는 중기(5년) 효과 및 건설부분 부가가치 유발계수 0.8 가정 노선변경으로 7년 지연시 22조 1,064억원 손실 |
| 사패산터널 | 5,547억원 - 2년 지연 | 공사 재개 | 부가가치 창출효과 미고려 |
| 계룡산관통도로 | 685억원 | 공사허가 | 부가가치 창출효과 미고려 |
| 경인운하 | 2,900억원 - 사업비 매몰비용 | 사업중단 | 부가가치 창출효과 미고려 |
| 합 계 | 4조 1,793억원 | 35조 5,094억원 | - |

출처 대한상공회의소. 2005. 주요 국책사업 중단사례 분석 및 시사점

『지역갈등의 사회적 비용에 관한 연구』, 신영철 외, 국토연구원, 2011년, 8쪽, 대한상공회의소에서 조사한 2005년 기준 '국책사업중단사례 분석 및 시사점'

심각성에 공감하고 있고 범정부적 차원의 대안을 기대할 수 있다는 점에서 전망은 희망적이다. 박근혜 대통령은 지난 6월 3일 수석비서관회의에서 '대한민국이 선진국으로 가는 마지막 관문이 사회적 자본 축적' 이라는 요지의 발언으로 사회적 갈등 해소와 국민 신뢰 확보에 대한 새정부의 의지를 분명히 했다.

박근혜 대통령의 사회적 자본에 대한 인식을 요약하면 다음과 같다.

우리나라가 선진국으로 가는 데 넘어야 할 마지막 관문이 사회구성원 간의 신뢰, 사회규범성을 포괄하는 사회적 자본을 쌓는 것이다. 통계를 보

면 우리나라의 사회적 자본 관련 지수는 OECD국가 가운데 하위권이다. 지난 주 스위스 국제경영개발원(IMD)이 발표한 국가경쟁력 지수에서 우리나라는 투명성 만족도가 34개 국가 중에 19위였고, 국제투명성기구가 작년 말에 발표한 부패인식 지수도 27위였다.

최근 원전비리, 교육비리, 보육비 등 보조금 누수, 사회지도층의 도덕성 문제 등을 보면 우리사회의 사회적 자본이 얼마나 부족한지 알 수 있다. 이런 문제들은 1~2년 사이에 벌어진 것이 아니라 구조적으로 장기간에 걸쳐 고착된 것들이라 할 수 있다.

우리 사회의 고착화된 비리나 사고가 단순히 감독, 처벌 강화로 해결이 불가능한 상황이기 때문에 이제 새로운 접근 방식이 필요하며, 부패를 유발할 수 있는 관행과 제도의 개선도 중요하지만 동시에 범국가적인 사회적 자본 확충 노력과 인식 개혁이 필요하다.

따라서 앞으로 공직사회가 앞장서서 노력을 하는 가운데 개개인의 관심과 자발적인 참여를 유도하고 지속적인 실천의지를 가질 수 있도록 만들어 가야 할 것이다. '정부 3.0'이 표방하고 있는 개방, 공유, 소통, 협력이라는 네 가지 핵심 가치가 구현되면 우리 사회는 신뢰라는 큰 사회적 자본이 형성될 것이다. (2013년 6월 3일 대통령비서실 수석비서관 회의 내용 중 요약)

이러한 대통령의 인식과 더불어 필요한 것은 이제 이렇듯 우리 대한민국의 전통적 가치관을 계승하면서도 여하히 다원화된 세계화와 서구화된 개인주의, 또 자본주의 체제에 적합하며 국민정서에 부응하는 고유의 사회적 자본을 만들어 가느냐 이다. 무엇보다 정부에만 맡겨서는 안된다. 지식인과 시민사회 영역, 또 기존 관변단체라 불리어온 사회단체의 자각과 각성을 비롯하여 범국민적인 실천과 참여가 절실히 요구된다.

또 한 가지 중요한 전제는 이러한 사회적 갈등 해소와 사회적 비용 낭비를 없애기 위한 사회적 자본의 확충이 단기간 내에 성과나 효과를 기대해서는 안된다는 점이다.

우리가 '관용(tolérance ; 똘레랑스)'으로 상징되는 이해와 배려의 사회적 자본으로 널리 알려진 프랑스 사회가 1895년 이른바 '드레퓌스 사건'의 편

Cinq Centimes

L'AURORE

Littéraire, Artistique, Sociale

J'Accuse...!

LETTRE AU PRÉSIDENT DE LA RÉPUBLIQUE

Par ÉMILE ZOLA

1895년 프랑스에서 일어난 드레퓌스 사건은 결국 에밀 졸라를 비롯한 프랑스 지식인의 행동으로 드레퓌스에게는 무죄가 선고됐지만 프랑스 군부와 정부의 공식사과는 사건 발생 100년이 지난 뒤에야 이뤄진다. 1995년 무뤼 장군은 드레퓌스 사건이 '반유대주의 정서에 편승해 무고한 군인을 간첩으로 몰아세운 군사적 음모'라는 점을 인정했다. 1998년 1월 자크 시라크 프랑스 대통령은 에밀 졸라의 '나는 고발한다' 발표 100주년을 맞아 드레퓌스와 졸라 가족에게 공식 사과 서한을 전달했다. 사진은 에밀 졸라의 '나는 고발한다'는 제하의 1895년 기고문과 100여년 후인 1998년 에밀 졸라에게 공식 사과를 발표하는 자크 시라크 프랑스 대통령. 〈사진 'acec808' 블로그 캡처〉

견과 인종주의의 덫에서 벗어나 양심과 자유를 바탕으로 서로 관용하는 사회로 나아가기 시작했다는 점은 시사적이다. 독일 또한 1945년에서야 '홀로코스트'로 상징되는 폭력과 광기의 나찌즘에서 벗어나 오늘날 자국 내에서 이루어지는 군사작전까지도 헌법재판소의 판결 아래 수행하며 자국민뿐만 아니라 자국의 외국인이나 다른 나라까지 배려하는 인간의 존엄성을 최상으로 존중하는 인권과 기본권의 나라가 되기까지 많은 시행착오를 겪어야 했다는 점 또한 교훈으로 삼아야 한다.

## 대전 충남, 갈등해소와 신뢰 구축 선도적 역할

이제 문제는 필자가 제시한 '등권'과 '상생'을 향한 로드맵을 어떻게 실천하느냐에 있다. 따라서 필자는 미력하나마 그간의 공직과 의정활동을 통해 쌓아온 경험을 바탕으로 충청에서부터 '등권'과 '상생'을 화두로 이러한 사회적 자본의 확충과 회복에 앞장서고자 한다.

한 가지 반가운 것은 우리 충청이 이러한 사회적 갈등 해소와 사회적 자본 축적에 전국 그 어느 곳보다 앞장서고 있고 일정한 성과를 거두고 있다는 점이다.

대전광역시는 염홍철 대전시장을 중심으로 2011년 사회지표조사를 근거로 대전시민의 이웃에 대한 신뢰감이 낮게 나타나 시민 복지와 도시 발전을 저해한다고 판단하고 전국 광역자치단체로는 처음으로 사회적 자본 선도도시를 표방하며 전국 지방자치단체까지 확산시키는 진원지가 되고 있다.

염홍철 대전시장은 사회적 자본은 사회생산성을 높일 수 있는 사람들 사이의 좋은 관계망이라는 전제 아래 '좋은 관계망'이란, 눈으로 볼 수 없지만 정서적으로 이미 알고 있는 공적 가치, 즉 신뢰, 배려, 나눔, 참여, 소통, 존중, 포용, 협력 등을 정의하면서, 불신, 대립, 갈등 등 시민 간 '나쁜 관계망' 은 사회적 비용을 증대시켜 사회생산성을 떨어뜨리는 큰 요인으로 작용한다는 판단 아래 범시민 캠페인은 물론 각종 지원사업에 앞장서고 있다.

대전광역시가 사회적 자본 선도도시로서 추진하고 있는 다양한 사업 중에서 마을 · 사회적 기업 사업. 김수경 '한뼘더' 대표가 관람객에게 품앗이 성장학교의 공동체 · 생태 · 예술 등의 학습 프로그램을 설명하고 있다. 〈사진 대전광역시청〉

충남도 또한 사회적 자본 축적의 전제라 할 수 있는 사회적 갈등관리에 앞선 관심으로 앞장서왔다. 충남도는 타시도에서는 무관심해온 '공공갈등업무' 를 충남발전연구원에 위탁하여 추진해 왔고, 공공갈등에 대한 연구와 교육 훈련, 그리고 현장지원까지 시행하는 단계에 이르고 있으며 적지 않은 논문을 비롯한 연구실적은 물론 갈등관리 전문가도 상당수 배출해왔다.

이제 충청은 이러한 앞선 인식과 선도적인 노하우를 바탕으로 충청권 내의 시군 사이의 갈등을 해소하고 상생의 정책을 공유하며 동등한 권익의 이해 위에 등권과 상생의 미래를 여는 모범이 되어야 한다. 나아가 이러한 상생과 협력을 경제, 시민사회, 복지, 문화예술 전 분야에 걸쳐 확산시키는 동시에 충청과 인접한 강원, 경상, 전라, 경기 등 광역권과도 등권과 상생의 교류를 확대하면서 새로운 정책을 개발해 나가야 한다.

민선 5기 충남도가 일군 눈에 띄는 것 중 하나는 6년에 걸친 도청 이전 대역사를 차질 없이 마무리 하고, 행복 충남의 새로운 100년의 첫 발을 성공적으로 뗐다는 점이라는 평가를 받고 있다. 사진은 지난 6월 20일 도청 대회의실에서 열린 안희정 충남도지사 민선 5기 3주년 기자 회견. 〈사진 충남도청〉

먼저 대전광역시와 충청남도, 충청북도 광역단체장들이 지난 1998년 '대청호 선언' 이래 지금까지 15년여 당을 초월해서 협력해온 전통을 새로이 바로 세우면서, 한 걸음 나아가 전국시도지사협의회에 제안하여 '(가칭)등권상생 권리장전'을 기초하는 것은 어떤가 제안하고 싶다. 안희정 충남도지사는 전국시도지사협의회에 지방분권특별위원회 설치를 주도했으며, 권역별 순회 토론회와 토크 콘서트를 진행중이므로 이를 한 단계 업그레이드시킬 수 있는 계기를 마련할 수 있을 것이고 분권자치의 개헌 논의 활성화 등에도 전기가 될 수 있을 것이다.

다만 이미 역대 정권과 이른바 '3김'이 주도했던 과거 정치권의 부침에서 보듯이 '등권'과 '상생'의 화두를 정략에 이용한다거나 개인적인 정치적 의도에 이용해서는 안된다는 점은 반드시 조언하고 싶다. 만일 그럴 경우 이미 의식면에서나 정치참여의 수준에 있어 선진화된 시민들의 냉엄한 비판에 부딪칠 수 있다는 점은 분명히 인식해야 한다. 이는 개인적인 차원을 넘어서 진정 우리 고장 충청의 미래를 생각하고 자치와 분권, 나아가 등권과 상생의 미래를 생각하는 마음에서 제언하고 싶다.

## 사회적 자본 기반 위에 '충청정신의 재정립' 필요

무엇보다 충청이 대한민국 등권과 상생의 메카로서 타시도와 대한민국의 미래를 추동할 수 있는 중심이 되기 위해서는 역사와 현재, 나아가 미래까지 꿰뚫는 충청정신을 바로 세우는 사회적 자본으로서 '충청정신의 재정립'을 제안하고 싶다. 이미 충청인 누구나가 자부와 긍지를 가져왔듯이 우리 충청은 대대로 '충절(忠節)'의 고장이자 '인정(人情)'이 풍부한 고장이었다.

우리 근대사에서 상해임시정부의 정신적 출발이었던 삼일만세운동의 기미독립선언서를 기초했고 평생 독립에 헌신했던 한용운 선생, 한국 여성의 기개를 세계만방에 떨치며 조국을 위해 초개와 같이 목숨을 던진 유관순 열사, 광복군의 무장투쟁에서 청사에 길이 빛날 청산리 전투의 김좌진 장군과 역시 무장투쟁의 일선에서 일제를 단죄했던 윤봉길 의사, 독립운동가이면서 우리 상고사를 다시 세운 역사가이자 민족사가인 신채호 선생의 맥박이 충청의 산하와 충청인의 맥박에 고동치고 있다. 거슬러 오르면 의병을 일으켜 구한말의 조국 수호에 앞장섰던 최익현 선생, 구한말

아산 현충사의 충무공 이순신은 조선의 백성과 나라를 구한 성웅이자 역사를 뛰어넘어 조국근대화 과정에서 나라와 겨레를 위한 애국애족으로, 국민교육의 표상으로 충청인의 가슴에 면면히 내려왔다. 사진은 이충무공을 재조명했고 아산 현충사를 가장 자주 찾았던 박정희 전 대통령이 1966년 4월 28일 현충사 경내에 기념식수하는 모습. 〈사진 'doorsky' 블로그 캡처〉

개혁에 앞장섰던 김옥균 선생, 외세에 맞서 장렬히 산화했던 우금치 고개의 수많은 이름 없는 동학농민혁명의 열사들 또한 충청인의 가슴에 표상으로 간직되어 왔다.

어디 이뿐인가. 아산 현충사의 충무공 이순신은 조선의 백성과 나라를 구한 성웅이자 역사를 뛰어넘어 조국근대화 과정에서 나라와 겨레를 위한 애국애족으로, 국민교육의 표상으로 충청인의 가슴에 면면히 내려왔다. 금산 칠백의총의 조헌 장군과 칠백의사 또한 왜적에 맞서 조국과 백성을 지켰다. 충절의 정신은 최영, 김종서, 성삼문, 이개 등과 같은 위인으로부터, 또 백제로 거슬러 올라 계백 장군에 이르기까지 충청정신의 뿌리가 되어왔다.

필자는 이미 네 권의 에세이집에서도 언급했지만 충남도에서 공직생활을 하면서도 이러한 충청의 인물과 정신에 대해 복원과 보존, 나아가 계승과 연구에도 적지 않은 관심과 열정을 쏟아왔다. 비단 필자뿐만 아니라 전국에서 선도적으로 1996년 충남발전연구원 역사문화부로 문을 연 충남역사문화연구원은 지난 17년여 동안 이러한 충남의 역사와 전통, 사상과 정신을 연구하고 대중화하며 충청정신의 정립에 큰 자취를 남겨왔다.

최근 충남도가 역점적으로 추진하고 있는 '기호유교문화자원' 공동발굴 사업을 비롯한 '충청기호유교문화권 종합개발'은 반길 만한 일이다. 다만 올해 국회 예산 심의에서 필요한 연구용역 예산 5억원이 전액 삭감됐다는 점은 충청기호학파와 함께 조선 유학의 양대 분수령을 형성했던 영남지역이 국책사업으로 2000년부터 11여년간 1조 5000억원이 투입되면서 대대적인 유교문화재 복원과 콘텐츠 개발사업을 추진해왔다는 점과 대조되는 한편, 앞으로 우리 충청권이 힘을 모아야 할 과제라는 점도 새로운 각오로 삼아야 한다.

차제에 이러한 '충청기호유교문화권 종합개발' 사업의 유적과 유산이 비단 논산과 계룡 등 충청 동남부 내륙지방에만 있는 것이 아니라 대전과 충북을 비롯한 충청 전지역에 분포되어 있다는 점에서 충청권 상생협력 사업으로 업그레이드하여 추진하는 발전적인 방안의 모색도 필요하다는 생각이다.

## '충청기호유교문화권 종합개발' 충청인이 힘을 모으자

이렇게 어려움을 겪어온 충청기호유교문화권 계승과 복원에 비해 최근 복원과 역사공원 조성 등의 활로를 열고 있는 초려 이유태 선생 계승사업은 유한식 세종시장을 비롯한 지역단체장과 문중대표, 전문가를 중심으로 2004년 이래 전국적인 유림, 사회 각계의 청원까지 확산시키면서 십여 년 만에 관철시킨 성과라는 점에서 충청기호유교문화권 사업에 있어서도 교훈으로 삼아야 한다는 소신이다.

충청권 시도지사의 '(가칭)등권상생 권리장전' 청원 및 제정과 '충청정신 재정립'의 초석과 더불어 실질적이고 구체적인 충청권 시군구 기초단체별, 나아가 인접 광역단체 간의 등권 상생 정책의 개발과 실행부터 서둘러야 한다.

충남의 경우 2006년까지 백제권, 금강권, 서해안권, 북부권 등 4대권역별 특성화 전략을 통해 시군간의 동질성을 바탕으로 균형개발에 노력해

충청기호유교학계의 일맥을 이룬 초려 이유태 선생 역사공원 조감도. 초려 이유태 선생 계승사업은 한때 위기에 처하기도 했지만 유한식 세종시장을 비롯한 지역단체장과 문중대표, 전문가를 중심으로 2004년 이래 전국적인 유림, 사회 각계의 청원까지 확산시키면서 십여년 만에 관철시킨 성과이다. 〈사진 공주대 이연우 교수 페이스북〉

왔다. 이후 이완구 충남도지사를 중심으로 2006년 이후 백제권, 금강권, 북부권, 서해안권 등 4개 개발경영권 특성화와 행정도시 건설, 내포문화권 개발, 유교문화권 육성 등 3대 전략 프로젝트를 연계한 '4+3 균형발전 전략'으로 전환하여 개발을 확산시켰다.

이명박 정부 들어 노무현 정부에서 여야가 합의한 지방행정체제 개편을 바탕으로 전국을 2~3개 시군씩 70만 인구 단위의 소생활권으로 묶어 지방행정체제 개편을 유도하며 추진했지만 충청권에서는 청원과 청주 통합 이외에는 큰 성과를 거두지 못했다.

2010년 지방선거 이후 충남도는 안희정 지사를 중심으로 2011년 5개 권역으로 나누어 개발 구상을 발표하여 추진 중이다.

골자는 태안, 보령, 서천을 포함하는 해양도서 관광권은 서해안 해양관광거점과 관광 · 레저 기업도시를 중심으로 하는 해양 휴양관광지역으로, 서산, 당진, 예산, 홍성을 포함하는 내포문화 관광권은 내포문화권의 인물, 종교, 민속자원과 연안관광자원이 연계하는 역사 · 문화관광지역으로, 아산, 천안을 포함하는 역사 · 온천 관광권은 충절의 인문문화자원과 천혜의 온천자원을 연계한 문화 · 휴양 관광지역으로, 공주, 부여, 청양 등 백제문화 관광권은 백제역사문화자원과 금강생태축을 연계한 역사·생태 관광지역으로 각각 육성한다는 방침이다.

충남도는 이러한 5개 권역별 개발전략을 바탕으로 지난 6월 17일 '미래 100년, 충남의 발전전략 심포지엄' 등을 개최하면서 내포신도시 충남도청 이전을 계기로 환황해 시대의 주역으로 발돋움하기 위한 충남도의 비전과 발전전략을 의욕적으로 추진하고 있다.

필자는 충남 아산지역구 국회의원으로서, 또 충청의 미래를 함께 걱정하고 지혜를 모으는 충청인의 한 사람으로서 충청이 등권과 상생을 화두로 새로운 대한민국의 중심으로 나아가기를 희망한다.

첫걸음은 앞서 충남도가 추진하고 있는 5개 권역의 시군이 호혜와 등권의 전제 아래 상호 정책 협력과 공동발전방향을 모색하도록 도에서 정책조정과 지원 방안을 유도해주어야 한다는 제언이다.

나아가 충남도가 세종시와 역점적으로 추진하는 광역권의 공동발전을 위해 경제를 비롯한 사회간접자본 확충 등 제반 정책분야별로 정책협력과 공동사업을 개발하고 추진하는 방안을 제언한다. 이러한 충남도와 세종시의 상생협력은 최근 합의와 구성에 들어간 충청 현안 해결 충청권 4

개 시 · 도(대전 · 세종 · 충남 · 충북) 광역단체장과 여야 시 · 도당위원장이 참여하는 민관정협의체의 지원과 협력을 배경으로 과거 대전 · 충남 · 충북 3개 시도협력의 성과 위에 세종시가 참여하여 공동발전과 개발 전략을 개발하고 민간협력, 그리고 정파를 초월한 정치권의 지원과 협력을 받는 정책기능 중심의 등권 상생 공동체로 업그레이드되기를 바란다.

## 충청권 주축, 경기, 전북, 경북, 강원 상생협력 정책시대 열어야

이러한 충청권 광역간 정책 네트워크 단계가 구축되면 인접 광역자치단체와의 등권 상생 정책네트워크로 확장해야 한다. 충청권과 강원권(충북), 경북권(충북), 전북권(충남, 충북), 경기권(충남, 충북) 등으로 공동발전을 위한 상생협력 정책 네트워크로 확장해 나갈 수 있다. 방향은 투트랙으로 우선 인접 기초단체 간의 협력과 정책개발을 유도하면서 광역단체 간 협력을 병행하여 추진하는 것이 바람직하다는 생각이다.

이렇게 된다면 오늘날 '금강대전' 이라고까지 불리우는 서천과 군산간의 뿌리 깊은 갈등, 또 당진과 아산 평택 사이에 개발주도권을 놓고 벌어진 갈등 등을 치유하면서 그로 인한 사회적 비용을 정책개발과 추진재원으로 전환할 수 있으리라 기대할 수 있다. 필자는 이러한 지역 갈등을 볼 때마다 2006년 정치적 능력의 한계로 중단되었던 '서해안권 공동번영 선언' 에 대한 안타까움이 앞서곤 한다.

오늘날 '금강대전'이라고까지 불리우는 서천과 군산간의 뿌리 깊은 갈등을 볼 때마다 필자는 2006년 정치적 능력의 한계로 중단되었던 '서해안권 공동번영 선언'에 대한 안타까움이 앞서곤 한다. 따라서 금강을 테마로 한 정책테마형 상생협력이 실현된다면 이러한 갈등도 실마리를 풀 수 있음은 물론 등권에 바탕한 공동발전을 기약할 수 있다는 믿음이다. 〈사진 서천과 군산이 마주보고 있는 금강하구둑 네이버 항공사진 캡처〉

초기에는 시군구 단위의 지역을 중심으로 정책협력을 강화해 나아가면서 자연환경과 문화를 접목하는 정책테마를 새롭게 개발하여 복합적으로 추진하는 방안으로 발전해가야 한다는 생각이다. 예를 들면 금강은 전북 장수군에서 발원하여 전북 무주, 충남 금산, 충북 영동, 옥천을 거쳐 대전, 세종, 공주, 부여, 서천, 군산으로 합류한다. 따라서 이들 시군이 금강이라는 정책테마를 중심으로 상호 협력하고 금강수계의 수자원 관리와 보존, 나아가 효율적인 이용과 개발을 모색할 수 있으며 금강을 테마로 한 문화콘텐츠 개발과 통합적인 관광정책 개발에까지 나아갈 수 있다는 소신이다.

## 금강, 계룡산, 민주지산 등 정책테마형 상생협력 창조해야

충북, 경북, 전북에 거쳐 있는 민주지산을 테마로 한 정책개발도, 경기와 충남에 거쳐 있는 아산호(평택호)를 테마로 한 개발도, 또 대청호를 중심으로 한 대전과 충북의 정책테마도 모두 새로운 정책테마형 상생협력의 전기가 될 수 있다. 또한 강원과 충북, 충북과 경북의 경계에서도 정책테마형 상생협력이 활성화된다면 행정구역이 갈등과 소지역주의의 대립이 아닌 상호협력과 새로운 수익을 창출하는 이른바 창조경제의 영역으로 나아갈 수 있지 않은가 생각한다.

이러한 정책테마형 상생과 정책협력은 광역지자체 내부에서도 가능하다. 예를 들면 5대 권역 개발에 얽매이지 않고 권역별 개발에 주력하면서도 계룡산을 정책테마로 논산과 계룡, 공주와 대전이 서로 계룡산권역의 문화산업과 관광산업을 창출해 나아갈 수 있을 것이다.

## 문화적 동질성 회복과 경제적 권익 창출 등 단계적 상생 추진

오늘날 뿌리 깊은 지역갈등, 특히 국책사업과 지역개발사업 유치를 놓고 극한대립과 갈등을 보여온 사회적 비용 낭비와 손실은 명목과 단기간의 미봉책으로는 해소가 불가능하다. 따라서 문화적으로 동질성을 회복하고 경제적으로 권익을 창출하는 단계를 거쳐 대화와 타협, 경제적 이익의 공유 등 점진적인 과정을 통해 등권과 상생의 시대를 열어갈 수 있다는 믿음이다.

이러한 인접 광역권 개발과 병행하여 전국으로 정책테마형 상생협력을 확대해 나아가야 한다는 것이 다음 단계의 구상이다. 예를 들면 충남 아산의 현충사와 이충무공 축제는 서울의 중구 필동 출생지에서부터 백의종군 여정, 나아가 호남과 영남에 걸쳐 있는 승전 유적과 축제를 하나의 역사적이면서도 문화적인 테마로 묶으면서 새로운 문화산업과 관광산업을 창출할 수 있다는 구상인 것이다.

현재 전국을 순회하며 열리고 있는 온천축제를 모델로 삼아 업그레이드시킨다면 충분히 가능한 정책대안이며 충청이 전국에서 모이고 전국으로 나아가는 문화와 관광의 생활문화권으로 나아갈 수 있다.

당진에 있는 연암 박지원의 유적도 전국 각지의 연암문화로 묶고 나누면서 정책협력이 가능하고, 대전과 충북에 나뉘어 있는 단재 신채호 선생도, 충북과 대전 인근에 남아 있는 송시열의 문화적 유산도 공유하면서 문화적인 정책테마로 상생협력하면서 업그레이드시킬 수 있다.

내포신도시 시대를 개막한 충남도는 충청권 상생협력의 메카뿐만 아니라 대한민국 상생협력의 중심지로서의 미래를 가꾸어가야 한다. 사진은 하늘에서 내려다 본 내포신도시의 새시대를 맞이한 충남도청. 〈사진 충남도청〉

이러한 기초, 광역, 정책테마형 상생과 협력은 등권에 바탕한 전국 단위의 상생협력과 공동정책개발로 나아갈 수 있으며 최근 급속히 발전하는 SNS, 나아가 ICT융복합과 결합하면 새로운 정보통신산업의 창달은 물론 인문학적 콘텐츠와 ICT기술이 융복합하면서 창조경제의 모델로 자리잡을 수 있을 것이다. 또한 세계 각국에 진출한 한인 네트워크와 결합하면 온라인상에서 한류를 비롯한 대한민국 문화콘텐츠의 세계화는 물론, 현재 대중문화에 치우친 한류를 클래식 한류, 나아가 정신문화의 한류까지 업그레이드시키며 오늘 우리 대한민국이 지향하는 문화융성국가를 향한 한류 실크로드의 글로벌 네트워크를 창출하는 데까지 나아갈 수 있다는 믿음이다.

## 충청에서 지역갈등 넘어 문화, ICT, 인문 융복합 창조하자

오늘날 우리 지식정보 네트워크는 굴뚝산업과 문화산업, 과학기술산업과 지식정보산업, 디자인과 콘텐츠 산업 등 끊임없이 빠르게 융복합하면서 미래로 나아가고 있다. 오늘 우리의 정책방향 또한 경계와 영역을 허물고 창조와 새로운 영역으로 나아가야 한다.

그리고 그 대전제는 행정구역과 지역이라는 편협한 지역갈등에 매몰되지 않고 지금까지 엄청난 소모와 낭비요인이 되어온 지역갈등을 넘어 등권에 바탕한 상생, 대립과 갈등을 넘어서는 사회적 자본의 확충과 창달이라는 점을 강조하고 싶다.

필자 또한 국민의 한 사람이자 국민의 소중한 권리를 위임받은 정치인의 한 사람으로서 국민 모두가 공정하게 경쟁하고 형평성 있는 대우를 받으며 국민행복시대를 열어가는 전진의 대열에 앞장서고 싶다. 나아가 이러한 등권과 상생을 바탕으로 대한민국 국민 모두가 상생하고 협력하면서 '내 꿈을 이루는 대한민국', 그리하여 박근혜 정부의 성공은 물론 여야가 상생하고 진보와 보수가 협력하면서 통일 대한민국을 이루는 역사적인 그 날을 향해 전진하고자 한다.

사진_ 김연수 문화일보 사진부장

사진_이주형

사진_심상협

국민여러분과 함께 대한의 내일을 묻다

부록

◆

# 문화로 읽는 오늘의 대한민국

◆ **2013년 대한민국, '레미제라블'의 사회학**
**이명수** 국회의원, 수필가

◆ **중국 곡부의 공자, 오늘 우리의 공자**
**이명수** 국회의원, 수필가

◆ **지난 대선 박근혜 · 문재인 두 후보 모두 승리한 것**
**심상협** 문학평론가

◆ **연암의 '법고창신'도 있는데 왜?**
**심상협** 문학평론가

문학시대 기고문

# 2013년 대한민국, '레미제라블'의 사회학

**이명수** 국회의원, 수필가

한 시대의 문화적 흐름은 그 사회의 의식을 반영한다. 특히 대중문화는 직접 대중들과 호흡한다는 점에서 더욱 그러하다. 지난 해 12월 대선 직후 영화 한 편이 개봉되었다. 뮤지컬을 영화화한 『레미제라블(Les Miserables)』이었다. 이 영화는 뮤지컬을 영상으로 옮겼다는 한계와 우려에도 불구하고 2월까지 3개월여 동안 오백만 관객수를 돌파하며 국민적 호응과 사랑을 받았다. 나 또한 학창 시절 『장발장(Jean Valjean)』이라는 제목으로 번역되었던 단행본을 읽은 기억을 되짚어보며 이 영화를 보았다.

## 왜 오늘 대한민국 국민은 『레미제라블』에 감동하는가?

진정한 고전이 위대한 이유는 다시 접할 때마다 새롭게 읽히는 때문인

지도 모른다. 학창시절 주인공 장발장의 인간 승리, 그리고 코제트에 대한 연민으로 가슴 졸이며 읽었다면 오십 후반의 나이에 다시 영화로 접하면서는 '비참한 사람들'이라는 원제에 주목하면서 감상하게 되었다. 특히 단순한 작품 감상에서 한 걸음 나아가 어떤 점에서 이 영화가 이토록 우리 국민들의 사랑과 관심을 끌었을까 하는 생각에 깊이 잠기게 되었다.

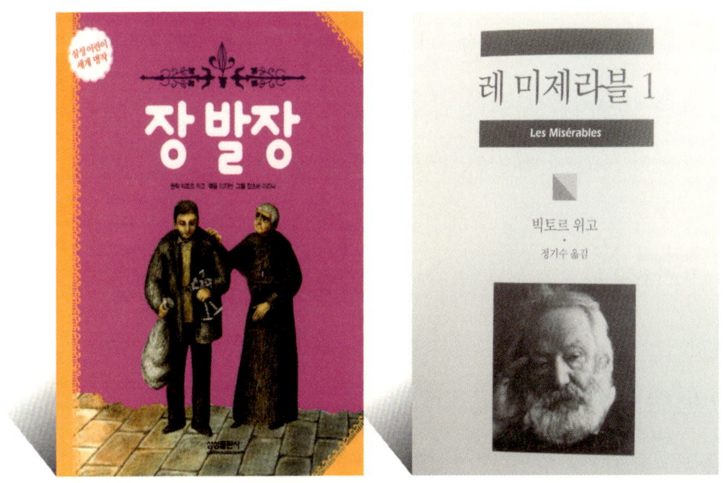


『레미제라블(Les Miserables)』은 흔히 남자 주인공인 '장발장(Jean Valjean)'이란 이름으로 번역되어 읽혀온 고전이다. 하지만 본래 제목은 '비참한 사람들'이라는 의미를 가지고 있다. 학창시절 '장발장'으로 읽은 기억이 난다. 이제 다시 영화를 보면서 모두 5권으로 완역된 『레미제라블(Les Miserables)』을 다시 구입해서 읽었다.
〈사진 왼쪽 삼성출판사 간 『장발장』, 오른쪽 민음사 간 『레미제라블(Les Miserables)』〉

『레미제라블(Les Miserables)』은 우리에게 익히 알려진 고전이자 명작이다. 영국에 세익스피어가 있다면 프랑스에는 빅토르 위고가 있다고 할 만큼 프랑스 국민들의 사랑을 받으며 자부와 긍지로까지 여겨지는 작가의 작품이기도 하다.

이 영화가 2013년 우리 한국 사회를 열광시킨 이유를 되새겨 본다.

첫째, 인간을 빈곤과 공포로부터 벗어나게 해주는 구원의 손길이다. 저 유명한 미리엘 주교의 '은촛대'가 전해주는 거룩한 용서는 오늘 반목과 갈등으로 방황하는 우리들에게 진정한 사랑과 구원의 메시지를 전해준다. 무지와 가난 속에서 가난한 시골의 노역부 장발장은 누이의 어린 조카들이 기아에 허덕이게 되자 빵 한 조각을 훔치다 붙잡혀 무려 19년 동안 감옥살이 끝에 출소하지만 사회의 냉대 속에서 증오와 분노를 키우게 되고 도둑질과 범죄의 유혹에 빠진다. 이러한 장발장이 따뜻한 식사와 잠자리를 베풀어준 미리엘 주교의 은촛대를 훔쳤다가 오히려 자신을 용서해 준 주교의 구원의 손길에서 새로운 삶을 시작하게 된다.

우리 사회에도 가난 속에서 비참한 삶을 안간힘으로 살아가는 이웃들이 있다. 아니 헤아릴 수 없을 정도로 많다. KBS1 텔레비전의 '현장르포 동행'이 떠오른다. 부모의 손길 없이 병마에 시달리는 늙으신 할머니의 노점상을 도우며 살아가야 하는 가여운 여학생 이야기, 장애를 가지고도 아내가 가출한 단칸방에서 찹쌀떡을 팔고 전단지를 붙이며 하루하루 가난과 고난을 이겨내려 발버둥치는 아빠의 이야기, 난치병에 시달리는 아버지의 병원비 때문에 거리로 나앉고도 실낱같은 희망의 끈을 부여잡고 일용직을 전전하는 어머니와 여관방에서 학교에 다녀야 하는 오누이 이야기. 우리 곁에는 이렇듯 가난하고 비참한 '레미제라블' 이웃들이 많다.

우리는 과연 이들을 위해 무엇을 하고 있는가. 다행히도 방영이 된 이들에겐 따뜻한 온정과 후원이 쏟아져 들어온다. 그러나 방영조차 안 되고 알려지지 않은 음지에서 허덕이는 더 많은 이웃들은 어떻게 해야 하나?

## 오늘 우리는 우리 곁의 '비참한 이웃'들을 위해 무엇을 하고 있는가?

『레미제라블(Les Miserables)』의 원제가 의미하는 '비참한 사람들'은 우리 곁에도 많다. KBS1 텔레비전의 '현장르포 동행'에서도 비참한 현실 속에서도 희망으로 이겨내며 사는 사람들이 있다. 〈사진 프로그램 소개 화면 캡처〉

서너 해 전부터 나는 한 신부님의 권유에 따라 한 끼 식사 때마다 오백원을 저금통에 넣는다. 그리고 저금통이 가득해지면 성당을 찾아가 신부님께 감사하는 마음으로 이 저금통을 털어 기부한다. 지난 해 성탄절에도 아기곰 저금통 하나를 전해드렸다. 그 때마다 가슴 속에 떠올리면서 우리 사회에 미리엘 주교의 '은촛대'가 상징하는 구원과 사랑이 점점 많아지고 가득해져서 우리 온 사회 곳곳이 온기로 따뜻해지기를 소망하게 된다.

둘째, 우리를 깨우는 감동은 가정의 소중함이다. 한 도시에 공장을 세운 후 사업에 성공한 장 발장은 팡틴이라는 가엾은 여인과 그녀의 딸 코제트를 비롯, 가난하고 불행한 사람들에게 아낌없이 도움을 베풀며 사람들의 존경을 받고 결국 시장의 자리에까지 오른다. 그의 모습은 한 때 딸 코제트를 위해 몸까지 팔아야 했던 여인 팡틴의 따뜻한 반려자이자 코제트의 아버지로서 비참한 시대의 구원상을 보여준다.

오늘 우리 사회에서 아버지는 진정 존경받고 있으며 어머니의 사랑은 올바른 길을 가고 있는가 되묻게 되는 대목이다. 물질의 풍요 속에서 무한경쟁으로 내몰리고 있는 아이들과 일류대와 사회적 성공만이 전부인 잣대 속에서 진정한 아버지와 어머니의 모습은 자리를 잃어가고 있다. 더욱이 어쩔 수 없는 처지에서 부모 없이, 또는 홀부모 가정에서 자라는 아이들에게 아버지, 또는 어머니의 역할은 누가 어떻게 해줘야 하는가?

오늘 우리는 이러한 물음에 대답할 수 있어야 하며 누군가는 이러한 역할을 위해 헌신하고 봉사해야 한다. 개인적인 생각으로 이러한 역할분담은 참된 멘토에서 찾아야 한다는 믿음이다. 그래서 온 사회가 한 가정, 하나의 공동체가 되어 어르신을 어버이처럼, 이웃들을 형제자매처럼, 또한 아이들은 친자식처럼 보살피며 서로 손잡아 이끌어주는 우리의 내일을 소망한다.

나 또한 공직생활을 하던 신혼시절부터 아내의 동의를 얻어 한 소녀가장에게 급여의 일부를 쪼개서 후원을 해준 적이 있다. 아마 지금은 어머니가 되어 가정을 꾸려가고 있을 그 소녀에게 늘 건강하고 행복하기를 기도하곤 한다.

## '장발장, 굴복하지 않는 희망', '자베르, 가혹한 정의'의 교훈

셋째, 장발장의 자기희생과 참회의 용기이다. 강직하고 소신에 찬 형사 자베르가 집요하게 장발장의 정체에 대한 의심을 놓지 않고 끈질기게 추적하고 무고한 죄수 한 명이 장발장으로 지목받아 누명을 쓰게 될 처지에 놓이게 된다. 장발장은 이 죄수의 누명을 벗겨주기 위해 자신이 바로 장발장임을 밝히고 그간 쌓은 명예와 부, 그리고 코제트와의 행복한 생활마저 희생한 채 다시 험난한 도주를 선택한다. 나는 이 대목에서 늘 내 자신에게 묻곤 했다. 내가 부당하고 억울한 누명을 쓰게 된다면, 그리고 그 누명이

『레미제라블(Les Miserables)』의 긴장과 갈등의 중심축은 장발장과 자베르의 쫓기고 쫓는 관계에서 비롯된다. 공직자로서의 자베르의 신념, 그리고 고뇌와 선택은 고전을 더욱 빛나게 해주는 백미라 할 수 있다. 2012년 개봉된 영화에서 두 인물에 붙인 '장발장 – 굴복하지 않는 희망', '자베르 – 가혹한 정의'라는 별칭이 이채롭다. 〈사진 영화 홍보 포스터 캡처〉

누군가에게 전가된다면, 과연 나는 내가 나서서 그 죄를 소명할 용기가 있을까? 장발장의 용기 있는 참회와 속죄는 늘 내 가슴 속에 살아 진정한 양심의 힘을 일깨우곤 한다.

넷째, 공직자로서의 자베르의 신념, 그리고 고뇌와 선택이다. 어쩌면 어떤 독자나 관객들에겐 악역으로 비칠 수도 있는 인물 형사 자베르. 그러나 그는 혁명의 소용돌이 속에서 장발장의 자비를 받고 그를 다시 체포할 수 있음에도 결국 그를 놓아주고 자신은 강물 속으로 몸을 던진다.

나는 공직자였던 시절이나 또 오늘 국민의 권리를 위임받아 공적인 업무를 수행하면서 진정 공공의 가치와 임무를 제대로 수행하고 있는지 자문하곤 한다. 그리고 때때로 설령 주어진 임무나 사명이 그릇된 경우에 과연 어떻게 할 것인지 환기해 볼 때가 있다.

멀리 가지 않더라도 민주화의 고난과 역경이 소용돌이치던 시절, 경찰을 비롯한 사정기관의 많은 공직자들이 이러한 고뇌의 시간을 보냈을 것이며, 또한 지금도 법이냐 아니면 인간이냐 하는 기로에서 고뇌해야 하는 경우도 있으리라 생각한다. 그러한 점에서 공직자 자베르의 신념, 그리고 고뇌와 선택은 여전히 오늘 우리 공직자들 앞에 놓여 있는 숙명이라고 생각된다.

끝으로, 마리우스의 혁명과 변화를 향한 열정, 그를 향해 온몸을 던지는 코제트, 그리고 자신을 돌아보지 않는 마리우스를 향한 사랑에 애절한 에포닌, 또 코제트를 위해 마리우스를 구하는 장발장의 목숨을 건 헌신, 이 모두는 빅토르 위고가 남긴 명언 '사랑'을 향한 희망의 메시지로 집약된다는 생각이다.

빅토르 위고는 독자와 청중들에게 연민과 희망의 메시지를 주는 가련한 운명의 주인공 꼬제트를 통해 '사랑'의 위대한 힘을 전해주는 듯 싶다. 사진 왼쪽은 1862년 초판본에 수록된 꼬제트를 그린 에밀 바야르의 삽화, 오른쪽은 2012년 말 새로 완역되어 나온 전 5권의 레미제라블 표지의 꼬제트.

### "인생에서 최고의 행복은, 우리가 사랑받고 있다는 확신"

젊은 날의 내 노트에 기록한 빅토르 위고의 명언 중에 "인생에서 최고의 행복은, 우리가 사랑받고 있다는 확신이다." 라는 말을 기억한다. 우리가 사랑하고 사랑받는다는 것이 비단 사람 사이의 사랑만은 아니다. 비록 내가 사랑하는 이가 다른 것을 추구하고 다른 이를 사랑한다 할 지라도 그를, 또 그가 추구하는 것을 함께 사랑하고 몸 던질 수 있는 헌신과 열정, 그럴 때 우리는 세상의 사랑, 나아가 신의 사랑을 확신할 수 있으리라는 믿음이다.

이렇게 나 스스로와 오늘 우리의 모습을 환기시켜주는 명작 『레미제라블』, 가장 먼저 떠오르는 모습들은 오늘의 나를 위해 사랑과 헌신으로 보살펴 길러주신 어르신들이다. 그리고 또한 내가 내 몸보다 더 소중히 보살피고 이끌어주어야 할 아내, 딸 지은, 아들 지형이. 잠시 고개를 들어 좀더 생각을 넓혀보면 우리 주변의 어르신들과 이웃들과 아이들의 모습이 하나씩 눈시울을 어룽이며 스쳐 지난다.

책으로 보았고 영화로 다시 본 감상과 깨우침을 정리하면서 그가 남긴 묘비명을 찾아보았다.

"낮과 밤의 싸움이로다. 검은 빛이 보인다.
(C'est ici le combat du jour et de la nuit. Je vois de la lumière noire)"

1885년 그가 영면에 들며 비석에 새긴 한 마디. 그렇다. 그는 세상을 떠났고 그의 『레미제라블』을 비롯한 불후의 작품들이 인류의 마음과 역사를 변화시켰지만 여전히 평등과 억압, 그리고 부와 가난으로 상징되는 낮과 밤의 싸움은 세계에, 그리고 오늘 우리 사회에도 계속되고 있다.

## '사회적 형벌'로부터 영원한 자유의 길

나는 영화를 보고 나서 그간 단행본으로만 보았던 『레미제라블』 완역판 다섯 권을 다시 마련했다. 그리고 첫 페이지를 연다.

"법률과 풍습에 의하여 인위적으로 문명의 한 복판에 지옥을 만들고 인간적 숙명으로 신성한 운명을 복잡하게 만드는 영원한 사회적 형벌이 존재하는 한, 무산계급에 의한 남성의 추락, 기아에 의한 여성의 타락, 암흑에 의한 어린이의 위축, 이 시대의 이 세 가지 문제가 해결되지 않는 한, 어떤 계급에 사회적 질식이 가능한 한, 다시 말하자면, 그리고 더욱 넓은 견지에서 말하자면, 지상에 무지와 빈곤이 존재하는 한, 이 책같은 종류의 책들도 무익하지는 않으리라."

– 1862년 1월 1일 오트빌하우스에서 (정기수 옮김, 『레미제라블』 1권 첫 페이지)

여론 일각에서는 『레미제라블』 흥행 성공 이유를 대선에서 패배한 야권 지지자들의 '힐링효과'로 분석하기도 했다. 특히 혁명가 마리우스와 바리케이트 위의 시민들이 합창하는 "민중의 노랫소리가 들리는가?(Do you hear the people sing)"가 울려 퍼지는 장면은 대선에서 패배한 야권 지지자들에게 언젠가는 승리하리라는 힐링의 메시지로 전달되었다는 평가다. 〈사진 UPI KOREA〉

잠시 고개를 들어 다시 생각에 잠긴다. 일부 언론들은 『레미제라블』 흥행 성공 이유를 대선에서 패배한 야권 지지자들의 '힐링효과'로 분석하거나 논평하기도 한다. 하지만 이러한 편가름식 분석에 선뜻 동의하기 어렵다는 생각이다. 예술작품은 감상하는 사람마다 각자 처한 환경이나 시대에 따라 다양한 시각과 해석이 공존해야 한다.

한때 '영웅'을 원하던 시대에 『레미제라블』은 주인공의 영웅적인 라이프 스토리에 초점이 맞춰지면서 『장발장』이라는 제목으로 번역되어 읽히기도 했다. 또한 혁명가 마리우스와 바리케이트 위의 시민들이 합창하는 "민중의 노랫소리가 들리는가?(Do you hear the people sing)"에 맥박이 뜨거워지는 변혁의 열망을 향한 감동도 정당하다.

하지만 『레미제라블』은 빅토르 위고가 첫 페이지에서 밝혔듯이 '사회적 형벌'로부터의 영원한 자유의 길, 즉 여성도, 남성도, 어린이도 무지와 빈곤으로부터 자유로운, 한 걸음 나아가 사랑과 화해의 그날을 이야기하고 노래하는 것이 아닌가 생각을 모아본다.

오늘 우리 대한민국은 물질적 성장을 향한 경제성장의 길, 또 평등과 자유를 향한 민주화의 길을 열어왔다. 그러나 여전히 상대적 빈곤과 불평등, 나아가 화해와 신뢰회복의 과제를 안고 있다. 그래서 『레미제라블』은 2013년 한국사회에서 우리 사회가 진정 모두에게 살 만한 사회인가를 묻고 있지 않나 되새기게 한다.

부록 2

# 중국 곡부의 공자, 오늘 우리의 공자

**이명수** 국회의원, 수필가

지난 신년초 다시 중국에 갈 기회가 생겼다. 과학기술 분야 관련 중국대학과의 교류 때문이었다. 여러 번 중국을 찾았지만 이번 중국행에서는 개인적으로 수십년 동안 그렸던 공자의 유허가 있는 중국 산동성 곡부를 꼭 찾아보리라 마음 먹었다.

사실 공자에 대한 막연한 동경은 성균관대에 입학하면서부터 시작되었다. 조선 오백년의 통치이념이었던 정신이 바로 공맹에서 비롯하여 통칭 유교(儒敎)라 불리우는 동양의 정신 아니었던가. 성균관대와 인연을 맺은 이들은 조선에서 비롯된 성균관을 마음 속의 시원으로 삼으면서 역사적 자부심을 가지고 있다. 그러한 이유로 공자에 대한 동경과 실체에 대한 관심은 철들기 시작한 대학시절 이후 끊임없이 가져온 동경이었다.

## 대학시절부터 40여년 간직해온 '공자'에 대한 동경

모교인 성균관대 안쪽으로 명륜당과 대성전(大成殿)이 있다. 대성전은 조선 건국 이후 통치이념이었던 유교를 국가의 근본으로 삼으면서 공자를 비롯한 4대 성인과 공자의 뛰어난 제자들인 10철, 송조 6현, 그리고 우리나라 명현 18인의 위패를 모시고 있다. 필자는 성균관대 재학시절부터 공자, 그리고 그의 고향 곡부에 대한 호기심을 갖게 되었다. 〈사진 문화재청〉

공직자로서 우리사회의 정체성과 미래를 고민할 때도 공자는 화두로 떠오르곤 했다. 얼마 전 한 소장학자의 저서 『공자가 죽어야 나라가 산다』가 우리 지식인 사이에서 풍미한 적이 있었다. 지금 상명대 교수인 김경일 씨가 유교문화가 한국 사회에 끼친 폐해를 문화사상적으로 조명하여 우리 사회에 적잖은 파장을 일으킨 책이었다. 일견 공감이 가는 부분도 있었다. 하지만 공자의 사상이나 뿌리가 단순히 중국 정신문화의 울타리를 넘어 우리 역사 속에서 한국의 뼈와 살, 문화적 유전자로 진화한 측면을 간과해서는 안되며 그 영향과 폐해 또한 섣불리 재단하지 말아야 한다는 것이 내 소견이었다.

2005년 김경일 교수가 펴낸 『공자가 죽어야 나라가 산다』. 김 교수는 유교문화가 한국 사회에 끼친 폐해를 문화사상적으로 조명하여 우리 사회에 적잖은 파장을 일으켰다.

어릴 적엔 잘 몰랐지만 중국의 공자가 백두대간을 타고 전해와 우리 문화로 정체성을 갖고 있다는 증거는 일상적으로도 곳곳에서 발견할 수 있다. 그중 하나가 고등학교 때 배운 '관동별곡(關東別曲)'이다. 정철의 관동별곡은 강원도 관찰사를 제수받고 관동지방으로 떠나는 장면으로 시작하여 금강산에 올라 인자(仁者), 즉 선비로서 인(仁)을 실천해야 하겠다는 성찰, 그리고 동해바다 일출과 월출을 바라보며 한 개인이자 자연인인 지자(知者)로서의 여망을 그려낸 가사이다. 그리고 마지막 결사에서는 개인적인 자연인으로서의 여망과 공인인 선비로서 태평성대(太平聖代)를 향한 꿈이 합일되는 고전문학의 백미이자 한글문학의 걸작으로 배웠다.

정철은 금강산 최고봉인 비로봉에 올라 스스로를 돌아보며 노래한다.

"(금강산 최고봉인) 비로봉 상봉에 올라가 본 사람이 그 누구이던가. 동산과 태산 어느 것이 비로봉보다 높다 했던고? 노나라 좁은 줄도 우리는 모르거늘 넓고도 넓은 천하가 어이하여 좁다 했다는 말인가? 아, (공자의) 저 경지를 어이하면 알 것인가? 올라갈 수 없는데 내려감이 이상할까?"

– 정철, '관동별곡' 해제 중에서

평생 천하를 주유하면서도 경세(經世)의 포부를 이루지 못했던 공자는 동산에 올라 조국인 노(魯)가 좁은 줄을 알았고 태산에 올라서는 천하가 좁은 줄 알았다 하였으니 그가 품었던 포부는 천하의 치세(治世)였고 정철은 이에 비추어 자신의 경륜과 연륜을 돌아보고 있는 것이다.

## 우리 정신문화에 뿌리내려온 '공자문화'

비단 정철뿐이었던가. 유교가 조선의 통치이념으로 채택되고 수많은 학자와 선비, 관료들에게 고구(考究)되면서 공자는 이미 우리 정신문화에 뿌리를 내리고 가지를 뻗어 그 잎과 과실로 우리 문화를 풍성하게 했다는 생각이다.

공자에 대한 최근의 생각은 『생각의 지도』(리처드 니스벳 저, 최인철 역, 김영사, 2004년)라는 책으로부터 다시 비롯되었다. 이 책은 단순한 서구적 시각을 뛰어넘어 미국의 미시건대, 중국의 베이징대학교, 일본의 교토대학교, 한국의 서울대학교, 중국의 심리연구소 등 동양과 서양을 대표할 수 있는 연구기관의 학자들과 연계하여 다양한 실험을 통한 결과를 집대성한 책이다. 이 책은 공자로 대표되는 동양철학의 '도(道)'와 서양철학의 시원으로 대표되는 아리스토텔레스의 '삼단논법(三段論法)'에서 시작하여 동양과 서양의 철학, 과학, 그리고 사회 구조에 천착하면서 현대를 살아가는 동양인과 서양인의 생각의 구조와 차이를 심리학적으로, 그리고 문화적으로 풀어낸다.

『생각의 지도』(리처드 니스벳 저, 최인철 역, 김영사, 2004년)는 단순한 서구적 시각을 뛰어넘어 미국의 미시건대, 중국의 베이징대학교, 일본의 교토대학교, 한국의 서울대학교, 중국의 심리연구소 등 동서양을 대표하는 연구기관의 학자들과 다양한 실험을 통해 공자로 대표되는 동양철학의 '도(道)'와 서양철학의 시원으로 대표되는 아리스토텔레스의 '삼단논법(三段論法)'에서 시작하여 현대를 살아가는 동양인과 서양인의 생각의 구조와 차이를 심리학적으로, 그리고 문화적으로 명쾌하게 풀어내고 있다. 〈사진 출판사〉

나는 어릴 적부터 궁금했다. 저녁에는 유교식으로 제사를 지내면서 낮에 공식행사에 참석할 때엔 서양에서 유래한 양복(洋服)을 입지 않는가? 그리고 수십 년이 지난 오늘 내게 이 질문은 끊임없이 뇌리에 자리잡아왔고 오늘 우리 대한민국의 과제로까지 진화해왔다. 오늘 우리 사회를 지탱하고 이끌어가는 체제는 자유경쟁체제와 시장경제 원리, 또 민주주의 등을 비롯한 서양의 제도와 체제가 아닌가? 그렇다면 우리가 살아온 동양의 정신과 문화적 유전자는 정녕 사라지고 없다는 말인가?

더욱 중요한 것은 오늘 우리 사회의 갈등과 반목의 근저에는 단기간에 유입되고 제도화된 서양의 정치경제 관습과 제도에 부응할 만한 우리 대한민국다운 정체성과 가치관의 부재가 그 원인이 아닌가 하는 화두이다. 나는 개인적으로 이러한 서양과 동양, 서구화와 한국적인 것 사이의 지체와 장애를 넘어서는 실마리의 하나가 바로 공자에서 비롯되어 오늘 우리 문화유전자 속에 맥박치고 있는 유교라는 정신문화가 아닐까 추론해 보곤 한다.

## 공자를 '민생미유(民生未有)'로 칭한 맹자와 중국 곡부 '공부(孔府)'

이번 중국행에서 수십 년 동안 그려오던 공자와의 만남. 곡부(曲阜)에 있는 공자마을 '공부(孔府)'는 우선 그 규모에서 놀랍게 다가왔다. 공자와 그 후손들이 살아온 공부 마을은 황제가 살았던 자금성에 비견될 정도로 규모가 어마어마했고 그 위용과 규모 또한 대단했다. 공자의 역대 종손들은 '연성군'으로 봉해져 곡부를 통치해왔다 전하는데 집무실인 대성전에는 용의 형상을 새긴 기둥이 열 개가 새겨져 있었다. 천자로 불리던 중국의 황제가 이곳에서 제를 지내러 올 때면 황제가 천자의 상징인 용 문양에 자칫 노여워할 수도 있다는 이유로 용이 새겨진 기둥을 붉은 천으로 가렸다고 한다.

중국 속의 작은 왕국 곡부. 이곳에서 공자의 후손들은 황제 못지 않은 존경과 추앙을 받으면서 이곳을 다스렸을 것이다. 자연히 공자를 칭하여 떠오르는 '민생미유(民生未有)'. 즉 인간이 세상에 나온 이래로 공자만큼 위대한 성인은 없었다는 '맹자(孟子)' 의 기록이 새삼스럽게 다가왔다.

孔府-孔廟-孔林의 孔子고향 曲阜

文革때 수난 83년부터 손질 封墳은 초라…관광호텔 호화

孔廟의 핵심적 건물인 大成殿。60년대 文革기간중 홍위병들에 의해 내부가 무참히 파괴됐는데 지난 84년 복구됐다。

大成殿내부의 孔子像。「萬世師表」「斯文在玆」란 현판이 보인다。

90년대 초 그동안 공산국가로 국교가 중단되었던 중국과 교류가 시작되면서 가장 먼저 관심의 대상이 되었던 곳이 바로 공자의 고향 곡부였다. 〈사진 공자의 고향 곡부를 소개하고 있는 1990년 3월 19일 동아일보〉

그렇다면 공자를 이렇게 거대한 하나의 문화이자 정신의 메카로 만든 것은 무엇일까? 나는 그 연원을 공자 개인의 위대성에서 찾기보다는 리처드 리스벳 교수의 지적대로 공동체를 중시하는 중국, 나아가 동양의 문화적 유전자에서 찾아야 하지 않나 생각한다.

그러한 동시에 중국 곡부에서 만난 공자, 더 정확히는 오늘 중국인들이 가지고 있는 문화로서의 '공자 신드롬' 에 대해 아쉬움도 들었다. 왜냐하면 중국에서 확인한 문화로서의 공자는 세계화 시대의 보편적 공자라기보다는 '동북공정' 과도 같은 중국 중심주의의 일면으로 다가왔기 때문이다.

그렇다면 오늘날 미국과 함께 G2라 인식되며 세계체제의 중심으로 나서고 있는 중국의 정치사회적인 맥락에서 공자는 무엇인가? 이러한 시각에서 지난 2012년 동아일보에 기고한 원로 정치외교학자 황태연 교수의 지적은 오늘 중국사회에서 공자의 위상이 국가비전으로 이어지고 있다는 점에 주목한다.

## 21세기 동아시아와 대한민국, 왜 다시 공맹인가?

우리나라에서 대통령 선거가 한창이던 2012년 11월, '국민대통합' 과 '경제민주화' 의 화두가 국민들의 심판대에 오르고 있을 무렵 중국은 8일에 중국공산당 제18차 전국대표대회에서 2020년까지 '전면적 소강(小康)사회' 건설을 완료하고 2021년부터는 모두가 잘사는 '대동(大同)사회' 건설을 개시한다는 장기발전계획을 발표했다.

이러한 중국의 비전 선포를 바라보면서 황태연 교수는 오늘 중국사회에서 공자로 집약되는 새로운 혁신의 물결에 주목했다.

우리나라에서 대통령 선거가 한창이던 2012년 11월, '국민대통합'과 '경제민주화'의 화두가 국민들의 심판대에 오르고 있을 무렵 중국은 8일에 중국공산당 제18차 전국대표대회에서 2020년까지 '전면적 소강(小康)사회' 건설을 완료하고 2021년부터는 모두가 잘사는 '대동(大同)사회' 건설을 개시한다는 장기발전계획을 발표했다. 〈사진 중국 관영통신 신화사(新華社)〉

한때 사회주의 체제 아래 구악의 상징으로 치부되던 공자의 이념과 사상이 재조명받기 시작한 것은 70년대 후반 덩샤오핑(鄧小平)으로부터였다. 1978년 중국 공산당은 자본주의에서 사회주의로, 또 공산주의로 이행한다는 마르크스주의 역사관을 공식 폐기하면서 1979년 덩샤오핑(鄧小平)이 '소강사회(小康社會)'를 처음 언급했고, 1987년에는 배부른 '온포(溫飽)'에서 '소강(小康)'으로, 궁극적으로는 온 국민이 공평하게 조화롭고 풍요로운 '대동(大同)' 사회로 발전한다는 3단계 발전론, 이른바 '삼보주(三步走)'를 제시했다. '소강(小康)'과 '대동(大同)'은 공자가 '인정(仁政)'과 '덕치(德治)'의 궁극적 이상으로 삼았던 고유의 개념들이다. 이러한 오늘날 중국의 장기발전계획은 공자주의 역사관을 재확인하고 세계를 향한 국가비전으로 내세우고 있다는 점에서 주목할 대목이다.

일찍이 공자는 '소강'을 세습·사유제가 정착되고, 무력과 무용, 예법질서, 각자의 합당한 몫을 정하는 소의(小義), 가족을 챙기는 소인(小仁)이 중시되는 사회로 정의했다. 반면 '대동'은 임금과 치자(治者)가 현자 중에서 민주적으로 지도력을 발휘하고, 대인(大仁)과 대의(大義)의 원리에 따라 화목하며 평화를 이루는 이상사회를 의미하였다.

황태연 교수는 이러한 중국의 '삼보주(三步走)' 장기발전계획의 궁극적 지향점을 자기만 쓰는 '사유(私有)'와 반대로 기꺼이 남과 나눠 쓰는 '개인 소유'에 힘입어 완전고용과 보편복지가 실현되는 신분 차별 없는 무계급 사회를 지향하고 있다고 해석하고 있다.

지난 2011년 "왜 지금 다시 공자 맹자인가"를 화두로 재부각시키며 『공자와 세계』 전5권을 펴낸 황태연 동국대 정치학과 교수. 황태연 교수는 공맹사상은 미래 동아시아문명권을 하나로 묶을 수 있는 유일한 정치철학이라는 신념으로 10년의 준비와 3년의 집필 끝에 출간했다. 총 4부작(제1권 '공자의 지식철학', 제2권 '서양의 지식철학', 제3권 '공자의 덕치철학', 제4권 '맹자의 혁명철학')으로 구성됐으며 총 5책으로 구성되었다. 〈사진 청계 출판사〉

나는 중국 산동성 곡부에서 만난 공자, 그리고 오늘날 중국에서 살아있는 공자사상을 보면서 이러한 공자의 문화가 국경을 넘어 동아시아로, 나아가 세계의 다문화 사회의 맥락에서 더욱 유의미한 소통과 교류의 정신문화로 자리잡아야 한다는 바람으로 나아가고 싶다.

유구한 인류역사에 비추어 볼 때 배타와 차별의 문화는 제국주의나 패권주의의 탈을 쓰고 큰 비극을 불렀다. 게르만 민족의 우월주의와 제국주의가 부른 비극 홀로코스트가 현대 세계사의 대표적인 증거이다. 또한 군국주의와 결합한 일본의 제국주의가 부른 종군위안부의 비극, 강제징병과 징용의 비극은 바로 우리 역사의 증거이기도 하다.

## 서구의 개인주의, 그리고 동양의 공동체 의식

다시 리처드 리스벳 교수의 『생각의 지도』로 돌아와 본다. 동서양과 수많은 민족과 인종의 문화적 차이에서 비롯된 오해와 갈등이 어떠한 비극을 초래할 수 있는가? 『생각의 지도』는 다음과 같은 비극을 문화적 차이가 초래한 사례로 제시하고 있다.

1991년 미국 아이오와대학 물리학과 박사과정 중국인 학생 루강은 논문경연대회에서 입상하지 못했다. 그는 즉각 이의를 제기했으나 받아들여지지 않았다. 교수직을 얻는데도 실패했다. 결국 그는 학과건물에 들어가 지도교수를 총으로 쏘고 다른 학생들에게도 총을 난사한 후 자살하고 말았다. 이 끔찍한 사건에 대한 언론분석은 두 시각으로 나뉜다. 뉴욕타임스는 "사악한 본성의 소유자"가 "성공과 파괴에 몰두한 나머지 저지른 엽기적 사건"으로 보도했다.

서구인들의 개인주의 중심의 윤리와 철학에 근거, 개인적 성장환경과 동기에 초점을 맞추고 있는 것이다. 이에 반해 중국신문 월드저널은 공동체적인 시각과 중국의 관습 '꽌시(關係)'에 주목하면서 이 비극적 사건의 원인을 '지도교수와의 불화'에서 찾으면서 미국사회의 공동체적인 환경에 주목하여 '총기구입이 쉬웠던 상황'을 문제점으로 부각시켰다. 동일한 사건을 놓고 미국 언론은 개인적 성격과 심리상태에 주목하고 강조한 반면, 중국 언론은 자신들의 문화적 정체성에 근거하여 인간관계와 공동체적인 사회모순에 주목한 것이다.

이와 같은 시각차는 지난 2007년 버지니아 공대에서 30여명을 죽이고 자살한 조승희 씨 사건 때에도 비슷한 양상을 보였다. 미국에서는 조승희 씨 사건을 개인적인 관점에서 바라봤고, 우리는 '조승희는 한국인'이라는 집단주의적 관점에서 바라봤다. 그래서 우리가 미국인들에게 사죄해야 한다는 여론이 일었고 수많은 네티즌들이 사과의 뜻을 전했는데 정작 미국의 여론은 "왜 개인의 범죄를 집단이 사과하느냐"며 의아해 했었다.

이러한 차이는 중국과 한국, 일본과 미국, 또 미국과 일본 등 문화적 정체성이 다를 수밖에 없는 민족이나 집단 사이에서 적지 않게 일어나곤 한다. 가장 경계해야 할 것은 이러한 '차이'를 '차별'로 인식하고 대응할 때 국가적 분쟁이나 전쟁에까지 치닫는 엄청난 비극을 초래할 수도 있다는 점이다.

지난 2013년 1월 15일부터 19일까지 4박 5일 일정으로 우리 청년들과 함께 중국 곡부를 찾았다. 한국대학발명협회가 주최하고 발명가 남종현 박사가 후원한 이번 방문은 내가 대학 이후 꼭 찾아보고 싶었던 공자의 유적을 우리 청년들과 함께 찾아서 더욱 뜻깊은 시간을 가질 수 있었다. 〈사진 한국대학발명가협회 이주형 교수〉

오늘날 다문화 사회라 통칭되는 다민족 다인종이 세계화의 흐름 속에서 공생하고 공존하는 조류에서 이러한 문화적 차이에 대한 성찰은 중요한 의미를 지닌다. 그 중에 우리 대한민국 국민이 보편적인 인류사적 시각으로 접근하고 한국적 의미로 재해석해야 할 중요한 과제 중 하나가 바로 공자에 대한 올바른 이해와 정립이라는 생각이다.

이러한 의미에서 최근 『우리에게 유교란 무엇인가』(배병삼 저, 녹색평론사, 2012년)의 시각과 관점은 시사적이다. 그중 가장 공감되는 한 구절만 인용해본다.

## 국가는 국민의 가난보다 고르지 못함을 근심해야

"국가를 관리하는 사람들은 가난함을 근심하지 말고 고르지 못함을 근심해야 한다. 백성의 인구가 적음을 근심하지 말고 그들이 편안하지 못함을 근심해야 한다. 대개 부가 고르면 가난함이 없고, 상하가 화목하면 인구의 적음이 문제되지 않으며, 국가가 안정되면 기울어짐이 없다 (有國有家者 不患貧而患不均 不患寡而患不安 蓋均無貧 和無寡 安無傾)"

– 『논어』 계씨(季氏)편

다산 정약용 선생이 『논어』에서 인용하며 목민(牧民)과 경세(經世)의 근간으로 강조했던 이 구절은 오늘 우리가 새겨야 할 공자의 보편적이고 세계사적인 해석과 계승에 단초를 시사해 준다. 또한 오늘날 성장 못지않게 중요시되고 있는 복지정책의 현실에 비추어 새로운 의미로 다가오는 공자의 가르침이다. 오늘 우리사회가 안고 있는 사회적 문제와 상대적 빈곤을 해결하기 위해 우선해야 할 복지정책에 시사하는 바 크지 않은가?

수십년 간 개인적으로 동경해온 공자의 본향 곡부 여행은 이렇듯 동서가 공존하고 협력하는 세계질서, 그리고 우리 한국사회가 당면한 국민대통합과 경제민주화, 또 분배와 복지의 정의라는 다각적인 현안, 나아가 편협한 국가주의나 민족주의를 넘어서 이루어야 할 보편성의 가치와 정신문화를 향한 지향 등과도 같은 많은 생각들을 정리하게 해주었다.

또한 국민의 권리를 위임받아 이를 받들고 수행해야 할 공직자로서 새삼 깨우치는 한 구절도 가슴 깊이 새긴다.

"공평함은 총명을 낳고, 치우침은 우매함을 낳는다.(公生明 偏生暗)"

– 유향(劉向), 『설원(說苑)』

알면 행해야 하고 더불어 행하면서 이루어야 할 일들을 생각해본다. '국민대통합', '경제민주화', 그리고 '대탕평(大蕩平)'의 키워드로 나아가야 할 미래 대한민국을 향한 열쇠들.

과거의 공자는 따르라고 말했을 수도 있다. 그러나 지금은 다르다. 우리 대한국민이 나서서 더불어 행하고 이루어야 할 과제이다. 오늘 우리 사천만 대한국민은 공평과 치우침, 그리고 총명과 우매의 갈림길에 서있다.

부록 3

# 2012 대선, 박근혜·문재인 두 후보 모두 성공한 것

**심상협** 문학평론가

새아침이 밝았다. 새로 마련한 노트에 첫 화두로 역사의 비극을 기억하지 않는 자에게 스스로의 미래는 없다는 교훈을 적으며 새날을 연다.

계사년 2013년은 경술국치로 국권을 잃은 지 103년째요, 항일과 독립의 기치 아래 상해임시정부를 세운지 94년째이며 광복 68년째 되는 해다. 대한민국 정부수립과 헌정 65주년이며 비극의 한국전쟁이 끝난 지 60년, 4 · 19 혁명과 5 · 16 쿠데타가 일어난 지 50여 년이 흘렀다. 또한 5 · 18광주민주운동 33주년이 되는 해이고 6 · 10민주항쟁 27주년이 되는 해이기도 하다.

## 상생으로 내달아야 할 통합의 이정표

눈 앞에 큰 길 하나 트이며 펼쳐진다. 아직 공정하고 평등하진 못하지만 이제 복지와 나눔을 논할 만큼은 부를 이루었다. 아직은 권력이 고루 국민들에게 돌아가고 국민 모두가 권리를 십분 누린다고까진 자신할 수 없으나 밀실에 갇혀 억압받으며 광장의 언로와 자유를 갈구하였던 민주도 어느 정도 앞으로 나아왔다. 그래서 우리 눈앞은 암흑의 시대가 아니고 밝아오는 아침이며 이정표가 보인다. 바로 성장과 민주의 유산을 모으고 나누며 상생으로 내달아야 할 통합의 이정표이다.

반면 아직 눈보라 속의 길도 있다. 평화와 통일을 바라보면 분단의 비극과 한반도를 둘러싼 외세의 패권주의는 엄존한다.

앞으로 미래를 향한 대한민국을 이끌어갈 박근혜 대통령, 그리고 비록 선거에는 졌지만 과반 가까운 지지를 얻은 문재인 후보는 서로 상생의 노력으로 대한민국 대통합을 위해 힘을 모으기를 소망하고 싶다. 〈**사진** 문화일보 김연수 사진부장〉

이제 2013년 우리가 행하며 가야 할 길은 분명하다. 첫째 성장과 민주의 과제를 한 길로 모아서 국민대통합으로 나아가는 길이다. 둘째는 평화와 통일, 그 희망의 끈을 꼭 움켜쥐고 남북관계와 외세의 패권주의에 지혜로이 대처해 나아가는 길이다. 그 두 가지는 다른 길이 아니며 하나의 길이요, 오천만 대한국민이 우리 다음세대를 생각하며 이제 대장정(大長征)의 각오와 다짐으로 첫걸음을 내딛어야 할 길이다.

## 대선, 이제 승자·패자는 없다

이 준엄한 사명의 대장정(大長征)을 향해 첫걸음을 내딛으려면 먼저 발치의 장애부터 냉철히 살펴야 한다. 지난해 말 대한민국 국민 모두의 여망으로 뜨거웠던 대통령 선거, 시야를 흐리게 하는 걸림돌들이 보인다. 51.6%의 국민은 승리의 자신감에 들떠, 또 48.0%의 국민은 아직 패배감에 휩싸여 2013년을 시작한다는 논조들이다. 지배적인 언론들은 그러한 분열과 갈등을 우려하면서도 오히려 2013년 대한민국을 승패의 제로섬게임, 즉 'All or Nothing'의 권력투쟁으로 몰아가는 분위기가 역력하다. 이러한 논조와 시각에서 보수와 진보, 부자와 가난한 자, 세대와 지역의 갈등은 여전하며 이번 대선은 아직 끝나지 않았다고 목소리를 높인다.

이래서는 안 된다. 누가 승자고 누가 패자란 말인가? 2012년 대선은 단지 오천만의 권익과 살림을 결정하는 주주 총회였을 뿐이고 박근혜 당선자는 대표이사로서, 문재인 전 후보는 이사로서 대한민국 경영에 참여하면 되는 것이다. 물론 소액주주, 즉 소외된 소수 국민들의 권익을 배려하는 공정한 룰을 세우고 실행하는 과제는 잊지 말아야 한다.

또 하나 걸림돌이 보인다. 2012 대선의 특징으로 '세대대결' 양상을 꼽는 분석이 많았고 양 진영은 실제로 이른바 '2040'이라 불리우는 세대를 두고 치열한 접전을 벌였다. 대략 1963년생부터 1992년생까지가 바로 '2040' 세대다. 한국전쟁으로부터 자유롭고 4 · 19와 5 · 16으로부터도 자유로운 세대, 40세 후반 정도만이 십대 중반에 5 · 18을 경험했고 사회생활 초반에 6 · 10을 경험했을, 이후 세대는 이로부터도 자유로운 세대가 바로 '2040' 세대 아닌가.

## 책략가에겐 다음 선거가, 진정한 정치는 다음 세대를

흔히 90년대 30대였고 80년대에 대학을 다녔던 60년 이후 출생 세대를 지칭했던 '386'은 대부분 50대로 접어들었다. 그런데 막상 선거가 끝나자 이번 대선의 최대 승부처로 50대의 선택을 꼽는 분석이 대두되고 있다. 박근혜 당선자가 50대의 '불안'을 키워드로 90%에 가까운 투표율, 박 후보 지지 62.5%(방송3사 출구조사 기준)를 얻으면서 승부를 갈랐다는 것이다. 반면 언론에는 "민주통합당 문재인 후보는 '단일화의 늪'과 '투표율의 덫'에 빠져 50대의 불안감을 놓쳐 패배했다"(민주통합당 전병헌 의원) 등이 패인으로 분석됐다.

선거 책략가들에게는 승인분석과 패인분석이 중요할 수 있다. 그들에게는 다음 선거가 중요하기 때문이다. 그러나 올바른 의미의 정치가는 그래선 안 된다. 국민이 원하는 정치는 다음 선거가 아니라 다음 세대를 생각하는 정치이기 때문이다.

"정치꾼은 다음 선거만을 생각하고, 진정한 정치인은 다음 세대를 생각한다."

19세기 미국의 개혁적인 신학자이자 작가 제임스 클라크의 금언이다. 선거가 끝나면 여든 야든, 승자든 패자든 올바른 정치인의 본연, 또 국민이 여망하는 정치의 장(場)으로 돌아와야 하는 것이다.

이제 승자와 패자가 아닌 우리 정치에 묻는다. 그리고 우리 국민에게 묻는다. 2012년 대선에서 승자든 패자든 함께 승리한 것은 없는가? 나는 작은 실마리에서 첫 대장정의 열쇠를 찾고 싶다.

## 박근혜 당선인과 문재인 전 후보 모두 승리한 것

2012년 대선에서 아무도 주목하지 않은, 하지만 중요한 변화가 하나 있었다. 'JP, DJ, YS, MB'로 이어지던 영자(英字) 이니셜이 사라졌다는 것이다. 박근혜 새누리당 후보는 'ㅂㄱㅎ'으로 한글 첫 자음을 로고 타입화하여 붉은 상징색 말풍선 안에 심볼화해서 사용하였고, 문재인 민주통합당 후보는 한글 이름 그대로를 캘리그래픽(직접 붓이나 펜으로 쓴 글씨체)으로 형상화하여 사용하였다.

박근혜 후보는 본래 영자 이니셜에 'Great Harmony', 즉 '대화합'이라는 의미를 부여하여 'GH'라 불러달라고 기자들에게 부탁한 적이 있었다고 알려져 있다. 하지만 이는 그녀가 대선 후보로 거론되기 훨씬 이전 2002년도의 일이다. 그동안 'JP, DJ, YS, MB' 처럼 아무 의미 없이 영자 이니셜로만 불리우던 관행에서는 한 걸음 나아온 것이지만 모국어가 엄연한 한국의 정치인이 굳이 영자 이니셜로 불리워야 하는 한계에서는 벗어나지 못했었다.

그런데 참 궁금하다. 언제 어느 때부터 누가 우리 정치인들에게 영자 이니셜을 붙였고 왜였을까? 이와 관련해 지난해 7월 9일 〈국민일보〉는 다음과 같은 요지의 기사를 내보낸 바 있다.

세간에 알려진 바로는 정치인 약칭의 원조는 박 전 위원장의 아버지인 박정희 전 대통령이라는 게 정설이다. 그의 약칭은 특이하게도 영문 이니셜 'JH' 가 아닌 'PP(President Park)'이었다고 한다.

약칭이 대중화된 건 김영삼, 김대중 전 대통령과 김종필 전 총리가 'YS, DJ, JP' 로 불린 '3김 시대' 이후였고, 최근에는 이 대통령의 친형인 이상득 전 국회부의장이 SD, 정몽준 의원이 MJ로 불리웠고, 정주영 전 현대그룹 명예회장은 1992년 대선 당시 언론에 "CY로 불러 달라" 고 주문했지만 잘 쓰이지 않았었다.

'창(昌)' 이란 호칭이 널리 쓰였던 이회창 전 자유선진당 대표는 '창' 이 무기를 연상시킨다며 HC로 불리길 원했었다고 한다.

## JP·YS·DJ 영자 이니셜, 언제·누구로부터?

하지만 내가 기자 생활 당시 확인한 우리 주요 정치인의 영자 이니셜 유래는 다르다. 나는 90년대 초반 기자 시절 대학 때 은사이기도 했던 신도성 박사(1918.3.7~1999.9.6)를 인터뷰한 적이 있다.

신도성 박사는 1944년 일본 동경대 대학원을 졸업하고 해방공간에서 연

초대석

## 統一祖國의 國民的 關心

대담·정리 金成鎬 本誌 편집부장

흔히들 우리 사회만큼 학문세계와 현실세계 간 괴리와 갈등의 폭이 큰 사회도 드물다고 한다. 대학에 몸담고 있던 학계 인사가 政界나 官界로 진출했다가 다시 대학 강단에 서는 경우가 흔치 않은 현상이 그 단적인 예라고도 한다. 확실히 우리 사회에는 대학교수가 국회의원 되거나 행정부 요직에 앉았다가 아무런 사회적 저항없이 자연스럽게 대학 캠퍼스로 돌아오는 경우가 흔한 일은 아닌 것같다.

大田大 초빙교수로 있는 申道晟 박사(68세)도 그 흔치 않은 사람 가운데 하나이다. 1941년 東京大 법학부(정치학과)를 졸업한 후 45년 韓民黨 창당발기위원이며 중앙집행위원으로서 정당 생리에 잠시 젖었던 그는 곧 서울대 문리대 정치학과의 초대 주임교수직을 맡아 학자로서 입신했다. 그후 51년 부산 피난시절에는 서울대를 일시 휴직하고 仁村 金性洙 부통령의 측근자로서 활동, 당시 미국 〈뉴욕타임즈〉지가 '한국의 부통령이 김이 15[illegible]의 사직서 제출'이란 표제로 보도했던 長文의 부통령 사임서를 작성한 장본인(?)으로서 고초를 겪기도 했다. 54년 鄕里인 경남 거창에서 국회의원(3대)선거에 입후보하여 당선되면서부터 정치에 깊숙이 관여한 그는 60년 경남도지사에서 물러나 대구대 학장·영남대 통일문제연구소장 등 본연의 학자로서의 위치로 되돌아 왔고, 74년에는 다시 국토통일원 장관으로 入閣, 官界에 발을 들여 놓았다. 그러나 76년 명지대 교수로 자리를 옮기면서 지금까지 10년을 출곧 대학교수로서 일관하고 있다.

그는 현재 대전대 초빙교수로서, 서대전의 한 조그만 아파트에서 老母 [illegible](93세)씨, 부인 [illegible](63세)씨와 함께 草野와 같은 생활을 만끽하고 있다.

### 통일조국의 미래상 연구를 기대

—박사님이 영남대 통일문제연구소장으로 재직하셨던 69년에 열린 '한국 통일의 제문

102 '北韓' 1986년 2월호

신도성 박사는 1944년 일본 동경대 대학원을 졸업하고 해방공간에서 연희전문대 조교수, 서울대 문리대 정치학과 교수를 지냈고 광복 직후 스물일곱의 청년 정치학자로 고하 송진우와 몽양 여운영이 만난 자리에 배석했던 유일한 인물이기도 했다.
1951년 초대 이시영 부통령의 비서관으로 관계에 입문했다가 이 부통령이 이승만 대통령의 비민주적 통치에 반대하며 사임한 후 52년에는 잠시 동아일보 논설위원을 지냈다. 54년에 정계에 입문, 제3대 민의원, 59년 경남도지사를 거쳐 74년 9월부터 1년여 동안 국토통일원 장관, 97년 김대중 전 대통령의 대선후보 시절 상임고문 등을 역임하기도 했다. 〈사진 1986년 〈북한〉 2월호에 실린 신도성 박사 생전 인터뷰 기사〉

희전문대 조교수, 서울대 문리대 정치학과 교수를 지냈고 광복 직후 스물일곱의 청년 정치학자로 고하 송진우와 몽양 여운영이 만난 자리에 배석했던 유일한 인물이기도 했다. 1951년 초대 이시영 부통령 비서관으로 관계에 입문했다가 이 부통령이 이승만 대통령의 비민주적 통치에 반대하며 사임한 후 52년에는 잠시 동아일보 논설위원을 지냈다. 54년에는 정계에 입문, 제3대 민의원, 59년 경남도지사를 거쳐 74년 9월부터 1년여 동안 국토통일원 장관, 97년 김대중 전 대통령의 대선후보 시절 상임고문 등을 역임하기도 했다. 이외의 기간에는 주로 대학교수로 활동했다. 여기서 신도성 박사의 이력을 상세히 소개하는 이유는 그의 인터뷰 내용에 대한 신뢰성 때문이다.

그의 이력에서 알 수 있다시피 신도성 박사는 초대 이승만 대통령에서부터 90년대 중반 김영삼 대통령까지 직간접적으로 가까이 지켜볼 수 있는 위치에 있어왔다. 그래서 인터뷰 제목도 '내가 본 대한민국 대통령', 이런 식이었고 당시 신문사에서 발행하던 월간잡지에 꽤 분량이 많은 특집기사로 연재했었다. 인터뷰 말미에 신도성 박사는 기자이자 제자인 나에게 물었다.

### "왜 JP, YS, DJ, 이런 이니셜이 생겼는지 아나?"

멈칫 늘 영자 이니셜로 기사를 쓰면서도 무관심했던 기자로서의 호기심 부족부터 반성했다. 신도성 박사의 증언은 이후 어떤 정치기사에도 영자 이니셜을 쓰지 않는 계기가 됐다. 그의 증언은 당시 주요 인물들에게 정기적으로, 또는 현안이 있을 때마다 수시로 이루어졌던 미국대사관 직원, 더 정확히는 미국 중앙정보국(CIA) 요원들의 인터뷰 과정에서 확인된 것이었다고 했다.

"5 · 16 군사 쿠데타가 일어나자 미 중앙정보국(CIA)은 5.16의 배후를 확인하라는 명령이 떨어졌고 그 때 배후로 지목된 김종필 씨를 찾아 만든 파일명이 바로 'JP' 였다고 하네."

이후 62년 민정이양 후 대통령에 당선된 박정희 대통령 파일에는 'PP(President Park)' 라는 파일명이, 그리고 박정희 대통령에 맞서던 김대중 전 대통령에겐 DJ, 김영삼 전 대통령에겐 YS라는 파일명이 만들어졌음을 추론할 수 있는 대목이었다. 신도성 박사는 말을 이었다.

"나를 담당했던 대사관 문관은 파일 명 앞에 붙였던 별칭도 조크 삼아 말해주었었네. YS에겐 이그노런트(Ignorant), DJ에겐 오퍼튜니스트(Opportunist)라는 별칭이 붙었다 했네."

'무식한 와이에스' 와 '기회주의적인 디제이'. 하루 대여섯 시간씩 사흘 동안 일식집에서 오찬을 겸해 이루어졌던 인터뷰였고 중요한 회고는 대략 정리한 후 말미의 여담에서였다. 한 동안 말없이 허공을 응시하며 앞에 놓인 술잔을 잡고만 있던 신도성 박사의 모습이 지금도 선하다.

미 중앙정보국(CIA)에 사실의 진위를 확인할 방법은 없다. 하지만 신도성 박사의 증언이 사실이라면 세간에 알려진 박정희 대통령의 'PP'가 영자 이니셜의 출발이었다는 통설은 사실과는 다른 셈이고, 나아가 'YS, DJ, JP' 등 영자 이니셜은 약소국 한국에 대한 미국의 패권주의적인 시각과 경멸적인 어감마저 드리워 있지 않은가.

나는 인터뷰 특별기획과는 별도로 신도성 박사의 증언을 인용하여 미국의 시각에서 비롯된 'YS, DJ, JP' 등의 영자 이니셜을 버리자는 칼럼을 썼고, 이후 나 만큼은 어떤 기사에서도 영자 이니셜을 쓰지 않았다. 하지만 지방 일간지 칼럼 정도로는 지배적인 언론들의 영자 이니셜 사용에 아무런 영향을 주지 못했다. 그런데, 17여년이 지난 이번 대선에서야 우연치 않게 영자 이니셜 관행이 사라지게 된 셈이다.

박근혜 새누리당 후보의 한글화된 심볼. 박근혜 새누리당 당선자는 'ㅂㄱㅎ' 이름의 한글 첫 자음을 로고 타입화하고 붉은 상징색 말풍선 안에 심볼화하여 사용하였다.

문재인 민주통합당 후보의 한글 이름 필사체의 이름 로고. 문재인 민주통합당 후보는 한글 이름 그대로를 캘리그래픽(직접 붓이나 펜으로 쓴 글씨체)으로 형상화하여 사용하였다.

## 'ㅂㄱㅎ' 한글 말풍선과 '문재인' 한글 필체의 의미

자연발생적이든 우연이든 2012년 대선은 박근혜 후보의 'ㅂㄱㅎ' 한글 이니셜과 문재인 후보 한글 로고가 'YS, DJ, JP, MB' 등 영자 이니셜을 벗어났다는 점에서 새로운 의미를 부여하고 싶다. 바로 문화적 관점에서 2013년에는 새로운 대한민국을 열 수 있다는 희망이다.

어떻게 생각하시는가? 이만하면 박근혜 당선자와 문재인 전 후보가 당락의 승패를 떠나 함께 이룬 작지만 소중한 성과이며 승리 아닌가? 학력과 지역, 빈부와 세대를 떠나 우리 현대사에 외세의 패권주의적 시각을 벗어난 소중한 문화적이며 역사적인 첫걸음 아닌가 하는 소견이다.

더욱 중요한 것은 앞서의 한글 이니셜, 또는 한글 로고 그대로의 사용이 우리 '2040' 세대를 목표그룹으로 한 홍보전략에서 비롯됐다는 점이다. 나는 50대 중반 유권자의 한 사람으로서 우리 사회문화적 발자취를 돌아본다. 또한 무심하게 'YS, DJ, JP' 류의 영자 이니셜을 썼던 전직 기자로서 반성하고 성찰한다.

민주주의가 미국과 영국이라 배웠고 동경했으니 영자 이니셜이 근사해 보였던 것은 아니었는가? 왜 호기심과 궁금증을 갖고 묻고 추적해서 바로잡지 못했는가? 혹여 이런 방관이 서구자본주의와 서구 의회민주주의, 나아가 서구식 시장경제 논리를 피상화시키고 정작 우리가 바로 세웠어야 할 비민주의 관행, 불공정의 폐습, 나아가 외세의 패권주의에서 비롯한 분단조차도 수수방관하지 않았나 냉엄하게 묻고자 한다.

이제 우리는 2012년 대선을 통해, 또 '2040' 세대와 더불어 외세 의존적인 민주주의의 절차와 관행, 더 구체적으로는 미군정 이후부터 뿌리 깊은 미국 편향의 상징 하나를 벗게 됐다. 이러한 반성과 각성이 중요한 이유는 바로 상생과 통합의 대장정(大長征), 그 대전제(大前提, Major premise)를 바로 찾아서 첫 디딤돌로 삼아야 하기 때문이다.

부록 4

# 연암의 '법고창신'도 있는데 왜?

## <교수신문> 2013사자성어, '제구포신' 선정에 부쳐

**심상협** 문학평론가

교수신문에서 전국의 주요 대학교수들 여론을 물어 선정한 2013년 사자성어가 '제구포신(除舊布新)'이라 한다. '제구포신(除舊布新)'이라? "묵은 것을 제거하고 새로운 것을 펼쳐내라"는 뜻인데 『춘추좌전(春秋左傳)』이 출전이다. 교수신문이 2012년의 한 해를 돌아보는 사자성어는 '거세개탁(擧世皆濁 ; 온 세상이 모두 탁하다는 뜻으로 지위의 높고 낮음을 막론하고 모든 사람이 바르지 않아 홀로 깨어있기 힘들다는 의미)'이었고 이 말은 초나라 굴원의 『어부사』에 나온다.

### 이백여년 전 연암이 온몸으로 외쳤던 '법고창신(法古創新)'

오래 생각하였다. 오늘 우리 현실을 바라보는 시각은 명확하되 '제구포신(除舊布新)' 이라면 굳이 중국역사까지 찾아가 『춘추좌전』을 빌지 않아도 더 적확한 말이 있지 않을까 하는 생각에서였다. 바로 '법고창신(法古創新)' 이다.

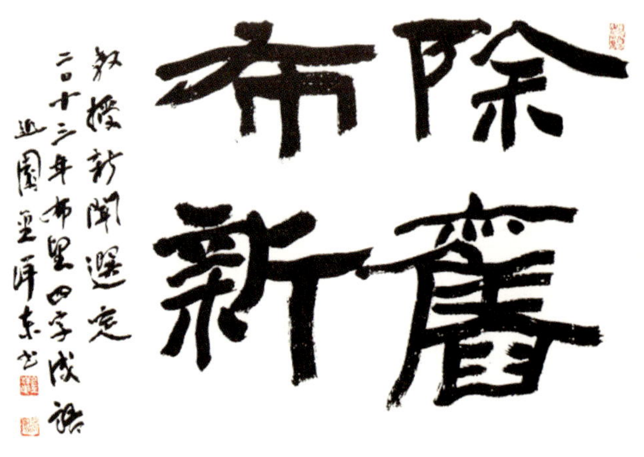

교수신문에서 전국의 주요 대학교수들 여론을 물어 선정한 2013년 사자성어 '제구포신(除舊布新)'. 『춘추좌전』 출전으로 김양동(近園) 미술학 박사(전 계명대 미대학장, 현 계명대 석좌교수)의 휘호.

『춘추좌전』은 공자의 『춘추(春秋)』를 노나라 좌구명(左丘明)이 주석한 책이다. '제구포신(除舊布新)'은 소공(昭公) 17년 겨울 하늘에 혜성이 나타나자 노나라의 대부(大夫) 신수(申須)가 이를 새로운 변화의 징조로 풀었다는 내용에 근거한다. 혜성은 동서양을 막론하고 불길한 흉조로 여겼는데 신수는 오히려 이를 변혁의 징조로 풀었던 것이다. '제구포신(除舊布新)' 을 새해 사자성어로 추천한 이종묵 서울대 국어국문학과 교수는 "변혁은 불길함의 징조가 나타날 때 필요한 것"이라며 "다만 그 변혁은 백성의 믿음을 얻기 위한 것이라는 점에 주목해야 한다"고 추천배경을 밝혔다.

'불길함의 징조'란 무엇일까? 또 '백성의 믿음을 얻기 위한 변혁'은 무엇일까? 생각컨대는 2013년을 여는 전제를 지난 연말 대선에서 찾지 않았나 싶다. 박근혜 후보에게 51.6%의 지지를 보낸 국민과 이에 반한 48.0%의 국민. 거의 반반으로 갈라진 민심을 생각하면 분명 우리 대한민국은 '불길한 징조'의 기로에 서있고 '백성의 믿음을 얻기 위한 변혁'이 절실함을 공감한다. 허나 문제는 이를 나누어 본다는 시각과 입장에 있지 않을까?

한 걸음 나아간 문제제기는 왜 굳이 중국 역사와 고사에 빗대었는가 이다. 우리 시각과 입장에서 걸맞는 금언이 없다면 그래도 좋다. 하지만 연암 박지원의 '법고창신(法古創新)'이 있지 않은가?

## '백성의 믿음을 얻기 위한 변혁'에는 공감한다

두 가지 문제제기를 아우르면 '불길한 징조'를 넘어서 '국민의 믿음을 얻는 변혁'을 우리 국민이라는 하나의 주체의 시각과 입장에서 바라보아야 하고, 우리 역사의 맥박에서 교훈을 찾으면 어떤가 하는 생각에 이르는 것이다. 이미 아시다시피 '법고창신(法古創新)'은 중국에 기대어온 조선의 문맥을 우리 현실의 고구(考究)에서 찾자는 연암 박지원의 문(文)과 행(行)의 화두였다.

'법고창신(法古創新)'. 고등학교 교육을 받은 우리 국민이라면 누구나 한 번쯤은 새겨보았을 금언이다. 왜 연암은 공자(孔子) 왈(曰) '온고지신

(溫故知新)을 두고 '법고창신(法古創新)'을 새로 세웠는가? 그리고 이 금언이 비단 문체(文體)에 한정된 것이었을까?

천박한 식견의 소치일지는 모르나 감히 답한다면 조선조 사대적(事大的) 문치(文治)의 근간이었던 이른바 '공자(孔子) 왈(曰)'을 벗어나 '우리 민족 왈(曰)'의 문체(文體)로 행(行)하고자 하였던 돈오(頓悟)가 바로 '법고창신(法古創新)'이 아니었나 되새기는 것이다.

정조에게 문체반정(文體反正)의 단속까지 받지만 연암은 이를 문체에 그치지 않고 민생에 실천한다. 경상도 안의현감으로, 또 충청도 면천군수와 강원도 양양부사로 재임하면서 행한 목민(牧民)과 선정(善政)이 바로 그것이다.

우리의 역사는 묵언으로, 그러나 엄숙하게 오늘 우리 대한민국에 말을 건넨다. 18세기 영정조 중흥이 근대조국으로 발흥하지 못하고 좌절했던 이유는 무엇이었는가? 연암의 '법고창신(法古創新)'에서 이어진 '동도서기(東道西器)'가 좌절하고 닥친 비운이 경술국치 아니었던가?

돌아보면 당시 청나라의 '중체서용(中體西用)'과 일본의 '화혼양재(和魂洋才)', 그리고 우리 조선의 '동도서기(東道西器)'는 모두 서양의 부국강병이라는 절체절명의 과제 앞에 마주친 하나의 문제인식이었다. 결과는 어떠했는가? 메이지 유신(明治維新)으로 이 과제를 이뤄낸 일본 군국주의 앞에 청과 조선 두 나라의 운명은 어떠했는가?

이제 이백여년이 지나 2012년 대한민국이다.

따라서 대한 역사의 이름으로 '교수신문'에 묻는다. 궁벽진 역사의 금언에 빗대어 현학(衒學)에 연연할 것인가? 역사의 준엄한 교훈을 새기며 우리 역사의 처절한 깨달음을 딛고 우리 몸 우리 생각으로 서고 행할 것인가? 그래서 '제구포신(除舊布新)'이 아니라 '법고창신(法古創新)'이다.

지난 이백년, 우리는 위정척사와 동도서기로 나뉘어 나라를 빼앗기고 국민을 비극의 수렁으로 몰아넣었다. 일제 치하에서 항일과 친일로 우리끼리 상잔(相殘)하며 스스로의 힘으로 국권을 찾지 못하였다. 광복 후에는 좌와 우로 갈라져 분단과 전란의 처참함을 견뎌야 했다. 그리고 이제 다시 성장과 민주의 반목과 갈등 앞에 서있다.

## 항일과 친일, 좌와 우, 성장과 민주의 역정을 돌아보자

스스로 또한 지식에 기대어 사는 백면(白面)과 백수(白手)의 문약한 처지이지만 객관과 학리의 미명 아래 국민의 여망을 가르고 참된 지행(知行)과 아세(阿世)를 구분 못하는 우에 빠져서는 안된다는 말을 하고 싶다.

연하여 뼈를 깎는 탁마(琢磨)의 정신으로 굳게 서서 반성하고 성찰해야 한다. 항일과 친일의 기로에서, 또 좌와 우의 갈림길에서, 성장과 민주의 역정에서 우리 대학과 강단은 무엇을 했는가?

학위와 급부가 없이도 현대사의 갈림길마다 문행(文行)으로, 또 지행(知行)으로 우뚝했던 선학들을 우러른다.

만해 한용운과 이육사, 심훈과 윤동주의 문행(文行)은 주지의 가르침이고 장준하 선생, 함석헌 선생, 임종국 선생, 또 장일순 선생 같은 분들의 묵묵한, 그러나 그 치열한 헌신의 길 또한 오롯이 선연하다.

어디 이 분들께 현학의 학위나 강단의 급부, 또는 생전의 명예가 있었던가?

2012년 우리 대한민국은 51.6% 대 48.0%의 '불길함의 징조' 에 직면해 있고 '국민의 믿음을 얻기 위한 변혁' 을 요구받고 있다. 역사는 말한다.

세종은 중국에서 빌어온 민즉천(民卽天)의 왕도(王道)를 시현하는 화두로 맹자의 '발정시인(發政施仁)' 을 즉위교서에서 스스로의 문행(文行)으로 비꾸어 '시인발정(施仁發政)' 으로 펼친다. 그리하여 조선초 왕자의 난 등으로 피비린내 나던 조정을 통합과 관용으로 수습하며 진정한 '인(仁)' 이 백성의 민생에 끼치도록 선정을 실천한다. 중국의 사상과 역사의 경험을 빌었으되 우리 생각, 우리 몸으로 바꾸어 실천한 문행(文行) 아니었던가?

정조는 연암 박지원 등의 '법고창신(法古創新)' 류의 문행(文行)을 문체반정(文體反正)으로 단속하면서도 감싸 실용의 길을 열어주는 동시에 채제공, 정약용, 성해응 등에게 『춘추좌전』을 편찬하도록 한다. 『춘추좌전』은 교수신문의 '제구포신(除舊布新)' 의 출전이기도 하다.

## 이백여년 전 연암과 다산의 유업을 다시 새긴다

이제 우리가 알다시피 1800년 정조의 죽음 후에 '법고창신(法古創新)'의 박지원 일파와 『춘추좌전』에서 나아간 정약용 일파는 서로 만나 아우르며 조선중흥의 기운을 일으키지 못한 채 『열하일기(熱河日記)』와 『목민심서(牧民心書)』로 상징되는 문행(文行)의 유업을 남긴

채 오늘 우리에게 묻고 있다. 다시 바깥 경험과 정신에 기대인 '제구포신(除舊布新)'인가? 우리 몸, 우리 깨달음인 '법고창신(法古創新)'인가?

끝으로 연암 박지원 선생의 '법고창신(法古創新)'을 되새기며 2013년 대한민국이 나아가야 할 지행(知行)과 문행(文行)의 사명을 새기고자 한다.

연암(燕巖) 박지원(朴趾源, 1737-1805)은 『초정집서(楚亭集序)』에서 이렇게 말한다.

"天地雖久 不斷生生

하늘과 땅은 비록 오래되었으나 끊임없이 새것을 낳고,

日月雖久 光輝日新

해와 달은 비록 오래 되었으나 그 빛은 날로 새롭다."

연암은 이로써 '법고창신'(法古創新)을 말하는데, '법고창신'은 본받을 '법'(法), 옛 '고'(古), 비롯할 '창'(創), 새 '신'(新)으로 '옛것을 본받아 새것을 창조해 낸다'는 의미이다.

연암은 그의 저서인 『연암집(燕巖集)』 권7 〈영처고서(嬰處稿序)〉에서 기술한 바, 자신이 속해 살고 있는 조선의 현실을 그려내는 것이 작가의 임무이지 당대 현실과 동떨어진 한당(漢唐)의 글을 모방해서는 아니된다고 하였다. 문체가 고문과 비슷할수록 그 작품의 표현은 더욱 거짓될 뿐이며, "고세(古世) 입장에서 금세(今世)를 보면 비속하겠지만 고인(古人)들이 자기 시대의 것을 보았을 때도 반드시 고풍스럽지는 않았을 것이고, 그 시대 역시 한 금세였을 것이다"라 하였다.

"法古者秉泥跡
옛 것을 본받는 자들은 그 옛 것에 구속되어
벗어나지 못하는 것이 병폐이고,

지난 대선에서 박근혜 대통령 당선자와 문재인 전 민주통합당 대통령 후보가 한 목소리로 약속했던 '국민대통합'의 초석 위에 화합과 상생(相生)의 대한민국을 열려면 우리 역사가 전하는 우리 생각을 우리 몸으로 행하는 문행(文行)이 절실하고 그래서 '법고창신(法古創新)'이라는 소신이다. 사진은 지난 대통령 취임식에서 '국민대통합' 풍물 공연 앞에서 기념촬영을 하는 참석자들의 모습. 〈사진 심상협〉

嗿新者患不經

새것을 창조해 내는 사람들은 불경한 것이 병폐이다.

苟能法古而知變

참으로 옛 것을 본받으면서도 변통할 줄 알고

刱新耳能典

새것을 창조해 내면서도 근거가 있다면

今之文猶古之文也.

이 시대의 글이 고문과 마찬가지의 가치를 갖게 될 것이다."

–〈초정집서(楚亭集序)〉 券1

'교수신문' 으로 상징되는 오늘 우리의 지식인들이 「玉匣夜話」에 갇혀있던, 또는 표표히 역사의 안개 속으로 사라졌던 허생(許生)의 귀환으로 돌아오기를 바란다. 그리하여 야 민생과 중흥의 경학(經學)과 창신(創新)의 문행(文行)으로 생생지락(生生之樂) 대한중흥의 새 날을 열 것이 아닌가.

아울러 박근혜 대통령 당선자와 문재인 전 민주통합당 대통령 후보가 한 목소리로 약속했던 '국민대통합' 의 초석 위에 화합과 상생(相生)의 대한민국을 열 수 있지 않겠는가?

파란과 불안의 2012년을 보내며 2013년을 새로이 맞는 불민한 국민 한 사람의 생각이다.

## 편집 후기

# 이 책이 국민 여러분 귓전을 스치며 대한을 생각하는 마음으로 깃들기를 소망합니다

2011년부터 우연찮게 해마다 한 권씩 책을 펴냈습니다. 지난 3년 책을 펴내면서 느낀 점은 흔히 지식정보화라 부르는 변화가 우리 사회 전반에 엄청난 속도로 파급되고 있음을 실감하게 됩니다. 특히 지식과 정보의 축적, 또 미디어의 발달을 통한 지식과 정보의 공유가 빠르고 다양하게 진전되고 있다는 점에 놀라게 됩니다.

이번에 글을 쓰고 책을 펴내면서 가장 두드러진 변화는 훨씬 편리하고 빠르게 지식과 정보를 참고할 수 있다는 점이었습니다. 몇 해 전까지만 해도 대부분의 참고 서적들은 직접 구입하거나 도서관에 가서야 열람할 수 있었습니다. 하지만 이제는 국회전자도서관은 물론, 각 연구기관이나 단체가 저작들이나 연구보고서들을 '이북(e-book)' 형식으로 올려놓아 실시간으로 각 사이트에서 내려받아 읽고 정리할 수 있었습니다. 또한 대부분의 출판사에서도 '이북(e-book)' 으로 구입하여 곧바로 읽고 참고할 수 있는 책들이 많아지고 있습니다.

지식과 정보의 디지털화를 통한 공간적, 시간적 편리함보다 더욱 놀라운 것은 데이터의 축적이었습니다. 이미 많은 언론 정보들이 인터넷 검색을 통해 찾을 수 있는 수준에서 한 걸음 나아가 2000년 이전의 자료들은 각 언론사의 라이브러리가 포털사이트에 연계되어 있어 근 백여년 이상의 언론보도 자료들까지도 손쉽게 접할 수 있었습니다. 우리 사회에 정론의 사명을 넘어서 풍부하고 소중한 기록문화를 누리게 해주신 언론사와 전 현직 언론인 여러분께 감사 인사 올립니다. SBS에서 지난 2004년부터 시작하여 연례 행사로 진행하고 있는 '미래한국리포트' 는 우리 대한민국의 미래를 고민하는데 정말 중요한 열쇠와 해법을 제시해주고 있다는 생각입니다. 우리 대한민국이 나아가야 할 길을 생각하는데 소중한 길잡이가 되었습니다.

지식, 정보의 깊이와 축적도 놀라울 정도로 깊어지고 넓어져 있었습니다. 대표적인 자료가 한국학중앙연구원, 그리고 여기서 펴내고 인터넷으로 공유하여 정보를 제공해주고 있는 '한국민족문화대백과' 였습니다. 편집을 마무리하는 자리를 빌어 한국학중앙연구원의 지식정보 축적을 위해 땀흘려 주신 모든 학자 분들, 그리고 데이터베이스화에 노력해주신 분들께 감사를 표하며 많은 국민들이 이 자료를 통해 우리 역사와 문화에 대한 올바른 이해를 넓혀가기를 아울러 바랍니다.

이번 책에 실은 글들은 이전 책들과는 달리 당초 책으로 펴낼 것을 염두에 두고 쓴 글들은 아니었습니다. 지난 대선 전부터 책을 펴내기 직전까지 10개월여 동안 자유로운 모임 석상에서 토론이나 세미나를 하면서 정리한 자료들이었습니다. 주로 젊은 후배 전문가들, 또 동료 후배 정치인들과 보다 나은 대한민국의 미래에 어떻게 기여할 것인가를 고민하면서 논의한 과정의 산물이라 할 수 있습니다. 따라서 내용 자체가 완결된 논의라기보다는 우리 대한민국이 과거와 현재를 통찰하며 내일을 향하자는 시론의 성격을 띄고 있다는 점, 그리고 그에 따르는 한계 또한 분명하다는 점을 함께 밝힙니다. 많은 채찍과 조언 바랍니다.

서문에서도 언급했지만 이 책의 출발이 된 논의에 참여해주신 김영수 영남대 교수, 안진원 한동대 교수, 이운룡 의원, 이세복 볼텍스코리아 대표, 류진하 국회 보좌관, 또 전현직 언론인과 공직에 있어 익명을 요구한 분들께도 다시 한 번 깊은 감사를 드립니다. 당초 글의 말미마다 조언과 제언에 참여해주신 분들의 기명을 넣으려 하였으나 익명을 요구하는 분이 대부분이어서 생략하였습니다. 언젠가 지금까지의 우리 논의가 한 걸음씩 나아가 실현되는 그 날까지 변함없이 더불며 창의적인 의견과 제안으로 만날 수 있기를 바랍니다.

이번 책을 편집하는 과정에서 인문과 사회, 정치와 경제 등 학문의 융복합은 물론 ICT융복합의 네트워크를 통한 공감과 논의가 활성화되고 있다는 점에 기꺼이 박수를 보내면서 앞으로 이를 더욱 발전시켜 함께 문화융성 대한민국의 전기로 삼자는 제안을 드리고 싶습니다.

끝으로 이번 논의 과정에서 직접 얼굴을 뵙고 고견을 들을 수는 없었지만 책과 자료들로 큰 힘이 되어주신 분들께 감사하며 성함을 함께 기록하고 기억함으로써 인사에 대신하고자 합니다. 구체적인 저서나 연구에 대해서는 본문에 인용하고 명기하였습니다. 다음은 책에 인용된 순서입니다.

이완범 한국학중앙연구원 교수님, 한영우 이화여대 석좌교수님, 김희곤 안동대 교수님, 오기수 김포대 교수님, 박재창 숙명여대 교수님, 윤성식 고려대 교수님, 오호택 한경대 교수님, 안성호 대전대 교수님, 조유진 전 국회정책연구위원님, 정종섭 서울대 교수님, 허영 헌법재판연구원장님, 신영철 대전대 교수님. 모두 열한 분입니다. 언젠가 뵈올 날이 있으면 감사 인사 따로 올리겠습니다. 이 외에도 많은 분들의 저서나 지상에 나온 의견을 참조하였음을 함께 알려드립니다.

이제 박근혜 대통령이 취임한 지 4개월여를 지나고 있습니다. 이번 대통령 임기에는 부디 여야, 진보와 보수, 또 지역과 계층, 세대와 성별의 골을 메우며 진정 국민 모두가 참여하여 미래 대한민국을 향해 함께 전진하는 시대를 열어가기를 여망하는 마음입니다.

성긴 대숲에 바람이 불어도 (風來疎竹)
바람이 지나가면 대나무는 바람 소리를 남기지 않고(風過而竹不留聲)
차가운 못 위로 기러기가 날아도(雁度寒潭)
기러기가 가고 나면 못은 그림자를 남기지 않는다(雁去而潭不留影)

채근담(菜根譚)에 이르는 가르침입니다. 군자는 일이 생기면 비로소 마음이 나타나고 일이 지나고 나면 마음도 따라서 비워진다는 경구입니다. 오늘 우리 대한민국은 국민 모두가 군자의 식견과 소양을 갖추고 있다는 믿음입니다. 오늘 펴내는 『국민여러분과 함께 대한의 내일을 묻다』가 국민 여러분의 귓전을 스치며 잠시 대한민국을 생각하는 마음을 흔들어 주기를 소망하는 마음으로 편집 후기를 맺습니다.

더불어 만해 한용운 선생이 온 겨레가 떨쳐 나섰던 삼일운동 두 해 전인 1917년 채근담을 펴냈던 깊은 뜻을 헤아려 봅니다. 모든 국민이 꿈을 이루는 나라, 결국 그 힘은 국민 스스로의 힘에서 비롯된다는 믿음입니다.

2013년 7월 1일

저자 **이명수**, 공저자 **심상협** 올림